企业管理模式创新及理论研究

杨　帆◎著

线装书局

图书在版编目（CIP）数据

企业管理模式创新及理论研究 / 杨帆著. -- 北京：线装书局, 2024.1
ISBN 978-7-5120-5957-3

I. ①企… II. ①杨… III. ①企业管理－管理模式－研究 IV. ①F272

中国国家版本馆CIP数据核字(2024)第050070号

企业管理模式创新及理论研究
QIYE GUANLI MOSHI CHUANGXIN JI LILUN YANJIU

作　　者：	杨　帆
责任编辑：	白　晨
出版发行：	线装书局
地　　址：	北京市丰台区方庄日月天地大厦 B 座 17 层（100078）
电　　话：	010-58077126（发行部）010-58076938（总编室）
网　　址：	www.zgxzsj.com
经　　销：	新华书店
印　　制：	三河市腾飞印务有限公司
开　　本：	787mm×1092mm　　　　1/16
印　　张：	16
字　　数：	365 千字
印　　次：	2025 年 1 月第 1 版第 1 次印刷
定　　价：	68.00 元

线装书局官方微信

前　言

大众创业、万众创新是经济发展的动力之源。没有创新，就没有如此丰富多彩的世界；没有创新，资源也就不再是资源。创新驱动是我国经济持续发展的必由之路。在把创新和创业的重要性推到如此高度，我们更加确定了创新的重要性，但如何实现创新仍然是值得持续讨论的问题。

现阶段是我国实施国家创新发展战略的关键时期，企业作为国家创新的重要行为主体，必须加强建设和完善企业创新体系，这既是落实创新发展国策的必然要求，也是企业进行可持续发展的必要途径。我国很多企业目前都处于技术创新和管理创新的过渡阶段，企业能否以管理创新继续企业的发展是企业兴衰的关键。

当前，新观点的碰撞以及理论的创新，带来了知识体系的进一步变革，也给企业的管理活动带来了新的机遇和挑战。现代企业管理，应结合国内外经济环境的新变化，吸收管理领域取得的新成果，把握企业管理实践中不断涌现出的新特点和新趋势。

企业应该进行哪些管理创新、如何进行管理创新，企业选择创新有多大的风险，这些都是当前我国企业面临的问题。因此，本书立足于企业管理发展的实践，探讨了现代企业管理的创新模式，旨在以辩证的观点来对当代中国企业管理的创新进行研究和探讨，期望能为读者创造创新企业管理清晰的视野和有益的启迪。

企业的管理模式进行创新，首先需要在管理观念上有所改变，要求企业管理者不断地学习和了解成功企业的管理模式，把创新的观念融入企业日常的管理运营工作中。其次要加强管理体系的建设，构建信息交流平台，为企业内部员工与企业外部消费者提供更多的交流途径，为企业的管理决策提供更多的信息，从而提高企业管理的有效性。

本书围绕现代企业管理创新与实践探究，在内容编排上共设置十章，分别为：第一章是现代企业管理创新概述，主要内容有：创新理论及其发展、管理创新在企业发展中的作用以及管理理论的发展与创新；第二章是企业技术创新研究，主要内容有：知识管理研究、技术创新研究、知识管理和技术创新研究和如何提高知识管理在企业技术创新中应用水平；第三章是企业战略管理创新研究，主要内容有：企业战略及环境分析、企业战略创新研究以及企业战略管理创新案例研究；第四章是企业组织创新研究，主要内容有：传统企业组织管理内涵、企业组织创新的动力及力量、企业组织管理创新路径研究；第五章是企业营销管理创新研究主要内容有：企业营销创新概述、营销观念创新、绿色营销研究、知识营销研究、关系营销研究、全球营销研究和互联网营销研究;第六章是企业质量管理创新研究,主要内容有:全面质量管理面临的挑战及发展趋势、质量创新与发展、质量战略管理创新和质量创新思想与实践;第七章是企业人力资源管理创新研究,主要内容有:人力资源管理创新、人力资源创新管理实践研究、人力资源管理创新研究以及人力资源管理创新案例研究;第八章是企业文化创新研究,主要内容有:企业文化的相关理论、企业文化创新的内涵研究和企业文化创新建设途径;第九章是企业商业模式创新研究,主要内容有:商业模式创新 主导的企业创新、商业模式研究、互联网商业模式创新、创新网络与创新型企业的商业模式以及商业模式创新案例研究;第十章是企业生态创新研究,主要研究了生态创新的概述、企业生态创新的研究视角、企业生态创新的影响因素、动力及障碍以及促进企业生态创新的对策建议。

全书共有以下特点值得一提:

(1)内容新颖、体系完整。以现代企业管理与实践的基础知识为背景,分析现代企业经营管理及其战略管理、市场调查与市场预测,阐述现代企业管理沟通的模式与方法、现代企业管理创新体系以及企业竞争力的提升。

(2)循序渐进、由浅入深,力求以准确、科学的文字进行表述,用理性和科学的态度取代感性和随意性。

(3)论述清晰、系统全面、内容丰富、深入浅出,便于理解掌握,对现代企业管理创新与实践具有非常重要的借鉴意义。

本书的撰写得到了许多专家学者的帮助和指导,在此表示诚挚的谢意。由于笔者水平有限,加之时间仓促,书中所涉及的内容难免有疏漏与不够严谨之处,希望各位读者多提宝贵意见,以待进一步修改,使之更加完善。

编委会

王振宇　邹　坤　翟　俊
谭光清　王明华　孙瑞武
李　峰　朱　虹　李成霞
姜　艳

目 录

第一章 现代企业管理创新概述　　001
　　第一节　创新理论及其发展　　001
　　第二节　管理创新在企业发展中的作用　　009
　　第三节　管理理论的发展与创新　　014

第二章 企业技术创新研究　　024
　　第一节　知识管理研究　　024
　　第二节　技术创新研究　　028
　　第三节　知识管理和技术创新研究　　031
　　第四节　如何提高知识管理在企业技术创新中应用水平　　033

第三章 企业战略管理创新研究　　042
　　第一节　企业战略及环境分析　　042
　　第二节　企业战略创新研究　　056
　　第三节　企业战略管理创新案例研究　　075

第四章 企业组织创新研究　　084
　　第一节　传统企业组织管理内涵　　084
　　第二节　企业组织创新的动力及力量　　090
　　第三节　企业组织管理创新路径研究　　093
　　第四节　企业组织创新案例研究　　099

第五章 企业营销管理创新研究　　104
　　第一节　企业营销创新概述　　104
　　第二节　营销观念创新　　107
　　第三节　绿色营销研究　　111
　　第四节　知识营销研究　　123
　　第五节　关系营销研究　　126
　　第六节　全球营销研究　　129
　　第七节　互联网营销研究　　132

第六章 企业质量管理创新研究　**139**

  第一节　全面质量管理面临的挑战及发展趋势　**139**
  第二节　质量创新与发展　**150**
  第三节　质量战略管理创新　**153**
  第四节　质量创新思想与实践　**156**

第七章 企业人力资源管理创新研究　**160**

  第一节　现代企业人力资源管理人员的角色转变　**160**
  第二节　网络环境下的现代企业人力资源系统管理　**162**
  第三节　现代企业人力资源管理的信息化　**167**

第八章 企业文化创新研究　**179**

  第一节　企业文化的相关理论　**180**
  第二节　企业文化创新的内涵研究　**183**
  第三节　企业文化创新建设途径　**189**

第九章 企业商业模式创新研究　**193**

  第一节　商业模式创新主导的企业创新　**195**
  第二节　商业模式研究　**198**
  第三节　互联网商业模式创新　**206**
  第四节　创新网络与创新型企业的商业模式　**215**

第十章 企业生态创新研究　**222**

  第一节　生态创新的概述　**222**
  第二节　企业生态创新的研究视角　**228**
  第三节　企业生态创新的影响因素、动力及障碍　**235**
  第四节　促进企业生态创新的对策建议　**238**

参考文献　**245**

第一章 现代企业管理创新概述

每个新时代的来临都意味着一些人、一些思想和一些行为方式被淘汰，同时也意味着另一些人、另一些思想和另一些行为方式的崛起。表现在市场，直接意味着一些企业，一些行业的衰落和消亡，同时有另一些企业，另一些行业的迅速崛起。当前的经济全球化导致竞争的范围扩大和强度加剧，从而要求我国企业做出应对，对知识经济时代而言，应对即为创新。

创新是一个民族进步的灵魂，是一个国家兴旺发达的不竭动力。没有创新能力的民族，难以屹立于世界先进民族之林。随着经济全球化，知识经济形势的到来，市场竞争日益加剧，创新是企业成败的关键。

第一节 创新理论及其发展

一、创新的概念

"创新"在《现代汉语词典》中的解释是："抛开旧的，创造新的。"

（一）"创新"的来源与含义

创新是一个古老的词，起源于15世纪。在英语里，"创新"翻译为innovate（动词）innovation（名词），起源于拉丁语里的"innovare"，意思是更新、制造新的东西或改变。《汉语·叙传》中也有"礼仪是创"，颜师古注为"创，始造之也。"

《韦伯斯特词典》关于"创新"的定义是：①引入新东西新概念，②制造变化。

因此，"创新"的含义应是：在世界上首次引入新东西，引入新概念，制造新变化。

作为专业词的"创新"是知识产权意义上的新，须在原理、结构、功能、性质、方法、过程等方面有显著性变化。

与其他专业名词组合，则有观念创新、知识创新、教育创新、艺术创新、文化创新、环境创新、技术创新、服务创新、制度创新、组织创新、管理创新等。

创新是对资源给予一种新的创造财富的能力行动（彼得·德鲁克）。

创新是指形成创造性思想并将其转换为有用的产品,服务或方法的过程(斯蒂劳·罗宾斯)。

可以说创新就是变革，创新就是发展，它贯穿于人类社会经济生活的各个领域。人类社会生产力的每一次巨大飞跃，生产方式的重大改革都与创新密不可分。更为重要的是，创新从本质上说是一种理念，即一种不断追求进步、追求发展、追求卓越的理念，是一种通过技术变革有效地促进经济发展的可行思路和持续动力。是一个国家、一个民族不可缺少的。

（二）熊彼特的创新理论

著名的美籍奥地利经济学家约瑟夫·熊彼特在《经济发展理论》一书中首次提出"创新理论"，熊彼特认为"创新"就是"建立一种新的生产函数"，在生产体系中引入一种从来没有过的生产要素和生产条件的"新组合"，这些"新组合"的要素包括：新产品；新技术或新的生产方法；新的市场；新的原材料或者半成品的一种新的供应来源；新的组织管理方法。

熊彼特强调：创新是一个经济概念，而发明是一个技术概念，两者有严格的区别。科学技术的发明并不意味着创新，对创新来说，更重要的是如何将科学技术进行商业化，或者说如何把科学技术引入到企业中来形成一种新的生产能力和竞争能力，熊彼特认为："只要发明还没有得到实际上的应用，那么它在经济上就是不起作用的。"创新不仅仅要在发明或者意上快别人半步甚至更多，更重要的是在实际的运用中能够比竞争对手陕半步或更多。

"创新"可能是世界上第一次的创新，也可能是本国第一次的创新，可能是在某个行业内的第一次创新，还可能是某个企业在其有意义的小环境（如企业所处的城镇或者社区）里的第一次创新，也有可能是对现有产品、技术等的创造性模仿。正所谓"模仿也是一种创新"，关键是模仿之后至少要与被模仿者具有等同的效用，最好能够"青出于蓝而胜于蓝"。

本书所指的创新主要是以企业为创新主体而进行的创新，其目的是为了塑造企业的核心竞争能力和持续的竞争优势，保证企业生存和发展的持续性。

二、创新的特点

（一）创造性

创造性是指创新所进行的活动与其他活动相比具有改变，这种改变带来了质的升华。从创新的字面意义上看，创新的本质包括创造性。无论是完全彻底的改变，还是"小修小改"，创新中必须包括新的不同的东西才能谓之创新，否则就失去了存在的依据。

（二）系统性

创新受到诸多因素的影响，不论是创新前期工作的开展，还是后期实施的效果都会受到各种因素的影响。创新不是"空中花园"，它会受到创新者、投入资源、外界环境等的作用和影响，有时还会面临诸多的阻碍和压力。因此，为了创新的成功，必须综合考虑各种因素，将创新看成是一个系统。

（三）高风险性

创新就是改变，是对当前状况的否定或者是升华，受到多种因素的影响，而创新的效果也要在后期才能检验出来，有时这个时期还会非常的漫长。即使前期做了充分的考察和论证，随着环境、条件等的改变，很可能完全颠覆先前的论证或者正在进行的创新项目。因而，创新具有风险性，一个创新项目很可能进行了一半就无法进行下去了，也可能进行到最后才发现它并没有价值。这时，创新中所付出的资源得不到应有的补偿，产出无法弥补成本，企业将面临更多的不确定性。

（四）高收益性

之所以很多人和企业痴迷于创新，是因为其一旦成功，创新成果就能带来巨大的收益，这里的收益既包括物质财富上的，也包括精神上的。人们对于创新结果的美好预期，才推动了创新在满是荆棘的道路上前进。创新很可能让企业获得超额收益，这种高额收益与高风险性是相对应的。

（五）适用性

高收益性首先要求创新具有适用性，不适合现实环境即无法加以利用的创新成果是不能为企业带来相关收益的。创新成果为企业带来收益的方式有多种，归结起来就是自用和他用，不管哪种方式，如果创新成果没有现实环境的土壤就不能够开花结果，企业就不能够从中获得利益。

（六）时机性

创新的"新"以及相应的收益性要求创新具有时机性。时机性是指先一步或者晚一步对于创新而言意义重大。若有人先一步创新成功，先一步申请专利者在竞争中将获得占领性优势，而其他人的创新成果就不再"新"了，所带来的效益也将大打折扣。

三、创新的基本类型

（一）按过程和效应来分

根据创新过程的快慢程度以及彻底性程度，可以将创新分为突破性创新和渐进性创新。突破性创新和渐进性创新的主要区别体现在创新的彻底性和差异性。一般来说，将创新的成果与现有的生产方式、生产技术、产品范围、市场类别以及管理方法等相比，彻底性和差异性越大，则其突破性越强；反之，则渐进性越强。因此，突破性创新是指在生产方式、生产技术、产品、市场、管理、制度等方面的彻底性的创新，如组织的再造。渐进性创新则只涉及生产方式、生产技术、产品、市场、管理、制度等方面的改进或者改善、调整，创新的成果在彻底性和差异性上与突破性创新有较大的差距。

由于突破性创新是对现有技术、管理、制度等的突破，其结果往往是对过去的巨大变革，其影响也是显著和深远的。在很多情况下，突破性创新能够开创一个新的产业。突破性创新还对现有的竞争规则造成巨大的冲击，拥有突破性创新成果的企业往往能够改写竞争规则，成为新的竞争规则的制定者。此外，突破性创新往往能够大幅度地提高人民的生活水平和生活质量，特别是一些重大疾病预防药物的发明，能够极大地提高人类抵抗疾病的能力，如青霉素、天花疫苗、结核疫苗和甲流疫苗的发明和推广。由此可见，突破性创新的重要性毋庸置疑，在人们的印象中，重大的突破性创新往往占据较高的位置，所得到的评价也非常高。

但是，在突破性创新和渐进睦创新之间，我们不能厚此薄彼，突破性创新固然非常重要，但是渐进性创新在人类社会的进步当中同样扮演着相当重要的角色。因为突破性创新是点滴的渐进性创新积累的结果，只有当渐进性的创新发展到一定程度（量变）的时候才会出现重大的突破性创新（质变），正所谓"不积跬步无以至千里，不积小流无以成江海"，计算机的诞生是众多渐进性创新的集成而形成的突破性创新，没有晶体管等技术的发明就不可能有电视机的诞生，随着人们对最原始电视机的不断改进，平板电视、液晶电视、数字电视等相继诞生。在技术领域，企业的突破性创新是以往各种技术创新以及各部门配合的结果，当渐进性创新达到一定程度时，任何微小的创新都可能给技术人员带来灵感，从而导致突破性创新的产生。同样，在企业制度上，不可能全盘摒弃原有的制度并用全新的制度加以取代，因为任何制度的变迁都会受到

"路径依赖"的影响,所以需要逐渐地对制度进行变革。企业文化和思维的变革更易受到"路径依赖"的影响,企业文化是企业在长期的经营管理中形成的,具有稳定性和长期性,因此,对文化的变革要循序渐进,切忌在短时间内进行"突破性"的变革。

总之,人类社会或者企业的任何一项突破性创新都是无数渐进性创新不断积累和整合的结果,渐进性创新是突破性创新的必备条件。所以,在创新的路上,企业不要盲目地追求所谓的突破性创新,特别是对没有重大科研实力的中小企业而言,更应该注重渐进性创新,不断地对渐进性创新的成果(不论是自身的还是外来的)进行总结、积累和运用,扩充自己的创新知识库,从而追求更具有突破性的创新成果。

(二)按驱动创新的力量来分

在企业创新中,推动企业不断进行创新的驱动力主要来自两个方面:一是市场的需求;二是技术的进步。需求是最终的顾客,需求也是最好的顾客,之所以这么说,是因为需求是所有经济活动的源泉,是企业生存和发展的基础,企业能够生存得益于市场对其生产的产品有需求并且企业能满足这一需求。从这一点我们可以得出一个非常重要的结论——企业的创新需要以市场需求为导向。企业是一种营利性的组织,在以需求为导向的企业创新过程当中,与顾客的沟通和交流非常重要,很多创新的创意都是来源于与顾客的沟通交流。如在与年轻人的交流过程中,索尼公司的研究人员发现年轻一代希望录音机能够具有随身携带的功能,索尼公司就根据这样的需求发明了"随身听",在当时这种技术能够算是一个重大的创新。有些公司虽然在创新的过程当中没有根据当时的市场需求,但是能够为创新的成果创造出新的市场,从而实现创新和需求的匹配,最典型的就是杜邦公司发明的尼龙。杜邦公司先发明了尼龙,然后再为尼龙设计多种用途,如将尼龙应用于女士长筒袜,为尼龙创造市场的过程也是一个创新的过程。

由市场需求拉动的创新需要以了解市场的需求为前提,因此,市场需求拉动创新多为渐进性创新。在此类创新过程中,企业了解消费者的需求需要耗费一定的时间,而消费者的需求在一定的时期内比较稳定,不会有重大的变化,在缓慢的需求变化当中,企业由于需求拉动而进行的创新也是渐进性的,主要是对某些功能的改进、增加或者删除,或者对外形包装等的改变。如某个家电制造商原来并没有较小形体的洗衣机,在进行市场调查之后,发现社会上大量单身人士需要洗的衣服并不多,用大体积的洗衣机既浪费电又浪费水,因此就对其形体进行创新,设计了一款适合单身贵族使用的小型洗衣机。

相对而言,由技术进步推动的创新多为突破性创新,因为一种全新的技术有可能改变或者提高人类对自然规律的认识,并且提高人类改造客观世界的能力,还有可能

企业管理模式创新及理论研究

形成一个全新的产业。如瓦特发明的蒸汽机改变了人们对蒸汽动力的看法，蒸汽动力技术因此开始为人类所应用，在对这一技术不断的运用过程当中，人们在其他很多领域内取得了众多的创新成果，如工厂动力设备、车船等领域，一系列新兴产业相继开创。

（三）按发生方式来分

按照创新的发生方式不同，创新可以分为程序化创新和非程序化创新。程序化创新的特点是按部就班，创新的过程有一系列的程序可以遵守，先做什么后做什么都有比较明确的指示，创新的计划电在创新之前制定好，整个创新的过程沿着既定的路线和程序进行。在创新过程当中，程序化创新对偏差的容忍度比较低，除非进行不下去，否则是不会改变原来的路线或者程序的。非程序化创新则没有既定的路线和程序，创新的过程比较"随意"。非程序化创新可以进一步分为两种类型：一是消极型的非程序化创新，它是一种偶然的创新，创新的发生主要是来源于偶然的资金支持或者偶然的创意，这种创新的偶然性非常突出；二是痛苦型的非程序化创新，这种创新的主要原由是企业正面临生存的风险，不创新就可能导致企业生命的终止，因此，这种创新具有较强的被动性，通常是在不得已的情况下进行的。

（四）按调整程度来分

所谓调整程度是指对现有技术、人员、组织、管理、制度等的调整程度，根据调整的程度大小可以将创新分为独立创新和系统化创新。如果对创新成果的运用或者商业化需要对以上要素进行较大程度的调整，则这种创新就是系统化创新。相比较而言，独立创新成果的使用或者商业化只需要对现有的技术、人员、组织、管理、制度等进行小范围的调整，对以上要素的依赖性比较小。物联网是系统化创新的一个例子，物联网的使用需要对互联网服务提供公司、通信服务提供公司、加入物联网的公司、现有的信息技术等做出重大调整才能实现。最新发明的城市立体公交也是一个系统化创新的例子，在立体公交进行商业化的过程当中需要对现有的城市路面、公交站台、从业人员、管理方式等进行重大的变革，从而适应立体公交运行的需要。

四、创新的多层次研究

组织是一个多层次的、层层相扣的系统结构，个体、团队与组织在多重层次中相互影响与整合，以创造产出。因此，必须视组织为一个整合的系统。然而，传统的组织研究将组织切割成个体、群体与组织层次，研究者不是倾向于强调宏观的观点就是微观的观点，微观的观点主要源自于心理学，着眼于个体与行为的差异；而宏观的观点主要源自于社会学，强调个体行为的集体或共同反映。只采用宏观的观点或微观的观点无法精确、全面地解释组织行为。宏观的观点不重视个体之间的差异，且忽略个体的人格、情感、行为及互动可能提升到更高层次的现象的过程；反之，微观的观点不重视个体所存在的情境，可能忽略此情境对个体差异效果的限制。鉴于此，必须综合微观和宏观的观点研究。

组织创新和创造力本质上是一个多层次现象，然而较少的研究从多层次角度进行讨论。在此，作者试图应用多层次组织理论并结合多层次组织理论中的一些重要研究来讨论研究创新的多层次现象及途径，以增强人们对组织创新多层次本质的认识。

多层次理论的根本目的是帮助人们更好地理解和分析一个层次上的现象如何影响另一个层次的现象，并提供一个更丰富的视角来研究某个现象：诸如创新和创造力。研究多层次现象有两个基本途径：一是组织、群体及其他情境因素如何由上而下（Top-down）影响个体层次的结果变量；二是个人感知、态度及行为由下而上（Bottom-up）以形成群体、组织的现象（Kozlowski&Klein2000）。

（一）由下而上的涌现过程研究

由下而上的涌现过程（bottom-up emergent processes），即由较低层次的互动和集聚而涌现到较高层次的过程。许多创新现象，如组织学习、团队学习行为、吸收能力、创新气氛都来源于个体行为、感知、态度和认知的方式，通过个人和群体间的互动和交换涌现为高层次的现象。涌现现象通常通过两种截然不同的机制产生：组合型（composition）和汇聚型（compilation），借助这两种机制产生由下而上的涌现过程。组合-涌现现象是基于同构的原则。反映功能等同的现象，从低层次到高层次现象的涌现过程。汇聚-涌现现象是基于相关的但不同的较低层次特性，当这些特性以合并方式涌现到更高层次时，其功能则不同。

由下而上的组合-涌现现象的一个例子是创新气氛。组织创新气氛形成于组织成员对组织政策，程序和实践支持、鼓励创新的共同感知程度（Amabile1988,Scott&Bruce1994）。尽管在组织层面上，创新气氛源于员工对工作环境的个体感知，它是通过接触相似的组织政策、程序、创新实践、社会互动、选聘、自然减员以及社会化过程，该组织成员形成组织创新气氛的共享感知。因此，组织成员对组织支持创新的感知程度的一致性是一个重要标准，用于维护由下而上的组合-涌现结构。汇聚-涌现的创新现象的例子是网络。网络已被证明对理解和促使创新的重要性。网络由不同实体间的多种类型的连带所构成，无论是个人、团队或企业，最好的理解是以关系的总体模式来考虑（例如网络密度）和个体在网络中的位置。通过个体贡献和互动有助于合并形成一个创新现象的涌现模式。一个典型例子是 Reagans 和 McEvily（2003）详述了非正式网络的开发，如社会内聚和网络范围（知识共享）的连带，以及它们如何产生和影响不同形式知识主体之间的转化，进而产生新的成果。

一个由下而上的涌现过程不论是有赖于"组合"还是"汇聚",需要明白的是:高层次的分析概念如何从低层次的实体与交互中涌现,即从低层次现象升华出的高层次概念的结构是什么?例如,在个体、团队或组织的交互作用的结构是什么,在高层次上分析的结果或因果关系是什么?搞不清楚这些作用结构和过程,则不可能描述理解个体是如何有助于较高层次的实体。举例而言,心理安全,即支持人际冒险的程度,已被一些研究者在团队层次(如,Edmondsoneta1.2001)和组织层次(如,Baer&Frese2003)概念化,并得出相关成果。心理安全是基于一定的领导和团队/组织成员行为的交互作用,以及个体心理反应以形成心理安全的共同感知。Edmondson(1999)在团队层次上推进心理安全的概念以及将其与学习联系起来,并详细描述这些行为。交互形成结构基础。心理安全的涌现有助于阐明团队层次现象的本质。另外,Edmondson还提供了心理安全与学习过程及创新成果关系的理论描述,并指出它在团队及组织层次的分析中的不同作用。例如,Edmondsonetal.(2001)对10家医院的研究是在面对实施新的医疗技术时,外科医疗团队的心理安全及其影响。他们追踪外科医疗团队的心理安全的发展并研究其与团队学习及随后的团队创新成果的关系(即新技术的成功实施),阐明结构因素与心理安全之间关系。

(二)由上而下的过程和情境影响研究

由上到下的过程和情境影响(top-down processes and contextual influences)就是由高层次向低层次影响的过程。创新系统中每个层次都嵌入在一组或更高层次的情境中。情境可能有助于塑造低层次的创新现象本质。通过确定情境影响的本质来帮助加深理解创新现象,也有助于确定创新成果的影响来源。

由上而下过程的第一种情境作用类型是直接的跨层次影响,是高层次上的自变量影响低层次上因变量的结果。例如:有积极的纠错管理文化的组织,具有谈论自由和当错误发生时理解错误的强规范,并在问题出现和需要采取纠正措施的时候提供援助。这些共享的规范是代表建设性的纠错管理文化,有利于错误的开放性沟通,鼓励在这种文化环境中工作的个体更自由地承认并承担发生的错误,努力纠正发生的错误,并从错误中学习。

由上而下过程的第二种情境作用类型是作为跨层次调节变量——调节较低层次的变量。例如Hirst和Zhou(2009)研究发现:团队学习行为会正向调节个体学习倾向与创造力之间的关系,换言之,团队层面的学习行为跨层强化个体学习倾向对创造力的影响作用。

由上而下过程的第三种情境作用类型是跨层次青蛙池塘效应(cross-level frog pond effect),它反映较低层次的个体在较高层次中的相对位置所产生的影响。同样的一只青蛙，假若池塘很大，这只青蛙看起来可能会很小；若池塘很小，这只青蛙看起来就可能很大。例如，假设要检测薪资的高低与工作满意度之间的关系，个体的工作满意度可能就会取决于该个体相对于群体中同事的平均薪资水准。与此相似，个体创造性自我效能与创造产出的关系，可能受到上级主管对个体创造性角色期望程度的调节影响。再者，一个员工的创新价值观与组织的创新价值观相关，一个组织在多大程度上努力将员工视为新技术的目标用户，则影响员工对这种技术创新的态度。具有强烈的创新价值观的员工，如果是工作在一个强烈支持和鼓励员工尝试新的做法和学习的组织中，员工就很可能成为新技术的"领先用户"或创新冠军；如果是工作在一个自认为是完美的、反对冒险的不支持创新的组织中，员工对新技术的反应就完全相反。可见，一个组织是否重视员工在创新中的作用和地位，对员工的创新价值观及其行为产生完全不同的影响。

第二节 管理创新在企业发展中的作用

在市场环境条件下，企业的管理创新具有了更加广泛的意义和特点，在管理创新基本概念的基础上能够更加清晰地看到管理创新的不同角度，通过对管理创新的规划，可以找到进行管理创新可行性的操作流程。

一、管理创新的概念界定

许多管理学大师都对管理进行了不同方式的定义，但无论他们定义的方式和角度如何迥异，其对管理的基本认识都包括：计划、组织、领导和控制四个主要方面。所谓管理就是人们以计划、组织、领导和控制等基本活动作为手段，对所掌握的资源进行合理的利用和分配，从而达到组织目标的一个实践过程。

为了进一步理解这一实践过程，首先应认识到管理是在一定的组织架构下实施和实现的，不存在没有组织的管理；其次，对组织进行管理的目是为了实现组织目标，在实现组织目标的过程中，要做到充分的利用组织资源，实现组织资源的最大化利用；最后，在组织内进行管理的整个过程中要运用必要的手段，这些手段包括计划、组织、领导和控制四种。对于管理过程中的四种手段的运用并非是完全孤立和程序化的，而是相互交叉的，同时这四种手段作为一个过程也是一个不断循环的过程。在管理实施过程中要跟随环境的变化做出新的计划，并依据计划组织资源实施，然后通过领导手段来引领组织资源配置，最后通过控制手段组织资源向组织目标流动，并通过对结果的反馈进一步对计划做出新的调整。在领导和控制过程中根据需要不断的对计划完善调整并进行相应的组织安排，同样，在计划和组织过程中也要做好计划制作的领导并对计划中的变量和方向进行一定的控制。

而我国著名管理专家周三多提出，除了以上四个职能外，管理还应有第五个重要职能——创新！创新的主要功能则是促使企业更为有效的持续运行、健康发展，创新职能更像是管理中一个动力之源，但只有与其他四个职能进行结合才具有其价值。管理的创新职能与其他四个职能紧密相连，在不同的时期，通过创新职能，管理的其他四个职能也会相应的随之变化。

企业的管理过程本质上是一个运用各种有效手段对各种内部可控资源进行有效地配置，从而实现企业目标的过程。管理创新乃是对管理的一种创新，其着眼点有三个方面：管理思想的创新，资源配置、活动秩序和企业氛围的创新，控制手段的创新。管理理念的创新主要是对管理目标进行创新性的改进，从而使得整个管理得到创新。资源配置、活动秩序和企业氛围的创新，主要是指以硬件、软件分类的视角，来看待企业的管理创新。其中对资源配置的创新属于硬件创新；而针对活动秩序和企业氛围的创新为软件的创新。控制手段的创新，则主要是对四种基本手段进行创新以改进整个管理的流程，使得管理流程更加的高效。本文以前两个着眼点来进行探讨分析，因为控制手段的创新更类似于一种视角，而这个视角与思想观念、资源配置、活动秩序和企业氛围等内容密不可分，而学界对管理是否是控制已有很多反思和争论，因此这里不再单独讨论。

二、管理创新体系

管理创新根据管理思想、企业战略、组织架构、企业文化、管控手段和企业制度等不同视角和创新切入点，构成了完整的管理创新体系。其中管理观念创新属于管理思想的创新，战略管理创新、组织机构创新、制度创新、产品及服务创新属于资源配置、活动秩序的创新，关系创新属于企业氛围创新的一个具体应用。

（一）管理观念创新

管理观念是整个企业管理过程中的灵魂，是对企业实施各种管理措施的基本指导思想。管理观念的确定是一个复杂的过程，它涉及到对企业经营外部环境的把握、对企业所拥有的资源和能力的细致分析和对企业战略目标的确定，经过对各个方面的协调和整合最终确定出企业的基本指导思想。企业的管理观念具有相对稳定性，一旦确定就不易改变。企业的管理观念和具体经营过程相互影响和相互促进。管理观念创新是提出一种崭新的不同于以往的经营思路，这种经营思路既可以对企业所有经营活动来说是新颖的，也可以是仅对某一企业经营活动来说是新颖的。只要这种经营思路被证明是切实可行的，那么这就是一种管理创新。管理观念的创新是整个企业管理创新的出发点，是思想创新。现代企业经营管理过程中经营管理理念正在发生巨大的变化，由注重物的管理向注重人的管理方向转变，由注重有形资产的管理向注重无形资产的管理，有企业间的绝对竞争关系向企业将竞争与合作并存并逐步寻求共赢转变，所有的这些都体现出企业的管理理念在发生了巨大而深刻的变动。这些企业管理理念的变动无疑极大的促进了企业管理效率的提高。所以，在企业进行管理创新的过程中，最重要的就是进行一场深刻的管理理念的创新，这需要不断的学习和探索，需要不断的对内自省并引进外来先进的管理人才和管理经验。人的一切活动均源于思想，管理思想、观念的创新居于整个管理创新的灵魂位置。

（二）战略管理创新

战略管理对于企业的生存和发展有举足轻重的作用，它是企业进行管理创新的灵魂，因而也构成企业管理创新的一部分。企业在进行管理创新过程中，应当把握好战略创新的节奏，着眼于全球竞争的大视角。企业进行战略的创新应当把握好自身的核心竞争力，通过不断的发展核心竞争力以适应外部环境的发展变化并力图引领变化潮流，从而实现企业的可持续发展。管理的创新是战略创新的微观层面的操作，为了实现企业的创新战略就必须不断改变企业的经营管理方式，通过管理的创新使得企业以一种不同的方式进行运行，这充分说明了战略管理创新对企业创新的作用。

（三）组织机构创新

组织管理创新即是通过创立一个崭新的组织或者对原有的组织架构进行整合得到一个更有效率的组织架构，这种新形成的组织能够在企业的目标实现过程中正常的运行并起到促进作用。

在管理过程中，其对象是必然指向某一组织，因此，对于组织进行创新就成为进行管理创新的基础。在现代企业中，企业组织再也不是一个固定不变的工作单位，而是一个能够通过不断的学习以适应变化和促进变化的有机体。随着知识经济的到来，组织正在发生着十分深刻的变革，组织间的共享性和虚拟性正在逐步增强，组织之间正在构建一种超高共享性的网络，而管理层级的扁平化也导致人际关系的更加平等。在新型组织体系中，知识和专业技术更加占据重要影响地位，逐渐形成以技术和知识为基础的业务单元，这是组织的一大创新。业务单元的组织形式具有极强的适应性和工作弹性，因而能够产生诸多创意性的业务解决方案。同时，这种不同的组织状态需要企业在管理过程中采用与以往不同的方法进行管理，否则将会阻碍组织效能的发挥，可见正是组织机构的创新，影响着管理在不断的进步。

企业在组织机构创新的过程中要特别注意结合内外环境，遵循组织运行的基本规

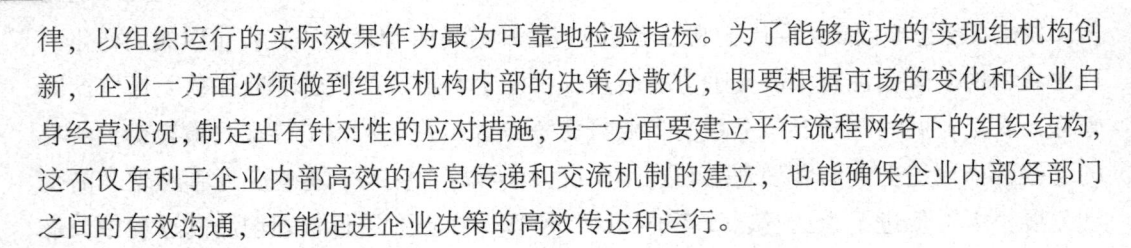

律，以组织运行的实际效果作为最为可靠地检验指标。为了能够成功的实现组机构创新，企业一方面必须做到组织机构内部的决策分散化，即要根据市场的变化和企业自身经营状况，制定出有针对性的应对措施，另一方面要建立平行流程网络下的组织结构，这不仅有利于企业内部高效的信息传递和交流机制的建立，也能确保企业内部各部门之间的有效沟通，还能促进企业决策的高效传达和运行。

（四）制度创新

制度的改变或创新即是设计一种新的管理方法或标准，这种管理方法或标准如果有效，就会为企业的整体管理或者部分管理会带来最直接的影响，这即是一种管理创新。通过对企业的管理制度进行不断地改进，企业的制度会不断促进企业的发展，企业的整个资源整合利用过程会更加合理，最终，整个企业运转会更加流畅。

（五）产品及服务创新

产品及服务模式的管理创新主要包括生产、品牌、技术工艺、营销及客户服务等方面的管理创新。主要是基于市场的变化，企业应主动调整生产的产品本身、产品的生产方式、产品的品牌定位与组合、产品的生产工艺、产品的销售方式、产品的售后服务等一系列的生产经营活动而进行的管理创新，其核心宗旨在于使持续整合、改良、优化的管理活动适应企业产品发展战略的需求，进而满足消费者需要，使企业创新价值实现最大化。以上的各个管理活动中，营销模式的管理创新尤为关键。这是因为，对于任何企业而言，其生存的关键首先来自于市场，只有拥有广阔市场的企业才能够不断发展，而一旦市场逐步萎缩，则导致企业岌岌可危。在营销的整个过程中，市场信息由一线销售人员向企业进行传播，信息传播的速度延迟严重的影响着营销销售的质量和数量。所以，必须建立起网络化的信息传递模式，从而提高营销过程的信息传递和反馈速度。从另一方面讲，通过构建网络化的销售平台能改变过于传统的一对一的销售方式，从而减少企业的成本和负担，进而为企业带来额外的利润，提高企业竞争力。对于销售模式的管理创新，利用网络平台将是很重要的一个方面，但是销售的管理创新也不限于此。销售的管理创新应当注重采用一切可以迅速传递信息的手段和方式，并拉近客户与企业的沟通方式，以便客户的诉求能够在最短的时间内进入企业的供给规划之中。销售模式创新实质是管理创新的一大动力，在涉及企业生死存亡的领域总能激起企业的深思熟虑和深刻改革，这也为我们研究管理创立提供了一个新的视角。

（六）关系创新

关系创新是在关系管理过程中提出一种新的方法或者对原有的方法进行合理的改

进，使得企业运行效率提高，员工关系更加和睦。这也是一种管理创新，他的效果在于通过人员关系的改变促进整个企业氛围的改善，从而增强整个企业的凝聚力。

三、管理创新的特点

无论是从管理的内涵出发还是从企业经营中面临的各种情况来分析，都可以看到管理的创新具有多个层面和多个维度。由于管理的多层次性和多维度性，管理创新因此而显现出诸多的特点。

一方面，管理创新是以现代法人治理结构为基础的。有限责任公司和股份有限公司是现代法人治理结构的两种主要表现形式，也是现代经济社会使用最广泛的两种企业制度，这种治理结构通过所有权和经营权的分离，有利于企业不断的进行管理上的创新和改进。法人治理结构的出现使得经理人市场迅速发展，经理人要提高自己在市场上的竞争力就要不断的进行管理上的创新，不仅有利于企业效益的发展，同时有利于管理的不断创新。而作为股东，为了使得自己的投资获得较高的回报率，也会敦促经理人不断进行管理创新以更加有效地利用资源，同时股东也会不时的进行相应的改革以促进公司的顺畅运营。法人治理结构的建立要做到因地制宜，不可盲目照搬，这样才能够在具体的土壤中进行适合当地、当时文化和政策的管理创新。

另外，企业的管理创新应当以现代化的管理流程为前提。我国改革开放过程中，首先做的就是实施现代企业制度，这标志着我国在企业管理中开始运用现代化的流程管理体系。流程化的管理体系促进了企业的组织运行效率，并为组织的不断创新提供了条件。流程管理本身就是在强调对企业资源进行计划、控制和指挥，突出企业管理的重点环节，明确企业发展的方向流程管理，强调统筹计划、指挥、控制，着力解决影响企业发展的障碍，在加强企业部门内部协作和决策沟通的基础上，实现企业经济利益和社会效益的最大化。这一过程本身就是一个企业管理不断创新的过程。

再者，管理创新具有多个层次和多个目标。其首要目标是提高管理效率，提高整个企业资源配置的能力，其次在于完善组织内部各个成员之间的相互关系，使得组织内成员在一个稳定而平滑的环境中实施组织的计划，最后管理创新还要服务于组织的不断自我进步与完善，使组织更具凝聚力和创造力。

四、管理创新实施原则

管理创新是企业的一种资源整合创新，这种创新并非是随机产生的，而是在企业全体员工思维的碰撞和摸索中产生的。所以，要实现企业管理创新是有迹可循的。

在企业的管理创新过程中，要确立相应的原则作为对整个创新过程的引导和约束，具体的创新过程不能超越原则的制约，否则将会导致管理创新走向歧路。这些具体的管理创新原则包括与市场变动相接轨、与本企业实际状况和发展阶段相契合和坚持以人为本的企业管理创新根本策略。

（一）紧随市场变动

企业进行管理创新的根本动力来自于对不断变化的市场状况的适应，为此，企业管理创新就必须紧随市场变动的步伐。企业在创新过程中要紧紧的把握市场的脉搏，完善市场竞争机制，及时掌握各种涉及本行业的相关信息和动态，据此做出相应的调整。这样不仅能够实现企业发展的目标，又能够走在行业的前列，提高经济效益。

（二）契合本企业状况

管理创新的根本目的在于提高本企业的管理水平，促进本企业效益的提高，所以企业管理创新不可尽搬所谓的经典模式，应当对其做出适当的适合自我状况的改进。在管理创新过程中，要时刻把自我发展的阶段和实际状况作为出发点，只有把握这个出发点才能确定出合理的目标，制定合理的计划，而不是好高骛远，邯郸学步。

（三）坚持以人为本

在管理创新过程中，最重要的资源莫过于人，所以坚持以人为本具有非常重要的意义。这里所讲到的人不仅仅是高层管理者，还包括所有与企业的经营相关的人员，包括一线的业务人员、工作人员和技术人员。因为他们能够更真切的了解到什么样的改进能够更高的促进企业运行的效率。同时，以人为本，尊重企业中的每一个个人的观点和建议能够在无形中使得每个人将自己当作公司的一部分，尽心尽力的为改进公司运行中的不足献计献策，为企业管理创新提供思路和创意。

第三节　管理理论的发展与创新

管理自初步形成理论以来，已经历了近一个世纪的演变，从泰罗对于工厂的科学管理到今天对于全球化、知识化、信息化的企业管理，其中凝结了无数管理实践者与思想者的汗水和心血，管理理论的发展是管理理论家与管理实践家们不断对管理真谛、管理特性的认识与把握的过程，这过程从另一个方面来说恰是管理理论的创新过程。从科学管理到行为科学，从行为科学到管理科学，从管理科学到现代管理理论丛林，无不是理论的创新的结果。当然，理论的创新源于管理创新的实践，而一旦创新成功又成为管理创新实践的指导。本书在此简要介绍一下管理理论发展与创新的历程，以便为后文的管理实践提供理论支持。

一、古典管理理论

19世纪中叶至19世纪末的大约50年，是以股份公司制度为代表的现代企业制度确立与普及的时期。股份公司制度的出现和确立，从根本上克服了传统企业制度对企业持续成长的人为界限，比如企业的发展开始较少为创业者个人的去留和能力所限，企业的发展的重要资源如资金和经理人才也可以从较大范围内筹措与选拔了。因此股份公司为后来企业的发展提供了一个坚实的制度平台。

进入20世纪后，现代企业便由小到大逐渐成长起来。特别是第二次世界大战后，人们对物质产品需求的数量迅猛增加，商品供不应求。在庞大的市场需求的推动下，企业只要增加投资、扩大生产、提高生产效率，在一定的时间内生产出更多数量的产品就能发展壮大。因此与企业由小到大的规模发展相适应，管理理论形成阶段的研究可以说是"建立在生产理论上的，以提高效率为主要研究课题的"理论。

在这一时期，在美国、法国、德国分别活跃着具有奠基人地位的管理大师，即"科学管理之父"——泰罗（F.W,Taylor）、"管理理论之父"——法约尔（H Fayol）以及"组织理论之父"——马克斯·韦伯（M.Weber）。

（一）泰罗及科学管理理论

泰罗出生于美国，被后人称为"科学管理之父"，既有从事科学研究和发明的才能，又有从事社会活动和领导工作的才能。他在管理方面的主要著作有：《计件工资制》、《车间管理》、《科学管理原理》等。科学管理理论的要点是：

(1) 科学管理的中心问题是提高劳动生产率。泰罗为此提出了工作定额原理，要制定"合理的日工作量"。

(2) 为了提高劳动生产率，必须为工作配备"第一流的工人"，而培训工人成为"第一流工人"是企业管理当局的责任。

(3) 要使工人掌握标准化的操作方法，使用标准化的工具、机器和材料，并使作业环境标准化。这是企业管理的首要职责。

(4) 实行有差别的计件工资制。以此来督促和鼓励工人完成或超过定额。

(5) 工人和雇主双方都必须来一次"心理革命"。劳资双方必须变相互指责、怀疑、对抗为互相信任，共同为提高劳动生产率而努力。

(6) 把计划职能同执行职能分开，变原来的经验工作方法为科学工作方法。计划

职能归企业管理当局，并设立专门的计划部门来承担；而现场的工人，则从事执行职能。

（7）实行职能工长制。把管理工作细分，使每个工长只承担一种职能；这种思想为以后职能部门的建立和管理专业化提供了基础。

（二）法约尔与管理过程理论

法约尔出生于法国，大学毕业后长期在一家煤矿公司担任领导工作。他对社会其他行业的管理也进行过广泛的调查研究。在漫长而卓有成绩的职业生涯中，他一直从事管理工作。他对组织管理进行了系统的、独创性的研究，特别是关于管理组织和管理过程的职能划分理论，对后来的管理理论研究具有深远影响。他还是一位概括和阐述一般管理理论的先驱者，是伟大的管理教育家，被后人称为"管理过程理论之父"。其代表作是《工业管理和一般管理》。管理过程理论的要点是：

（1）企业职能不同于管理职能。任何企业都有六种基本活动或职能，管理活动只是其中之一。在各类企业中，下属人员的主要能力是具有企业特点的职业能力；而较上层人员的主要能力是管理能力，并且随着地位的上升，管理越重要。

（2）管理教育的必要性和可能性。企业对管理知识的需要是普遍的，而单一的技术教育适应不了企业的一般需要。应尽快建立管理理论，并在学校中进行管理教育。

（3）管理的14项原则。包括劳动分工、权力与责任、纪律、统一指挥、统一领导、个人利益服从整体利益、合理的报酬、适当的集权与分权、等级链、秩序、公平公正、保持人员稳定、首创精神、集体精神等。这些原则，在管理工作中不是死板和绝对的东西，有个尺度问题。

（4）管理要素。管理这一职能活动是由五个管理职能组成的：计划、组织、指挥、协调和控制，计划是管理职能中一个重要的要素。

（三）韦伯与理想行政组织体系

韦伯出生于德国，对社会学、宗教学、经济学和政治学有广泛的兴趣，并发表过著作。他在管理思想方面的贡献是在《社会和经济理论》一书中提出了理想行政组织体系理论，由此被人们称为"组织理论之父"。

韦伯指出，任何组织都必须有某种形式的权力作为基础，才能实现目标。只有理性——合法的权力才宜于作为理想组织体系的基础。理想行政组织体系的要点是：

（1）明确的分工。每个职位的权力和责任都应有明确的规定。

（2）自上而下的等级系统。组织内的每个职位，按照等级原则进行法定安排，形成自上而下的等级系统。

(3) 人员的考评和教育。人员的任用完全根据职务的要求，通过正式考评和教育训练来进行。

(4) 职业管理人员。管理者有固定的薪金和明文规定的升迁制度，是一种职业管理人员。

(5) 遵守规则和纪律。管理者必须严格遵守组织中规定的规则和纪律。

(6) 组织中人员之间的关系。组织中人员之间的关系完全以理性准则为指导，不受个人情感的影响。

古典管理理论的研究侧重于从管理职能、组织方式等方面研究效率问题，但是他们把人当作机器似的、功利主义的"经济人"来看待，忽视了人的社会心理需要。

二、行为科学管理阶段

20 世纪 20 年代末到 30 年代初全世界出现经济大危机。在美国，罗斯福政府从宏观上对经济实施管制，管理学者们则开始从微观上研究"硬件"以外的造成企业效率下降的影响因素，由此便产生了行为科学管理理论。

行为科学理论阶段重视研究人的心理、行为等对高效率地实现组织目标（效果）的影响作用。这些研究起源于以梅奥（G.E.Mayo）为首的美国国家研究委员会与西方电气公司合作进行的霍桑实验（1924—1932）。以霍桑实验结论为依据，梅奥等人提出了以下几条原理：①工人是"社会人"，是复杂的社会系统的成员。所以，工人不是单纯追求金钱收入，他们还有社会、心理方面的需求，即追求人与人之间的友情、安全感、归属感和受到尊重等；因此，必须从社会、心理方面来鼓励工人提高生产率。②企业中除了"正式组织"之外，还存在着"非正式组织"。这种非正式组织是企业成员在共同工作的过程中，由于抱有共同的社会感情而形成的非正式团体。这些团体有自然形成的规范或惯例，其成员必须服从。梅奥等人认为非正式组织同正式组织是相互依存的，对生产率的提高有很大的影响。③新型的领导能力在于，通过对员工满足度的提高而激励员工的"士气"，从而达到提高生产率的目的。工人所要满足的需要中，金钱只是一部分，更多的是感情、安全感、归属感等。所谓满足度就是工人的这些需要得到满足的程度。梅奥等人通过在霍桑工厂的试验了解到，工人并不是把金钱当作刺激积极性的惟一动力的"经济人"，而是在物质之外还有社会的和心理的因素的"社会人"。所以，新型的领导能力就是要在正式组织的经济需求和工人的非正式组织的社会需求之间保持平衡。他们认为，这样就可以弥补古典理论的不足，解决劳资双方之间以致整个"工业文明社会"的矛盾和冲突，提高生产率。

梅奥等人奠定了行为科学的基础后，西方从事这方面研究的人大量出现。行为科学在后一阶段的创新发展，主要集中在以下四个领域。

（1）有关人的需要、动机和激励问题。在这方面有代表性的理论有美国的马斯洛（A. H. Maslou）的需求层次理论、赫次伯格（F.Herzberg）的"激励因素——保健因素理论"、斯金纳（B.F.Skinner）的"强化理论"、弗鲁姆（Victor H Vroom）、莱曼·波特（LymanW,Porter）、爱德华·劳勒（Edward E.Lawler）等人的"期望几率模式理论"。

（2）同企业管理有关的"人性"问题。在这方面有代表性的理论有美国麻省理工学院教授麦格雷戈（D.M.McGregor）的"X—Y理论"。麦格雷戈把传统的管理观点叫做"X理论"，那是以对工人的管束和强制为主的；他主张以诱导的办法，鼓励职工发挥主动性和积极性，他把这种鼓励观点叫做"Y理论"。麦格雷戈认为，只有"Y理论"才能在管理上取得成功。莫尔斯和洛希在修正发展了麦格雷戈的"X理论-Y理论"后提出了"超Y理论"。他们在1970年发表了《超Y理论》一文和1974年出版了《组织及其成员：权变法》一书。"超Y理论"以行为科学中关于企业中人的特性的"复杂人假设"为依据，但它本身则成为权变理论的理论基础。还有阿吉里斯（Chris Argyris）的"不成熟—成熟理论"等。

（3）企业中的非正式组织以及人与人的关系问题。在这方面有代表性的理论有：卢因（Kurt Lewin）的"团体力学理论"；布雷德福（Leland Bradford）的"敏感性训练"、大内（Theory Z 的"Z理论"。Z理论认为，组织发展的关键是创造出一种组织环境或组织气氛，使得生产率高的团体得以产生和发展。以前的一些管理理论大都从企业管理当局同职工是对立的这一基本前提出发，其实，他们之间可以是一致的，企业管理当局同职工的利益和积极性是可以融为一体的。

（4）企业中领导方式的问题。这方面有代表性的理论有美国的坦南鲍姆（Robert Tannenbaum）和施米特（Warreu H Schmidt）的"领导方式连续统一体理论"、利克特（RensisLikert）的"支持关系理论"、斯托格第（RalphMStogdill）和沙特尔（Carrall.L Shartle）等人的"双因素模式"。特别值得注意的是布莱克（Robert R.Blake）和穆顿（Japes.Mouton）两人的"管理方格理论"。他们在《新管理方格》等著作中提出，为了避免企业领导工作中趋于极端的方式，即或者是科学管理，或者是人际关系；或者以生产为中心、或者以职工为中心，或者采取x理论、或者采取Y理论，应采取各种不同的综合的领导方式。他们以对生产的关心为横轴，对职工的关心为纵轴，每根轴线分为9个小格，共分成81个小方格，代表各种不同结合的领导方式。他们认为，把对生产的高度关心同对职工的高度关心结合起来的领导方式是效率最高的。

三、现代管理阶段

第二次世界大战以来，随着现代自然科学和技术日新月异，生产和组织规模急剧扩大，生产力迅速发展，生产社会化程度不断提高，管理理论引起了人们的普遍重视。

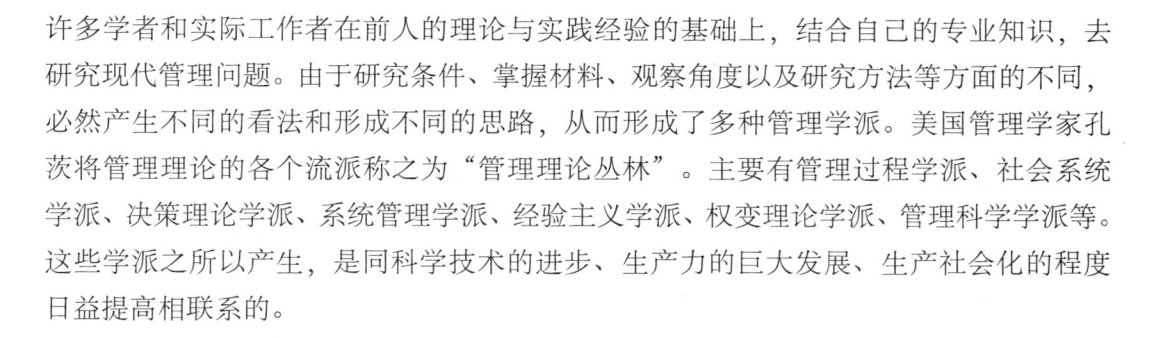

许多学者和实际工作者在前人的理论与实践经验的基础上，结合自己的专业知识，去研究现代管理问题。由于研究条件、掌握材料、观察角度以及研究方法等方面的不同，必然产生不同的看法和形成不同的思路，从而形成了多种管理学派。美国管理学家孔茨将管理理论的各个流派称之为"管理理论丛林"。主要有管理过程学派、社会系统学派、决策理论学派、系统管理学派、经验主义学派、权变理论学派、管理科学学派等。这些学派之所以产生，是同科学技术的进步、生产力的巨大发展、生产社会化的程度日益提高相联系的。

（一）管理过程学派

管理过程学派又叫做管理职能学派、经营管理学派。其创始人是法约尔，代表人物包括孔茨、奥唐奈。他们把管理看做是在组织中通过别人或同别人一起完成工作的过程，管理应该分析这一过程，从理论上加以概括，确定一些基础性的原理，并由此形成一种管理理论。有了管理理论，就可以通过研究、实验、传授管理过程中包含的基本原则，改进管理的实践。这个学派把它的管理理论建立在以下七条基本信念的基础上：①管理是一个过程，可以通过分析管理人员的职能从理性上很好地加以剖析。②可以从管理经验中总结出一些基本道理或规律。这些就是管理原理。它们对认识和改进管理工作能起一种说明和启示的作用。③可以围绕这些基本原理开展有益的研究，以确定其实际效用，增大其在实际中的作用和适用范围。④这些原理只要还没有被证明为不正确或被修正，就可以为形成一种有用的管理理论提供若干要素。⑤就像医学和工程学那样，管理是一种可以依靠原理的启发而加以改进的技能。⑥即使在实际应用中由于背离了管理原理而造成损失，但管理学中的原理，如同生物学和物理学中的原理一样，仍然是可靠的。⑦尽管管理人员的环境和任务受到文化、物理、生物等方面的影响，但管理理论并不需要把所有的知识都包括进来才能起一种科学基础或理论基础的作用。

（二）社会系统学派

社会系统学派从社会学的观点来研究管理，把企业组织中人们的相互关系看成一种协作的社会系统。这种思想的根源可以追溯到意大利的社会学家维尔弗雷多·帕累托，但社会系统学派的创始人却是切斯特·巴纳德。巴纳德认为，社会的各级组织都是一个协作的系统，即由相互进行协作的各个人组成的系统。这些协作系统是正式组织，都包含有三个要素：协作的意愿、共同的目标、广泛的信息联系。非正式组织也起着重要的作用，它同正式组织互相创造条件，在某些方面对正式组织产生积极的影响。至于组织中经理人员的作用，就是在协作系统中作为互相联系的中心，并对协作的努力进行协调，以便使企业、组织能够维持运转。

（三）决策理论学派

决策理论学派是从社会系统学派中发展出来的，该学派的基本观点是，由于决策是管理者的主要任务，因而应该集中研究决策问题，而管理又是以决策为特征的，所以应该围绕决策这个核心来形成管理理论。支持这个学派的学者多数是经济学家和数学家。该学派的代表人物是曾获诺贝尔经济学奖的西蒙，其代表作是《管理决策新科学》。

现在，决策理论学派的视野已大大超出关于评价比较方案过程的范围。他们把评价方案仅仅当成考察整个企业活动领域的出发点，决策理论不再是单纯地局限于某个具体决策上，而是把企业当作一个"小社会"来予以系统地、广泛地考察，因而又涉及社会学、心理学、社会心理学等多种学科。

（四）系统管理学派

系统管理学派同社会系统学派有着密切的关系，但各有不同的侧重方面。1963年理查德·约翰逊、弗里蒙德·卡斯特、詹姆士·罗森茨韦克三人出版了《系统理论和管理》一书，从系统概念出发，建立了企业管理的系统模式，成为系统管理学派的代表作。该学派认为系统方法是形成、表述和理解管理思想最有效的手段。所谓系统，实质上就是由相互联系或相互依存的一组事物或其组合所形成的复杂统一体。这些事物可以像汽车发动机上的零件那样是实物，也可以像人体诸组成部分那样是生物的，还可以像完整综合起来的管理概念、原则、理论和方法那样是理论上的。尽管人们给理论规定出界限，以便更清楚地观察和分析它们，但是所有的系统（也许只有宇宙除外）都同它们的环境在相互起作用，因而都受到其环境的影响。

系统管理学派在20世纪60年代最为盛行，目前仍有相当多的人继续从事研究。而且，系统管理理论中许多内容促进了自动化、控制论、管理信息系统、权变理论的创新与发展。

（五）经验主义学派

经验主义学派的代表人物有美国的彼得·德鲁克、戴尔和曾任美国通用汽车公司董事长、总经理的艾尔弗雷德·斯隆等人。他们认为，古典管理理论和行为科学都不能完全适应企业发展的实际需要，主张通过分析经验（通常是一些案例）来研究管理学问题。该学派认为，通过分析、比较和研究各种各样成功和失败的管理经验，就可以抽象出某些一般性的结论或原理，这有助于学生和从事实际工作的管理者理解管理原理，并使之学会有效地从事管理工作。

很多学者认为，该学派的主张实质上是传授管理学知识的一种方法，称为"案例教学"。实践证明，这是培养学生分析问题和解决问题的一种有效途径。

（六）权变理论学派

权变理论学派是 20 世纪 70 年代在经验主义学说基础上进一步发展起来的一种管理学派。该学派强调，管理者的实际工作取决于所处的环境条件。但与经验主义学派不同，权变理论学派不局限于研究个别案例，提出个别解决方法，而是试图提出适应特定情况的管理组织方案和管理系统方案。该学派认为，在管理中要根据企业所处的内外条件随机应变，没有什么一成不变、普遍适用的"最好的"管理理论和方法。

美国学者卢桑斯认为，当过程、数量、行为和系统等四个学说结合在一起时，就产生了不同部分总和的某种东西，这就是管理的"权变学说"，这里包含着"权变关系"和"权变理论"。权变关系是指两个或两个以上的变量之间的一种函数关系。权变理论是考虑到有关环境的变量同相应的管理概念和技术之间的关系，使采用的管理观念和技术能有效地达到目标。

（七）管理科学学派

管理科学学派又叫做管理中的数量学派。尽管各种管理理论学派都在一定程度上应用数学方法，但只有管理科学学派把管理看成是一个数学模型和程序的系统。一些知名的运筹学家或运筹分析家就属于这个学派，为此该学派的人士常自称为"管理科学家"，他们的信念是，只要管理、组织、计划、决策是一个逻辑过程，就能用数学符号和运算关系来予以表示。

该学派的主要方法就是模型，借助于模型可以把问题用它的基本关系和选定目标表示出来。由于数学方法大量应用于最优化问题，可以说，它同决策理论有着很密切的关系。当然，编制数学模型决不限于决策问题。

四、管理理论新发展

（一）企业战略理论

当今我们所处的时代，用彼得·德鲁克的话来说，是一种"跳跃性的时代"。复杂多变的外部环境正在使企业将管理的重点由提高生产效率转向适应环境变化。因此作为研究企业与环境之间相互关系，为企业生存和发展指明方向的重要手段的战略管理，已被越来越多的企业提到重要日程上来。企业战略管理已经成为企业管理理论界和实业界所共同关心和研究的"热点"。其代表人物有美国的企业战略管理学家安索夫（H.IAnsoff）、企业经营史学家钱德勒（ADChandler.Jr）、迈克·波特（M.EPorter）、W.H纽曼（WillianHNewman）和日本的大前研一等人。经过 30 多年的发展，战略管理基本上形成了设计学派、计划学派、定位学派、企业家学派、认识学派、学习学派、权力学派、文化学派、环境学派、构造学派共十个学派。

（二）组织管理理论

20世纪80年代末以来，信息化和全球化浪潮迅速席卷世界，跨国公司力量逐日上升，跨国经营已成为大公司发展的重要战略。同时，知识经济的到来使信息与知识成为重要的战略资源，而信息技术的发展又为获取这些资源提供了可能。顾客的个性化、消费的多元化决定了企业只有能够合理组织全球资源，在全球市场上争得顾客的投票，才有生存和发展的可能。这一阶段的管理理论研究主要针对学习型组织及虚拟组织问题而展开。

1990年，彼得·圣吉（P.M.Senge）出版了《第五项修炼》一书，指出企业惟一持久的竞争优势源于比竞争对手学得更快更好的能力，学习型组织正是人们从工作中获得生命意义、实现共同愿望和获取竞争优势的组织蓝图；要想建立学习型组织，系统思考是必不可少的"修炼"。由此引起了人们对学习型组织的研究和关注。在阿里·德赫斯（AriedeGeus）所著的《长寿公司》一书中，作者通过考察40家国际长寿公司，得出结论——"成功的公司是能够有效学习的公司"，在他看来，知识是未来的资本，只有学习才能为不断的变革做好准备；此外，罗勃特·奥伯莱（RAubrey）与保罗·科恩（P.M.Cohen）合著《管理的智慧》则描述了管理者在学习型组织中角色的变化——他们不仅要学会管理学习的技巧，也要使自己扮演学习的领导者、师傅和教师的多重角色。

除了学习型组织，20世纪90年代还有一个组织管理的热点——虚拟组织。虚拟组织与传统的实体组织不同，它是围绕核心能力，利用计算机信息技术、网络技术及通信技术与全球企业进行互补、互利的合作，合作目的达到后，合作关系随即解散，以此种形式能够快速获取处于全球各处的资源为我所用，从而缩短"观念到现金流"的周期；不仅如此，灵活的"虚拟组织"可避免环境的剧烈变动给组织带来的冲击。1994年出版的由史蒂文·L·戈德曼（S. L. Glodman）、罗杰·N,内格尔（R. N. Nagel）及肯尼斯·普瑞斯（K. Preiss）合著的《灵捷竞争者与虚拟组织》是反映虚拟组织理论与实践的较有代表性的著作。

（三）企业再造理论

20世纪80年代，随着人们受教育水平的日益提高，随着信息技术越来越多地被用于企业管理，三四十年代形成的企业组织愈来愈不能适应新的、竞争日益激烈的环境，管理学界提出要在企业管理的制度、流程、组织、文化等方方面面进行创新。美国企业从20世纪80年代起开始了大规模的"企业重组革命"，日本企业也于20世纪90年代开始进行所谓"第二次管理革命"。十几年间，企业管理经历着前所未有的、类似脱胎换骨的变革。

实践先于理论的产生，企业再造理论的最终构架由迈克尔·海默（M.Hammer）博士与詹姆斯·昌佩（J.Champy）完成。他们在其合著的《再造企业——管理革命的宣言书》中阐述了这一理论：现代企业普遍存在着"大企业病"，面对日新月异的变化与激烈的竞争，要提高企业的运营状况与效率，迫切需要"脱胎换骨"式的革命，只有这样才能回应生存与发展的挑战。企业再造的首要任务是BPR——业务流程重组，它是企业重新获得竞争优势与生存活力的有效途径；BPR的实施必须以先进的信息系统和信息技术（IT）以及其他的先进管理技术（JIT、TQM、MRP）为手段，以顾客中长期需求为目标，通过最大限度地减少对产品价值增值无实质作用的环节和过程，建立起科学的组织结构和业务流程，使产品质量和规模发生质的变化，从而提高企业核心竞争力。这些研究中提出了如何认识现有流程、如何确定重整目标、如何协作重整方式以及如何保证重整成功的条件等各种具体操作性观点。与此同时，和企业再造相关联的其他领域产生了一系列新的管理理论方法，如ISO9000质量保证体系认证、MRP、MPRII、EPR等。

完成了对近百年来管理理论与思想的演变历程的回顾之后，需要说明的是：第一，各个阶段的年代划分并非泾渭分明、非此即彼。事实上，无论是行为科学、战略管理，还是企业再造依旧是我们今天的话题。第二，无论哪一种理论或思想，都是围绕管理的核心问题"效果"（做正确的事）或"效率"（如何正确地做事）而展开，对于今天的中国企业，没有哪一种理论过时或无用，企业应当结合自己"要做的事"，兼收并蓄；有选择地取舍，这样才能在继承前人的基础上，发展自我——这才是我们回顾历史的目的所在。

第二章 企业技术创新研究

技术创新是一系列活动的总和，它主要包括产生新产品、新服务或新工艺的过程，通过研究、开发或技术引进手段获取技术的过程，技术的工程化、商业化生产到市场应用的过程。由于技术的本质就是知识，知识可以不断地在技术创新的所有活动中进行流动。所以，从知识的角度出发，技术创新可以看作是企业获取、存储、应用、交流及创造所需要的技术创新知识的一系列活动。在知识经济时代下将知识管理和技术创新结合起来运用，是企业经营发展过程中出现的新特点。将知识管理有效地应用于企业的技术创新活动中，即实践知识管理理论，将会提高企业的创新成功率。与此同时，技术创新过程中创新出的新知识也可以不断地更新知识管理理论，从而具有一定的理论意义。

在企业技术创新过程中有效地应用知识管理理论和实践，能够有效地提高企业技术创新绩效，提高技术创新速度，减少技术创新的风险。因此，在知识经济时代下，探讨知识管理在企业技术创新过程中的实施，及知识管理如何管理企业的技术创新活动中的技术知识，以提升企业技术创新能力和企业创新效率，并最终获得竞争优势，具有一定的现实意义。

第一节 知识管理研究

知识管理是知识经济时代下应用而生的新的管理理论，是现代企业管理的核心。上世纪90年代初期，人们开始对知识管理进行深入地研究和有意识的应用，知识管理由人力资源、变革管理、组织发展、品牌和声誉管理、信息技术、经验测定及评估等几门学科碰撞后产生的，并迅速发展起来。随着组织不断地实践、学习、抛弃、保存、调整与发展，每天都在产生对知识管理的新认识。对知识管理进行的特定研究和实践虽然只有二十几年的时间，但它的孕育和发展却是来自世界不同国家的众多学者共同推动的结果。

托马斯·达文波特（ThomasH.Davenport,1999）是美国著名的知识管理专家，他在

1999 年发表了一篇对知识管理未来前景看法的文章,并指出目前知识管理已经非常流行,企业在不断地推出各种知识管理的解决方案,且几乎所有的 IT 企业都在推销自己的知识管理理念及技术和产品。同时,达文波特还在文章中提出了具有广泛影响的"知识管理两阶段论"。

一、知识管理的定义

知识管理发展时间虽只有二十几年,但其涉及较多的领域,且自身有着丰富内涵,所以学者们对知识管理有着不同的理解和认识,目前在理论界尚未达成知识管理的统一定义。

(一)国外知识管理的定义

野中郁次郎和竹内弘高认为,知识管理是组织内部持续不断地创造和传播新知识,并及时地将其体现在新产品、新服务、新技术及新系统的过程。

美国生产力和质量中心(APOC)认为,知识管理是能够在合适的时间把合适的知识传播给合适的人,实现知识在组织内的共享,同时还通过不同的方式将知识进行实践,以提高组织的绩效的一种有意识的战略。

卡尔·弗拉保罗(CarlFrappaolo,1998)认为,知识管理是企业为实现其显性知识与隐形知识的共享,利用全体人员的智慧提高企业应对变化的能力和创新能力的新途径。此定义指出知识管理与企业的技术创新能力有关,且有利于实现知识的共享。

欧洲标准化委员会认为,知识管理是对一系列活动及过程的管理,组织和个人将能够更好地应用和创新知识,最终最大化知识价值和提高组织的核心竞争力。

巴斯(Bassi)认为,知识管理是组织通过获取、使用和创造知识,来增强组织创新绩效的过程。

YogeshMalhotra 认为,知识管理是组织在外界多变的环境下,主动采取的一种迎合措施,以提高组织的生存能力、适应能力和竞争力。这一定义包含了两方面含义:其一,是组织的发展过程;其二,是寻找一种有效地结合人的发明创造能力与信息技术所提供的对数据和信息的处理能力方法。

(二)国内知识管理的定义

黄顺基认为,知识管理是对知识进行管理及运用知识进行管理的学问。该定义表明,知识管理不仅是个技术问题,而且还是一门学问,即管理领域新出现的分支学科。

王众托(2004)认为,知识管理是组织对所需知识进行识别、定位、储存、传播、生成、应用、更新、保护等的一系列活动。

冯俊文（2000）认为，知识管理是对企业知识的管理，即企业为满足其现有的、未来的需要和开拓新的机会，管理知识的一系列连续活动，如知识的获取、存储、创新、共享、应用等，以期实现有效利用其所具有的和获取的生产和经营所需要的知识的目的。

高勇（2001）认为，知识管理是企业为实现显性知识和隐性知识的相互转化，同时提高其自身的应变能力、学习能力及创新能力，从而有计划、有目的地构建企业内部知识网络和外部知识网络，通过这些网络知识间能够转化，并实现知识的创造、积累和扩散的综合过程。

王德禄指出，知识管理是组织为了提高组织的应变能力、核心竞争力和创新绩效、提高组织中的知识工作者的产出率、实现商业模式的创新和增强，而对知识的获取、存储、学习、共享、创新进行的梳理。

吴家培从阶段论对知识管理进行了论述并指出，信息管理是知识管理的基础，知识管理是信息管理的延伸与发展，且是信息管理的最新阶段，知识管理能够将信息转换为知识，以提高组织的应变能力和创新能力；信息管理发展到知识管理，共经历了文献、计算机、信息资源和竞争情报管理四个阶段。

综上所述，国内外学者从不同方面对知识管理进行了阐述。概括来说，知识管理主要包含几个方面的内容：其一，它是知识、与知识有关的活动及知识的载体（人和物）等的管理；其二，它的目标是创造新的知识，提高知识价值、提升组织对环境的适应能力及创新能力，并实现知识的共享；其三，知识管理需要一定的技术手段提供支持，信息基础设施为知识管理提高良好的平台。因此可以说，知识管理是以人为中心、以信息技术为基础支持、目的是提升知识创新和组织核心竞争力的管理思想、过程与方法。

二、知识管理的目标

库伯认为，知识管理的目标是运用信息创造某种行为对象的过程，而知识的产生是由于信息与人类认知能力的结合，也就是说知识管理的目标是认识主体和主体行为之间的互动。吴丹认为，知识管理的目标有三个：构建以知识产生、积累、获取、共享和利用为核心且全员参与的企业战略；实现全员的知识交流和共享；知识资产和产业资产的共同管理。

知识管理管理的目标主要体现为以下三点：

（1）在面对多变的环境时，企业应能够较快的识别市场的变化趋势，并及时做出调整以适应市场，企业员工积累知识的多少决定了企业反应速度的快慢。

（2）企业竞争力主要取决于获取知识和应用知识能力的大小，企业应能够快速获取到所需要的新知识。

（3）使企业成为高度集成的整体，也就是从调研市场、设计产品到开发产品、生产制造再至销售产品和售后服务的整个生产经营活动过程，形成一个统一体。

三、知识管理的内容及过程

有学者把知识管理的内容从横向和纵向两个层次分别进行了划分。纵向层次的知识管理内容是狭义的知识管理，是对"知识链"上的活动的管理，"知识链"包括知识获取、知识存储、知识共享、知识创新等环节，通过知识链中对知识进行创新，可以把知识的供应者、创新者、使用者联系在一起，以实现知识的经济化、整体最优化及利润最大化的目标。横向层次的知识管理内容是广义的知识管理，不仅涉及信息管理，还涉及无形资产管理、经营决策管理、人力资源管理等相关领域。国内外学者对知识管理过程的理解有着不同的侧重点，以下是一些学者的观点：

holsapple 和 Singh 对知识管理内容的理解侧重纵向层次的内容，他们认为知识管理应包括知识收集、知识选择、知识产生及知识转化等过程。

巴斯（1997）指出，知识管理的过程包括知识使用、知识获取及知识创造。

戴维·沙凯米认为，知识管理内容包括创造、收集、组织、应用知识等一系列活动。

迈勒认为，知识管理包括知识的识别、知识的编辑、知识的交流、知识的产生等内容。

卡尔认为知识管理包括知识转移、知识共享和传播及知识创新等。

国内学者王德禄认为，知识管理包括知识的获取、存储、学习、共享及创新等过程。

冯俊文认为，知识管理包括知识的获取、存储、创新、共享和应用等内容。

通过国内外有关的文献研究，可以得出知识管理内容主要包括以下四个方面的管理：对知识获取的管理、对知识存储的管理、对知识传播共享的管理、对知识创新的管理。

四、知识管理的战略模式

汉森等在考察了若干个行业、不同公司的知识管理实践后，概括出两类知识管理战略模式：编码化战略和个人化战略。实施知识管理编码化战略的企业其核心是计算机，经过编码的知识存储在数据库中，企业内部员工可以方便地使用；实施知识管理个人化战略的企业，注重人员的直接交流，知识在人员的直接接触中实现共享。

美国生产力与质量研究中心（APQC）给出了六种战略模式：将客户作为重点的知识战略；无形资产管理战略；知识转移和最大化实践活动战略；知识管理作为企业经营的知识管理战略；技术创新和知识创造战略；培养企业对知识的责任感。

柳卸林（1998）指出，知识管理战略共有技术创新和知识创造战略，无形资产管理战略，将客户作为重点的知识战略，员工对知识责任感的战略，知识转移和最优实践活动战略，以知识管理为企业经营的战略六种模式。

综上，不同的知识管理战略模式侧重点有所不同，企业要结合自身的有关情况选择合适的知识管理战略模式，有效利用企业拥有的知识资源，以提高其核心竞争力。

第二节 技术创新研究

创新是人类特有的认识和实践能力，它能够推动社会发展和民族进步。企业是技术创新的主体，而技术创新是企业获得竞争力和保持资源优势的重要来源，同时也是企业发展高科技和实现产业化的重要前提。

技术创新理论最早由来自美籍奥地利的熊彼特经济学家提出，他指出，创新是在企业生产体系中引入一种新的生产函数，即重新组合其生产要素和生产条件。他指出创新的五方面内容：产品的创新；生产方法的创新；开辟新市场；组织形式的创新；获得新的供应商。

一、技术创新的定义

1934年熊彼特在《在经济发展理论》书中指出，创新是现代经济增长的核心，它是生产函数的重新组合。他认为创新是发明的第一次商业化应用，只有将发明引入生产体系中，能成为创新。他开创性地提出创新概念，为学术界技术创新的研究指明方向，奠定了创新理论基础。

索洛（1951）在《在资本化过程中创新：对熊彼特理论的评述》的文章中指出，技术创新需要具备新思想的来源和以后阶段的发展实现这两个条件后，才能够成功。这是著名的"两步论"——界定技术创新概念的里程碑。

伊诺思（1962）对技术创新的含义解释是从行为集合的角度出发的，他认为技术创新是综合选择创新方向、投入足够的资本、建立相应的组织、制定创新计划、聘用员工和开辟市场等活动的结果。

曼斯菲尔德（E.Mansfield）认为，技术创新是企业从构思新产品，到销售新产品及交接产品的过程，该定义的主要是从产品创新定义技术创新的。

弗里曼（C.Freeman）认为，技术创新是首次产生新服务、新产品、新过程及新装备等技术，同时实现技术向商业化转化的一系列过程。

美国国家科学基金会（NSF）在其报告中指出，创新是指在市场中引入新的或改进后的产品、服务或过程。经济合作组织（OECD）认为，技术创新是从原有产品、原有工艺到新产品、新工艺发生的显著性变化。

缪尔塞（R.Mueser）认为，技术创新是一个连续过程，其特点在于活动构思新颖和成功实现活动。这一定义包含了两方面内容：其一，具有新颖性和连续性的非常规过程；其二，过程必须取得最后的成功。

近几十年来，技术创新引来国内众多学者的极大关注，技术创新的理论研究和实践得到了较大发展。以下是一些国内的机构和学者通过对技术创新的研究后，给出的技术创新的定义。

1999年中共中央、国务院在《关于加强技术创新、发展高科技、实现产业化的决定》一文中界定了技术创新的概念，指出企业通过采用新的生产函数和经营管理方法，同时利用产生的新技术和新工艺，开发新的产品和新服务，提高产品的质量，并最终提高产品市场占有率和实现产品市场价值的连续过程。就是技术创新。

汪应洛认为，技术创新是企业建立一种新的生产体系，重新组合生产条件和要素，以获得潜在的经济效益的过程。

许庆瑞认为，技术创新是从新思想的构思、新产品的生产，到实现市场用户需求的综合活动。

傅家骥是国内研究技术创新的先驱，他对国内外对技术创新的概念进行研究后，指出技术创新是综合科技、组织、金融和商业等多方面活动的综合过程，企业为获得商业利益，抓住市场中潜在地盈利机会，通过新的生产经营系统，重新组织生产要素和条件，获得新的原材料或半成品供给来源，使得企业能够高效能、高效率及低成本地推出新产品、新工艺，同时开拓新的市场和建立新的组织。

吴贵生认为，技术创新是从构思新的技术开始，研究新技术、开发新技术，到新技术的使用，新技术的商业化，直至产生经济效益和社会效益的一系列过程。

综上技术创新的定义，技术创新指的是一个过程，在这个过程中新的科研成果转化为产品或技术系统，并开辟新的市场。因此我们认为，技术创新就是企业运用新思想，重新组合生产条件和要素，研究开发出新产品、新服务或新工艺，以开辟新市场和获得经济效益，企业将最终取得竞争优势的综合活动。

二、技术创新的类型

（一）SPRU 的分类

20世纪80年代，英国Sussex大学的科学政策研究所（SPRU）提出了基于创新程度和影响范围的创新的分类（1988）：

1. 渐进型创新

它是一种不断进行着的累积性改变。其创新程度不大，但对降低成本、提高质量、改进包装、增加品种和提高生产效率有很大的作用。

2. 根本性创新

它是在科学技术突破或市场需求吸引下进行研究开发的结果，其成果将导致产品的性能与功能或生产工艺发生质的变化。

3. 技术系统的变革

它是在严密的计划和细致的组织下，经过多年和耗费大量资源完成的现有技术系统的改变和新的技术系统的建立。

4. 技术范式的变更

它不仅伴随着根本性的技术创新，而且还有技术系统的变更。

这四种技术创新类型中，数量最多的一种创新是渐进型创新。

（二）A-U 的分类

1975 年, Abernathy 和 Utterback 从技术创新对象的角度进行了分类：

1. 产品创新

它是开发生产新产品并推向市场的技术创新活动。

2. 工艺创新

它是研究和采用新的或是有改进的生产方法的技术创新活动。

三、企业技术创新战略模式的研究

翟红华通过研究不同规模企业创新模式的选择后，指出以领先和引进再创新的创新模式为主的主要是大企业选择的技术创新模式，反之，以模仿和追随的创新模式为主的主要是中小企业选择的技术创新模式。付茂林、赵勇等从核心能力角度出发，研究了技术创新模式的选择，指出不论企业选择何种创新模式，其技术创新的活动都要分析和满足消费者的需求。刘苏燕指出，技术创新的模式的选择需要分别考虑技术创新体的素质要求差异、创新成功率差异及中介服务体系的差异，所以企业应根据自身的情况选择技术创新模式。孟丽莎指出，企业技术创新模式与产品的生命周期具有紧密地联系，因此，企业在选择技术创新模式时，要选择与产品生命周期想适应的创新模式。

综上所述，学者从不同方面分析研究了企业创新战略模式的选择原则及影响因素。我们认为，当企业在选择创新战略模式时，应该综合考虑企业的规模、产品特点、客户需求、创新成功率等许多相关因素，最终选择最优的创新战略模式。

四、技术创新能力的研究

拉里从组织行为学的角度出发，指出技术创新能力是一种综合能力，包括了组织能力、应变能力、创新能力及获取技术知识能力。巴顿（D.L.Barton）基于企业技术创新行为的主体对技术创新能力进行了研究，指出技术人员和高级技工的技能、技术系统的能力、管理系统的能力、企业的价值观等内容共同构成的综合能力就是技术创新能力，其中具有专业技能的人、技术系统、和企业的价值观是重心。柏格曼（Burgelman）和曼迪奇（M.A.Maidigue）认为，技术创新能力是运用和分配资源的能力、把握行业和技术发展的能力、战略管理能力的一种综合能力，它能够帮助企业实现技术创新战略。

许庆瑞认为，技术创新能力的本质就是知识，它包括两方面能力，产品创新能力和工艺创新能力。王健认为，技术创新能力是技术创新的投入能力、产出能力以及活动过程和企业技术创新的内部支持和社会支持能力构成的综合能力。贾蔚文认为，技术创新能力是决策能力、技术获取能力、工程化能力、生产能力和市场开拓能力的综合能力。

综上：学者对技术创新能力的论述，可以看出，技术创新能力是一种综合能力，是企业运用自身可以利用的全部资源，提高资源的有效利用率，实现组织的战略目标，增强企业竞争能力的一种综合能力。

第三节 知识管理和技术创新研究

国外对技术创新的研究比知、叭 LI 管理早了 60 年，因此早期对技术创新和知识管理二者的研究都是单独进行的。上世纪二十年代国外开始了技术创新的研究，直到 80 年代开始研究知识管理，知识管理理论出现后也鲜有将两者结合起来进行的研究。后来逐渐意识到两者具有联系，国内外才开始将技术创新与知识管理相结合进行研究。

一、国外研究现状

Nonaka 和 Takeuchi 认为，创新的主要来源是对知识的管理。Moorman 和 Rust 认为，企业通过知识管理将内部知识收集起来获取新知识和技术，这将有效提高企业创新成功的机率。Jon-ArildJohannessen 认为，创新过程很大程度上是信息和知识的相互转化过程。Wheelwright 和 Clark 认为，创新过程中的不确定性与信息、知识存量成反比。Fujimoto 和 Clark 认为，技术创新过程是把客户需求、技术知识转化到产品和工艺的设计中的知识转化过程。JayBarney、Dierickx 等认为，企业应该将知识获取和传播加入其战略中，这将有助于企业积累知识，提高技术创新能力，形成竞争优势。S.TamerCavusgil

等认为,隐性知识在企业的技术创新中具有重要作用,企业应重视隐性知识的转化。RonaldMascitelli 认为,来自团队和个人的隐性知识能够促使企业进行突破性创新。YogehsMalhotra 认为,技术创新和知识管理是共生、共存的,它们都是组织主动适应外部的环境及应对复杂多变的外部环境的综合性措施。M.J.Martin 认为,技术创新是组织从相关环境当中吸收新的知识而产生的"技术突破",技术与市场的协同识别决定了组织的创新效率。RodCoombs 和 RichhardHu]ly 认为,知识是按照一定的轨道发展的,技术创新类型和特定的知识管理方法的组合使用,能够提高组织的技术创新绩效。R.Johnston 和 M.Gibbons 认为,企业技术创新过程中,内部知识比外部知识在、隐性知识比显性知识、经济领域知识比自然科学领域知识对技术创新的贡献更大。

综上,国外学者从创新主要来源角度及两者的联系角度等方面,研究了技术创新和知识管理。可以看出,知识管理在技术创新过程中的重要作用,尤其重要的是对隐知识的管理。在企业技术创新活动中实施知识管理,将可以保持创新的方向和企业战略方向一致,提高创新的成功率和企业的竞争优势。

二、国内研究现状

杨文明等从历史和哲学的角度出发给出了技术创新和知识创新的内涵,认为技术创新过程是由知识创新间接引起的。汪克强指出企业技术创新过程中的知识管理具有导向作用,不同的技术创新阶段应实施与之相适应的知识管理,其中心环节是技术绩效导向。他把技术创新过程划分为源头研发、结构功能、系统集成三个阶段,由于这三阶段的划分忽略了技术创新的动态性及知识管理的运作机制,在实践中企业很难把握。

周永红等认为,在企业技术创新过程中发挥知识管理的作用与功能,企业能够取得显著的竞争优势。张子刚认为,知识管理在企业技术创新过程中能够产生能动效应,并论述了能动效应产生的机理及知识管理时如何影响技术创新模式、创新速度及创新类型等方面的。刘锦英认为,企业获取竞争优势的重要途径是技术创新,而动态的知识管理是技术创新持续进行地根本保证。战丽梅在其研究中指出,知识管理在企业技术创新中具有重要作用,而且能够提高企业技术创新能力,同时基于知识积累、创新体系及创新机制介绍了知识积累制度化、创新活动流程化和创新能力组织化。

董小英通过结构方程和线性回归模型验证了影响企业创新能力的主要因素是知识管理水平。王树平(2006)通过分析技术创新能力形成过程中知识管理的作用,构建了企业基于知识管理的技术创新能力模型。詹湘东认为,知识管理可以有序化技术创新过程中的知识,有助于企业完善创新机制、规避创新风险、监控创新反馈及保持创新优势,从知识网络(以技术和市场创新为中心)、知识管理系统(以优化技术创新流程）和知识管理作用机理（以提升技术创新能力为目标）三方面出发构建了基于企业技术创新的知识管理模式。徐建中指出知识管理可以导向技术创新的方向，同时还给出了知识管理促进技术创新的动力机制模型，以提升企业核心竞争力。朱玉春（2010）认为，在企业技术创新和创新绩效这两者关系中，知识管理作为中介连接着两者，同时构建了技术创新、知识管理和创新绩效的关联模型。

综上，国内学者研究的侧重点不同与国外学者，他们从理论及建立模型等方面进行了知识管理与企业技术创新两者之间的相关研究，都指出在技术创新过程中知识管理发挥着重要作用。但在知识管理和技术创新两者间具有相互作用上与国外学者达成一致。

第四节 如何提高知识管理在企业技术创新中应用水平

知识管理在企业技术创新中发挥着重要作用，它可以对技术知识进行管理，有序化技术知识，提高组织技术创新过程中的知识管理水平可以大大提升组织技术创新能力。组织要想发挥知识管理在技术创新活动中的作用，必须结合自身的业务开发适合的知识管理体系，打造一个开放的环境和企业文化，同时建立知识管理系统及相关的机制，确保知识管理顺利实施，并最终提升组织的创新能力。

一、构建企业技术创新过程中的知识管理体系

（一）建立开放的企业文化

要想在组织技术创新活动中有效地应用知识管理，除了需要一些硬件提供支撑以外，还需要打造相关的软环境。根据知识管理的特点，我们知道企业实施知识管理过程中，主要着重于在员工之间形成平等、合作、积极创新的文化氛围和环境，从事某项共同工作的人们相互之间可以实现信息、知识和物质资源的共享，有效利用知识的价值。而企业要能够满足实施知识管理需要的这种软环境，就得通过一定的企业文化来进行打造。企业文化是指一个组织特有的文化形象，由企业的价值观、信念、仪式、符号及处事方式等组成，它是物质载体和精神内容的统一。因此，企业文化对企业拥有什么样的创新观念和管理思想会产生重要得影响。对组织技术创新活动而言，企业文化对创新项目的选择产生直接影响，不同的企业文化对企业识别技术创新机会及抓住市场机遇上会有所差异，这将使得企业选择不同的技术创新、不同的创新水平和不同的创新类型等。根据不同的企业文化所具有的特点，我们认为，在企业技术创新过

程中实施知识管理必须打造开放的企业文化。

第一，独自创新和合作创新是企业技术创新通常所采取的两种形式，独自创新要求企业员工具有主动的创新意识及承担创新风险的胆识，并能够不断地获取新思想、新知识；而合作创新要求企业员工能够与他人分享自己的知识。但无论是独自创新还是合作创新，都需要企业员工有开放的思想，能够积极主动地与外界交流、互换及共享信息和知识。不同的企业文化培养出不同素质的企业员工，每一个组织的成员都具有企业特定的素质。开放的企业文化有利于组织成员形成愿意与他人共享知识、善于接受新思想和新知识、主动承担技术创新所带来风险的胆识等素质，而保守的企业文化的员工则形成与开放企业文化相反的素质。

第二，知识共享是知识管理的最终目的，组织通过共享知识，可以加强员工之间的相互合作，形成利于知识交流共享的氛围。通过互相交流和使用的知识能够创新出新知识，即从知识中派生出新知识，知识的拥有者想要获得更大的收益，就需要最大化的共享知识。假如企业员工通过隐瞒知识来确保自己在企业中的地位，或者企业利用设置的各种安全措施保密知识，这些均造成了知识共享的障碍，知识不能为更多的人所共享，不利于知识的拥有者获得更大的收益，也阻碍了新知识的创造和产生。因此，为了实现共享知识的目标，企业需要打造出有利于知识共享、传播和创新的开放的企业文化，开放的企业文化环境将鼓励员工以自身独有的隐性知识与企业其他知识资源进行互相交流和共享，促进新知识的产生。

第三，企业在开放的企业文化环境下实施知识管理，将有效地发挥知识管理的功能和作用，可以对企业各种活动中的知识收集、创造、传播、共享及生产进行有效地管理。因此，知识管理能够有效地管理创新过程中需要的知识、创造的知识和以知识形态传播的技术创新成果，同时提高技术创新的成功率和组织的创新能力，加快创新的速度，最终最大化创新成果效益。所以，知识管理为企业技术创新的有效实施提供了有利的物质条件。

（二）建立动态的学习型组织

学习型组织是美国学者彼得·圣吉在《第五项修炼》书中提出的管理理念，它是指组织全员参与学习，快速地取得、产生和共享知识，持续地改善管理知识的能力的动态组织。学习型组织为了获取并成功应用新的知识，可以随时调整组织的行为。学习型组织结构本身具有以下特点：

1. 连续不断地学习

组织内部全部员工之间可以相互交流共享知识，同时进行知识的扩散，最后把共享到的知识有效吸收后运用到组织中，确保组织可以持续地学习知识。

2. 创造、共享知识

为了实现知识在组织内部快速地流动，所有成员可以在最短的时间内满足自身知识的需求，要求学习型组织能够连续高校地获得、共享和创造知识。

3. 学习的文化

为鼓励成员不断地学习和大胆创新，组织内部构建了完善的评估和激励机制，如果有成员敢于尝试新方法，优化流程或者创造出更有效地流程，勇于说出不同的看法，组织将会嘉奖该员工，以激励其不断地学习和创新。

4. 重视人才

人作为知识的载体在学习型组织内部有着重要的地位，他是组织不断发展的推动力，组织需要高效地管理其人力资本。

企业的技术创新需要构建与其相适应的组织结构，这是因为组织结构类型是影响企业技术创新项目有效实施和制约企业技术创新速度的重要因素。企业进行技术创新实际上意味着将要变革，而这往往要先对企业的组织结构进行变革。根据企业管理的特性，要想有效地实施知识管理企业需要建立动态的学习型组织，动态的学习型组织要求企业的组织结构不仅能够根据变化地经营环境和企业发展地需要实现组织结构实体形式的快速变化，而且能够不断增长组织的知识容量，以提高组织的学习能力。

在组织内部构建学习型组织，可以促进组织的创新活动。无论企业是外部获取技术知识还是内部获取技术知识，都离不开学习型组织，所以企业在构建组织结构的时候，就应该考虑到使其成为学习型组织。组织建立学习型组织以后，不仅可以运用系统的方法激发员工的创造力，改进其创新能力，使得所有成员持续地学习和创新，而且易于成员间的相互协作，鼓励员工间共享知识，使得组织成员凝聚在一起。

（三）建立基于技术创新过程的知识管理系统

在企业技术创新过程中实施知识管理，需要构建基于信息技术的知识管理系统。知识管理系统是在信息管理系统上构建出来的满足员工获取、存储、共享和应用知识的综合管理系统，可以实现外显知识和隐含知识间的转化。知识管理系统具有的以下特点：

（1）建立收集内、外部信息和知识的渠道。

（2）建立知识库以存储知识。

（3）建立获取、存储、发布及编码知识的技术工具。

（4）建立员工之间共享、使用及创新知识的技术工具。

知识资源层表示了获取知识的途径，企业技术创新过程中技术知识的获取包括从内部获取和从外部获取。知识获取途径主要包括 web 资源、E-mail 资源、文本资源、数据库资源、多媒体资源及交易数据和业务信息（即领域信息）等。

知识生产层主要从对象和活动这两个方面解释了如何生产创造知识，对象是知识一系列活动后产生的结果，即知识库（或知识地图）；活动就是指获取、提炼、存储、分发和呈现知识的一系列活动。

知识应用层主要是知识工作者之间通过交流经验和互相协助，以达到共享、应用和创新知识的目的。在应用层中，知识门户为所有知识工作者管理知识提供了技术支持，而且知识门户能够满足用户各种各样的需要。

二、构建完善的基于知识管理的技术创新机制

（一）建立技术创新产权管理机制

实施知识管理的重要作用之一是对企业技术创新过程中的创新产权进行有效地管理。根据技术创新产权和知识管理的特点，企业在建立技术创新产权管理机制时，需要做到以下几点：

1. 建立有利于技术创新成果产权化管理机制

我国企业的知识产权制度建立、运行时间不长，企业技术创新成果大量流失，不利于保护创新人员的利益，这主要是因为我国采取发表论文、鉴定和评奖等技术创新成果保护方法而不是采取知识产权管理方法造成的。在企业技术创新过程中实施的知识管理是一种开放式的管理，与创新过程即从技术创新过程准备阶段到产业和扩散阶段三阶段的有关人员，对所有的技术知识都有接触和使用的权利。但是如果直接在创新过程中共享或是在创新系统外进行扩散，将会损害创新者的收益，从而打击创新者的积极性，这就需要企业及时对产生的新技术和新知识等创新成果进行知识产权保护，确保创新者对创新成果拥有经济收益索取权。

所以，要使得技术创新活动中有效地实施知识管理，发挥知识产权保护作用，就需要企业建立有利于技术创新成果产权管理的机制，主要措施包括两点，其一是技术专利的申请，通过申请技术专利可以很有效地保护创新者对技术创新成果的知识产权；其二是技术创新成果的技术入股，即创新者把技术创新成果以技术入股企业，从而进行再创新投入使用，实现创新者的经济收益权。

2. 促进技术创新产权畅通流动

企业技术创新过程具有多种知识资产产权，且这次产权的分属是多元的和分散的，要使得技术创新最终获取成功需要多种知识资产的有效组合。因此，企业技术创新能够取得成功的重要前提条件是取得这些知识资产，并促进知识资产的流动和知识资产

的组合。分散化的知识产权主体是企业创新知识资产的主要来源,如企业某项技术的发明者、某些知识的创造者以及企业外部拥有专门知识的专家等,可以通过产权流动来满足这些产权主体对创新资源的需求。

此外,知识管理在企业技术创新过程中的实施,要求最大化的共享创新资产产权并形成技术创新过程中企业产权的一部分,这需要通过资产产权的流动来完成。但是企业技术创新过程的需要引入的创新资的产权总是归属于某一主体,所以,当某些主体约束和限制创新资产产权的流动时,如创新资产产权所在部门抬高资产产权流动的门槛、或资产产权集中度过高、或是没有有效地资产产权流动形式,都会抑止产权流动,从而阻碍资产产权的畅通流动,这将使得技术创新过程对有关资产的产权不能及时获得。

根据创新资产产权的内涵及其特点,提高企业在技术创新过程中运用创新资产产权的效率和促进技术创新产权的畅通流动的措施有:第一,建立知识产权共享途径。通过共享途径,拥有知识产权的人在提供自己所有产权的同时,也能够共享他人的知识产权;第二,建立技术创新成果利益产权分配机制。通过利益产权的分配,使得提供创新产权者在出让产权的同时能够获得产权的未来收益;第三,通过财务手段购买产权。通过购买知识产权,知识产权拥有者可以很快获得出让产权的经济补偿。

(二)建立风险管理机制

当今世界外界社会环境处于激烈的变化之中,因此,组织的技术创新活动将会面临变化带来的不确定性,即风险。组织的创新活动可以持续地发明新技术、创造新知识,还可以提供新产品和新服务。在组织的创新活动中应用知识管理可以对技术创新产生一定的影响和变化,这将会带来或多或少的不确定性。因此,为实现知识管理流程的成功导入和有效发挥作用的目标,组织得建立起适合的风险管理机制,主要有风险管理程序、风险管理技术及风险管理保障机制。

1. 风险管理程序

风险管理是在对生产、生活中的风险进行识别、估测、评价的基础上,优化组合各种风险管理技术,对风险实施有效的控制,妥善处理风险所致的结果,以期以最小的成本达到最大的安全保障的管理活动。风险管理主要包含以下几部分内容:

一是风险识别;风险识别是形成风险管理机制的前提和基础,它是组织确定可能产生影响的创新风险。在组织的创新活动中实施知识管理会产生的一些风险,比如过程风险、人才流失风险、信息风险、泄密的风险及产生时滞的风险等,需要尽早识别这些风险,降低风险的损失程度。

二是风险衡量;风险衡量是组织应用数理统计和概率论的数学方法,同时结合计算机工具来量化风险,目的是对不确定性的程度和不确定性可能造成的损失做出估计。所以,组织应该定期的对风险进行精确的衡量和估计,以管理组织的风险。

三是风险控制;通过对风险的识别和测量后,就要对风险进行控制,以达到最小化风险的目的。风险控制最有效的措施是制定切实可行的应急方案及备选方案,最大限度地做好面临风险的准备,当风险发生后,可按应急方案实施,将损失控制到最小。

四是风险监督;企业应在管理信息管理系统中建立风险控制中心,给定风险的容忍度,随时监控企业所面临的风险。要安排专人定期更新和维护管理信息管理系统,以使系统内的信息充分、有用及准确。在组织的创新活动应用知识管理时,风险控制中心往往是组织的知识主管、创新项目的知识经理及技术负责人共同负责的。

2. 风险管理技术

信息技术不仅是知识管理成功实施的主要支撑,也是创新活动管理风险的重要支持。如DSS,ES及媒体工具(tools)等知识管理的技术工具不仅可以确保管理风险的员工迅速地收集到管理企业风险需要的各种信息,而且还可以使风险管理人员依靠解释信息的潜在内容和风险管理的经验和知识,对潜在的风做出客观判断,从而选择准确而经济的风险管理方案。

除此之外,组织内部的技术工具,像内部网络、电子邮件系统等,可以满足管理风险的员工进行非正式地交流信息的目的。通过非正式交流,管理风险的员工可以全面地获取系统的风险信息。

3. 风险管理保障机制

第一,形成组织创新活动的内部控制,比如氛围控制、流程控制、交流控制等。通过内部控制,组织可以保障创新活动有效地运行下去,即建立相关的制度为创新活动高效地运行保驾护航,最大化地控制组织内部的风险和组织外部的风险,降低风险带来的损失。

第二:构建完善的风险衡量工具系统。衡量工具具有多样性,所以每一类风险,应使用相应的衡量工具来衡量。企业通过建立健全风险衡量工具系统,可以确保风险衡量产生的误差降到最低。企业技术创新过程中能够产生的大量技术和知识,这就要求企业使用衡量由技术和知识带来风险的工具衡量不确定性带来的损失。

第三,构建信息系统。组织在要其内部构建风险相关的信息系统,需要计算机专家和风险管理专家的共同参与,计算机专家可以解决技术方面的问题,风险管理专家可以对组织如何风险的管理进行专业指导。通过知识的转化——隐性知识外显成显性知识,可以把风险管理专家的管理经验融合在信息系统中,达到让所有风险管理人员共享的目的。

（三）建立技术创新的激励机制

对组织而言，建立有效地激励机制是很重要的一步，完善的激励机制为组织内的员工持续地学习和创新提供支持，组织内形成利于知识共享的氛围，可以提高组织的学习能力和创新能力。

1. 企业设计技术创新激励机制的原则

（1）目标行动相一致原则

为了提高员工的工作主动性，企业需建立技术创新的激励机制，通过激励最终实现企业的创新目标。组织目标是建立激励机制的自订提条件，该目标不仅要求包含组织将要实现的工作，还要求与组织成员的目标需求达到一致，使员工为实现组织目标贡献自己的力量，使得目标和行动，整体利益和局部利益，组织利益和个体利益保持一致。

（2）双重激励原则

双重激励原则是组织实施激励措施时要结合使用物质激励及精神激励，针对不同需求的人提供不同的激励方法。员工最开始的需求是物质方面，这就要求组织实施物质激励；慢慢随着物质的不断满足，员工开始重视精神方面的需求，这时组织就需要从物质激励转向精神激励，满足员工的高层次需求，员工才会为实现组织目标加倍地努力。

（3）差别激励原则

组织为实现组织目标，经常采取一些激励措施以满足员工的需求，激励员工努力工作，但是没有达到预期的效果。这是因为组织采取的激励措施没有差异，只对一部分人起到了激励的效果。组织需要在调研所有成员的不同需求的基础上，根据不同岗位、不同工作氛围、不同个体需求、不同阶段和不同福利待遇等多方面综合考虑后，针对性地实施差别化的激励措施，最大化的激励每个员工。

2. 建立技术创新激励机制的对策

激励机制完成后，将在组织内发挥作用，不断地推动组织前进。建立技术创新激励机制的对策主要体现在以下三个方面：

（1）激励技术创新人才

首先，人才是决定技术创新的重要因素，人才作为知识的载体，在创新中起着关键作用。因此，企业要打造公平的竞争环境，即在职称评审，人才培养与考核，技术级别晋升都要一视同仁，平等竞争，只有在平等的竞争坏境中，创新人才才能脱颖而出，鼓励创新。

其次，根据每个个体的不同需求，按需激励。企业在制定激励机制时，不仅要考虑到企业自身的类型和特点，还要考虑员工的个体差异，如性别、年龄、学历等，由于这些个体差异会影响个人的具体需求，所以企业应制定按需的激励机制，这样才能产生最好的激励效果。

最后，为员工创造培训机会，即企业应将培训作为一种奖励形式，及时的给员工"充电"，以促使员工能够积极向上地工作。在满足物质利益后，一般人就会追求高层次的自我价值实现，这就需要进行培训，尤其是针对年轻人的培训。员工通过培训，可以提高员工的个人能力，以承担重要的工作。

（2）激励知识共享

将个人知识转变成集体知识，即在企业内部实现知识共享，将能促进知识的创新，最大化知识的价值。我国的传统企业中，员工的思想均比较保守，喜欢"独享"知识，因为拥有知识就相当于拥有权力，而分享知识却等同于解除了自己的权力，这就导致了专业知识掌握在少数人的手罩的结果。企业为了技术创新的顺利进行，需要制定相关的激励方法来促使员工的知识交流及共享，如可以通过表彰、物质奖励或是开庆功会的方式对创新有贡献的员工进行奖励，进而形成良好的管理氛围，增强员工对企业的归属感，同时也可以提供继续学习的机会，加大创新的投入，提高员工的素质。

（3）激励知识创新

组织鼓励成员进行知识创新，需要提供知识分享奖励，知识产权的激励是其中比较有效的手段，通过知识产权可以保护创新人员对知识的所有权，进而能够促进企业的知识创新。组织只有在解决下面两个问题后，才能达到创新过程的产权激励目的。

其一，进一步加强创新过程中的对知识产权的保护。提高所属者对技术知识成果的保护意识，技术成果形成后立即主动申请专利。如果有人未经允许使用专利权，那么所属者可以起诉侵权者，并要求赔偿，团结一切可团结的力量保护知识产权。

其二：在组织产权制度中，不仅要明确物质资本具有产权，还要规定技术知识资本也同样拥有产权。知识产权的所属者要么选择以技术成果入股，共同经营，共担风险，要么选择将知识产权转化为货币资本入股，享有股权收益。

（四）建立绩效追踪机制

能否在企业技术创新活动中成功的导入知识管理流程，直接影响着知识管理导入的成功与失败。导入知识管理流程后，要求建立技术创新的绩效追踪机制，形成包括人、技术及流程的评价体系，评估知识管理导入自订与导入后的绩效，以了解导入的效果。评价体系要记录创新过程中发生的各种事项，形成评价信息库，供企业的管理者有效运用这些技术创新信息资源。

平衡知识管理法（BKM,Balanced Knowledge Management）是一种有效评价组织导

入知识管理的创新绩效的方法，它可以平衡地合理配置组织创新过程中的知识管理流程。从四个方面来评价：（1）非文件知识和文件知识。这主要是对创新过程中产生的隐含知识和外显知识进行平衡；（2）内部和外部专家知识应用。组织内部专家拥有的知识可以进行更深入的创新，而组织外部专家拥有的知识可以扩展创新的范围，为实现创新的长度与宽度的均衡，组织应平衡管理内外部专家的知识；（3）员工个人的优势和组织竞争优势。组织可以通过鼓励员工不断学习，形成或不断加强员工个人的优势，进而增加组织创新的竞争优势，并在员工优势与组织竞争优势之间取得平衡；（4）虚拟和实体知识群。虚拟与实体知识群在技术创新中具有不同的作用，虚拟知识群将为技术创新活动注入活力，而实体知识群却可以保持技术创新活动的稳定。因此，企业应平衡管理这两个知识群，确保技术创新活动既有活力又稳定。评价企业的这四个方面，能够得出导入知识管理的创新绩效，了解到知识管理的导入是否合理和正确。

平衡计分卡（BSC,The Balanced ScoreCard）是一种重要的绩效测评方法，它源自美国哈佛大学教授RobertKaplan与诺朗顿研究院的执行长DavidNorton于1990年所从事的"未来组织绩效衡量方法"的绩效评价体系。主要是为了找到除传统以财务量度为主以外的绩效评价模式，使组织的策略能够转变为行动。平衡计分卡从财务、客户、企业内部运营、学习与成长四个角度出发，设计出的一种新型绩效管理体系。其目的是达到所评价组织的五项平衡：财务指标与非财务指标之间的平衡；短期目标与长期目标之间的平衡；结果性指标与动因性指标的之间平衡；内部群体与外部群体之间的平衡；领先指标与滞后指标之间的平衡。平衡计分卡的每个角度的绩效衡量指标一般有：财务方面包括营业收入、资本报酬率、经济增加值等指标；客户方面包括新客户数、客户满意度、准时交货率等指标；企业内部运营方面包括产品质量提高度、作业流程改善时间等指标；

学习与成长方面包括成员满意度、成员流动率、成员培训次数等指标。在企业技术创新过程中应用知识管理，主要考核的是技术创新的绩效。因此，可以从技术创新维度、客户、技术创新成果和学习与成长四个角度来设计技术创新绩效的平衡计分卡。每个角度的绩效衡量指标有：技术创新维度方面包括创新时间、创新重心的转移时间、信息传输量、知识库访问次数等指标；客户方面包括客户满意度、客户保持率、客户获得率、客户盈利率等指标；技术创新成果方面包括创新产品的数量、技术创新等级、产业化销售额、技术创新产业化比例等指标；学习与成长方面包括成员对知识库的贡献率、知识库更新率、教育训练课程量、成员流动率等指标。

上述四个角度的指标能够测评出组织的创新绩效，但要求导入知识管理时，根据企业的技术创新进度、规模以及成本对上述指标的设定预期值，通过测评值与预期值的比较，得出企业技术创新的绩效，进而不断改进。

第三章 企业战略管理创新研究

第一节 企业战略及环境分析

从 20 世纪 50 年代中期起，企业战略研究开始成为现代管理学科中的一个有机组成部分。进入 20 世纪 60 年代以后，随着社会经济的发展，社会实践的需要和理论研究的深入，尤其是买方市场的形成和石油危机的产生，战略规律才真正成为一门体现完整的学科。企业逐步在经营中导入战略管理这一基本内容，用以指导企业的经营活动。本节着重介绍企业战略管理创新。

企业战略是指企业在市场经济、竞争激烈的环境中，在总结历史经验、调查现状、预测未来的基础上，为谋求生存和发展而做出的长远性、全局性的"谋划或方案"，具有全局性、长远性、纲领性、抗争性、风险性的特征。企业战略管理是指企业为实现战略目标，制定战略决策、实施战略方案、控制战略绩效的一个动态管理过程。企业战略管理是对企业战略的一种"管理"，即对企业的"谋划或方案"的制定、实施、控制，具有高层次性、整体性、动态性。

一、企业战略

（一）战略管理创新战略管理决胜未来

自 20 世纪初叶以来，随着科学技术的发展和经济全球化的进展，围绕企业管理工作的中心，企业管理经历了几次管理主题的演变，由 19 世纪末 20 世纪初开始的以生产管理为中心，转变到 20 世纪 30 年代开始的以营销管理为中心，再转变为 20 世纪 50 年代开始的以战略管理为中心。

在以生产管理为主题的时代，由于产品市场供不应求，企业实行的是内部控制式管理方式，把主要精力放在提高内部生产效率上。这时，虽然也出现过某些挑战性的问题，但是当时企业管理者并不认为是对企业的威胁，企业还没有谋划未来的需要。只是到了生产管理后期，由于各个企业竞相采用新技术以提高劳动生产率和降低成本，使整个市场出现生产过剩和供过于求的局面，企业才开始意识到不得不面向外部、转向市场。随着生产过剩和供过于求状况的加剧，企业仅靠内部控制式管理，已无法应付未来的挑战和实现企业发展的愿望。于是，企业产生了筹谋未来发展的要求和行动，采取了推断式的管理方式，如目标管理、预算管理和长远计划等。然而，当时的长远计划是建立在未来可以根据历史推断的假设基础上的，完全依靠历史的推断来确定企业未来的目标和行动，并以此来应付环境的变化。显然，这还不是对企业未来发展的科学谋划，企业管理的主题只是由生产管理转向营销管理。

从20世纪50年代开始，企业外部形成了一种特别庞大的、复杂的、不熟悉的、变化频繁的、难以预料的环境，使企业经常面临着许多严峻的挑战。此时，企业仅靠推断型的管理，再也不能保证自己的生存和发展了，而必须对新的环境进行深入分析，采用新的管理方式，来谋求企业的生存和发展。在这个时代，企业管理的某种失误所导致的不再仅仅是经营成果上的损失，而是要面对生死存亡的考验。正是在这样的背景下，企业管理转入以战略管理为主题，进入到战略管理的时代。战略管理时代的来临，意味着企业管理的一切工作都应纳入战略管理的框架之下。企业只有强化战略管理意识，按战略管理的思维和方法管理企业，才能适应时代发展的要求，才能够管理好企业。不重视战略管理的企业，不仅很难实现企业的持续发展，在环境急剧变迁的条件下，企业随时有可能遭到淘汰。

企业战略的概念最早由美国学者艾戈·安索夫（Igor AnsoLf）提出。安索夫在其1965年出版的《企业战略论》一书中，第一次对企业战略做出科学的概念界定。1972年，他在美国的《企业经营政策》杂志上发表了"战略管理思想"一文，正式提出了"战略管理"的概念，为后来企业战略管理理论和学科的发展奠定了基础。从此以后，企业管理领域开始使用企业战略。之后，安索夫又于1979年和1984年分别出版了《战略经营论》和《树立战略经营》，形成了比较系统成熟的战略经营思想和理论。现在一般认为，战略管理，就是决定企业的基本的长期目标与目的，选择企业达到这些目标所循的途径，并为实现这些目标和途径而对企业重要资源进行分配，企业战略管理理论在西方市场经济国家的企业，特别是大型企业中已经非常流行。

（二）战略管理创新是企业管理创新的重要内容

加入WTO以后，我国国有企业尤其是大中型国有企业将要面对的不仅仅是狭小、相对闭塞的国内市场，更要面对统一、开放、竞争形势瞬息万变的国际市场。现代社会生产力发展和国际政治关系发展导致当今世界政治、经济格局日益多极化，形势日益复杂化。而战略管理创新以其长期性、系统性和全局性体现了动态管理的要求。如果说传统产业下的战略是以系统化的管理和实施为本意,那么信息时代的战略则在此基础上,熔入了创新的灵魂——战略就是创新。在创新基础上,谁找到并实施了适应未来的战略,谁将是战略的最大受益者。

二、战略管理的主要内容

(一)战略管理和经营管理

一般而言,企业经营管理是生产管理的延伸和发展,是指对与外部环境相关的重大问题所进行的策划、协调、控制等管理活动的总称。而战略管理也可以看做是经营管理的延伸和发展。它是指企业高层管理者对企业内外条件进行综合分析,确定企业未来的发展方针、制定战略方案,并实施这一方案的过程。图3-1简要描述了生产管理、经营管理和战略管理的关系。

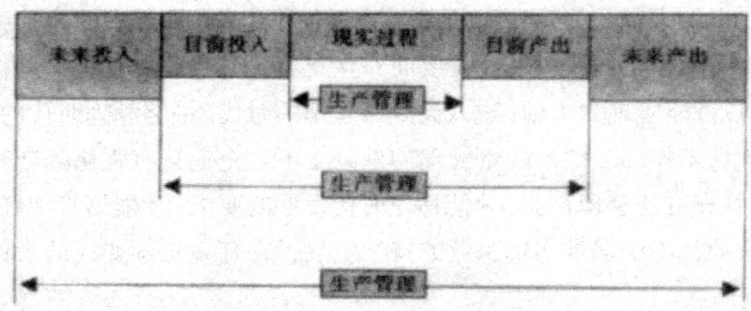

图3-1 生产管理、经营管理与战略管理关系图

经营管理是对企业目前投入、产出进行控制、安排的活动,而战略管理则侧重于对未来的投入、产出活动进行谋划。这两者都是要处理企业与外部环境的关系。但是,经营管理着重依据已有的生产要素投入、产出计划,以调整现时环境变化与企业投入、产出计划的关系,使这种计划得以落实;而战略管理则侧重于对没有现成计划、经验可以遵循的未来环境进行分析,以确定企业未来生产要素投入与产出的平衡关系。所以,可以说,经营管理是解决现实的、现存的管理问题,而战略管理是策划、谋划未来的发展方向。

(二)企业战略层次

战略包括组织长远的、全局的目标,以及组织为实现目标在不同阶段上实施的不同的方针和对策。一般地说,战略所关注的问题包括以下几个方面:一是有关组织的整体和全局的问题,核心是研究关系组织发展全局的指导规律;二是战略的着眼点不是当前而是未来,是在正确认识过去和现在的基础上,科学预见、谋划未来的发展趋势;三是问题的层次性,可分为企业层战略、经营层战略和职能战略三个层次。企业层战略是企业高级管理部门为实现企业目标而为整个企业制定的方向和计划，主要是为了合理安排企业所有业务种类的关系，实现企业这个层次的目标，保证企业总体战略利益的实现。经营层战略适用于按产品类型设置的各个分部和事业部，即战略经营单位，目的是提高某一分部在其所处的行业或市场中竞争优势。职能战略的重点是最大限度地利用其资源去提高管理的效率。职能战略通常包括生产战略、营销战略、财务战略、人力资源战略及研究开发战略等等。

（三）战略管理过程

战略管理是确立企业使命，根据企业内部环境和外部经营要素设定企业组织目标，保证目标落实并使企业使命最终得以实现的动态过程。它包括战略分析、战略制定以及战略实施控制等环节。这三个环节既相互联系又有区别，忽视其中任何一个都不能获得有效的战略管理。

1. 战略分析是指对影响企业现在和未来生存和发展的一些关键因素进行分析

战略分析主要包括外部环境分析与内部环境分析。通过外部环境分析，企业可以很好地明确自身面临的机会与威胁，从而决定企业应该选择做什么；通过内部环境分析，企业可以很好地认识自身的优势与劣势，从而决定企业能够做什么。最后通过战略分析确定企业的目标和使命。

2. 战略制定分为三个部分

一是战略方案的产生，即构想可能的战略方案；二是战略方案的评价，利用某些方法对战略方案的适应性、可行性进行评价；三是战略的选择，综合判定各方案的优劣，选择满意的战略方案。

3. 战略实施控制就是将战略方案转化为战略行动，通过编制各种计划将战略方案具体化

这涉及以下几个方面：一是资源配置，这是实施战略的重要手段；二是组织结构设置，这是战略实施的保证；三是战略实施的控制。

三、外部环境分析

环境是机会与风险的统一体。企业战略的制定、实施与考核的过程，是对环境分析、利用的过程，是发现、利用机会，回避风险的过程。环境分析是战略制定的起点。外部环境分析主要是认识外部环境对企业的机遇与威胁，以及企业在产业中的竞争位势——优势是什么、劣势是什么？

企业的外部环境分析，主要包括宏观环境分析、产业环境分析、竞争环境分析。

（一）宏观环境分析

宏观环境分析指那些不直接影响公司短期行为，但对长期决策有影响的一般力量，包括政治和法律力量（P）、经济力量（E）、社会文化力量（S）、技术力量（T），这四项也就是通常所说的 PEST 分析模型的内容。

1. 政治和法律力量

通常影响企业的政治、法律方面的因素有如下几方面：政府政策的稳定性、税率和税法的变化、企业法、雇佣法、反垄断法、广告法、环保法、关税、专利法的改变、政治运动、国防（军费）开支、进出口政策、政府预算和货币改革、各地方政府的特殊法律规定、对外国企业的态度等。

2. 经济力量

共有 27 项经济因素的变化可能给企业带来机会或威胁。核心的经济因素有六大部分：

（1）国家宏观经济政策、国民经济发展趋势、三大产业之间的比重和关系、通货膨胀率、利率的水平和价格政策。

（2）国民适应经济变化的行为，即失业水平、居民的平均收入、消费与储蓄的比例关系、地区和消费群体的差距。

（3）金融政策、货币政策、本国货币在国际金融市场上的价值、银行信贷的方便程度、股票市场的动向。

（4）外经贸政策，即进出口情况、劳动力和资本输出的变化。

（5）财政政策，即政府的赤字预算、税收政策和外债的承受能力。

（6）国际经济的影响，即欧共体、北美贸易自由区政策、最不发达国家联盟的经济政策以及亚洲经济的高速发展、石油输出国组织的政策等。

3. 社会文化力量

影响企业战略的主要社会、文化、环境以及人口方面的变量多达 34 项，但主要的因素可分为四部分：

（1）社会因素：家庭结构的变化、离婚率的高低、单亲家庭的增加、儿童生长和保健的状况、社会责任感。

（2）文化因素：人们的价值观、士气、风俗习惯、文化传统的行为准则、劳动者的教育水平、对工作的态度变化、职业分布的变化。

（3）人口因素：社会老龄化的问题、人口在民族和性别上的比例变化、人口和地区再教育水平和生活方式的差异。

(4) 环境因素：对自然环境的保护、废品再利用政策、水及空气污染、生态平衡和土地沙漠化等问题。

4. 技术力量

随着科学技术的高速发展，当今社会计算机广泛应用、国际互联网高速发展、机器人柔性工厂、高效药物、太空通讯、激光技术、卫星通讯网络、光导纤维、生物工程和生命工程等革命性的技术变化已经给企业生产过程和技术带来了巨大影响。技术革新可以对企业的产品、服务、市场供应者、供货、竞争者、顾客和市场销售手段产生极大的影响。

（二）产业环境分析

产业就是一群提供类似产品或服务的公司，如金融服务产业或无酒精饮料产业。产业环境的分析主要包括两个方面，一是产业中竞争的性质和该产业中所具有的潜在利润，二是该产业内部企业之间在经营上的差异以及这些差异与它们战略地位的关系，即产业内分析。分析前者的常用工具是波特教授提出的"五种力量模型"，即潜在新进入者、现有竞争厂商之间的竞争、替代晶的威胁、购买者的谈判能力和供应商的谈判能力，但我们认为该模型忽略了政府、债权人、厂商以及其他群体对企业经营活动的影响，所以把"其他利益相关者"这一力量加入该模型，把该模型发展为"六种力量模型"。分析后者的常用工具是战略集团分析。

1. 六种力量模型

竞争战略权威迈克·波特认为，公司最关心产业内的竞争程度。产业内有五种竞争力量对企业发展至关重要——潜在的新进入者、现有竞争厂商之间的竞争、替代品的威胁、购买者的谈判能力、供应商的谈判能力。"这些力量的合成最终决定了一个产业的盈利潜力"。每一股弱的力量都是机会，每一股强的力量都是使利润降低的威胁。

（1）竞争厂商之间的竞争角逐。厂商之间的竞争是五种力量中最强大的。为了赢得市场地位和市场份额，竞争厂商通常不惜代价。产业不同，竞争的焦点、核心也不同。在有些产业中，竞争的核心是价格：在有些产业中，价格竞争很弱，竞争的核心在于产品或服务的特色、新产品革新、质量和耐用度、保修、售后服务、品牌形象。

竞争可能是友好的，也可能是你死我活的，这完全取决于产业中公司采取威胁竞争对手盈利水平的行动频率和攻击性。一般而言，产业中的竞争厂商都善于在自己的产品上增加新的特色以提高对客户的吸引力，同时毫不松懈地挖掘其他竞争者的市场弱点。

竞争厂商之间的竞争是一个动态的、不断变化的过程。竞争不但有强弱之分，而且各厂家对价格、质量、性能特色、客户服务、保修、广告、分销网络、新产品革新等因素的相对重视程度也会随时间不同而发生变化。

以下因素可以引起竞争加剧：①当一家或几家竞争厂商看到了一个能更好满足客户需求的机会或出于改善产品性能的压力之下时，竞争就会变得更加剧烈。②当竞争厂商的数目增加时，当竞争厂商在规模和能力方面相抗衡的程度提高时，竞争会加剧。③当产品的需求增长缓慢时或竞争的强度通常会加剧。④当产业环境迫使竞争厂商降价或使用其他竞争策略增加产量时，竞争会加剧。⑤当客户转换晶牌的成本较低时，竞争会加剧。⑥当一个或几个竞争厂商不满足于现有市场地位，从而采取有损其竞争对手的行动加强自己的竞争地位时，竞争就会加剧。⑦当退出某项业务比继续经营下去的成本高时，竞争会加剧。⑧当产业之外的公司购并本产业的弱小公司，并采取积极的、以雄厚资金为后盾的行动试图将其新购并的厂商变成主要的市场竞争者时，竞争一定会加剧。

评估竞争的激烈程度，关键是准确判断公司间的竞争会给盈利能力带来多大的压力。如果竞争行动降低了产业的利润水平，那么可以认为竞争是激烈的；如果绝大多数厂商的利润都达到了可以接受的水平，竞争为一般程度；如果产业中的绝大多数公司都可以获得超过平均水平的投资回报，则竞争是比较弱的，具有一定的吸引力。

（2）潜在的进入者。一个市场的新进入者往往会带来新的生产能力和资源，希望在市场上占有一席之地。对于特定的市场来说，新进入者所面临的竞争威胁来自进入市场壁垒和现有厂商对其做出的反应。一旦新进入者很难打开这个市场或市场的经济因素使得潜在进入者处于劣势，进入市场的壁垒就产生了。进入市场的壁垒有以下几种：规模经济、不能获得的关键技术和专业技能、品牌偏好和客户忠诚度、资源要求、与规模经济无关的成本劣势、分销渠道、政府政策、关税及国际贸易方面的限制。进入市场的壁垒的高低取决于潜在进入厂商所拥有的资源和能力。除了进入壁垒，新进入者还面临着现有厂商做出什么样的反应。它们是只做出些消极抵抗，还是会通过诸如降价、加大广告力度、改善产品以及其他措施来捍卫其市场地位？如果产业中原有财力强大的厂商发出明显的信号，要捍卫其市场，或者原有厂商通过分销商和客户群创造某种优势来维护其业务，潜在的进入者须慎重从事。

检验潜在的市场进入是不是一个强大的竞争力量的最好方式就是看产业的成长和利润前景是不是有足够的吸引力吸引额外的市场进入者。如果答案是否定的，那么潜在的进入就是一种弱势的竞争力量；相反地，如果答案是肯定的，且存在合格的厂商，他们拥有足够的技能和资源，那么潜在的进入就增加了市场上的竞争压力，现有厂商被迫加强其地位，抵御新进入者。

（3）替代品的竞争压力。某个产业的竞争厂商常常会因为另外一个产业的厂商能够生产很好的替代品而面临竞争。如玻璃瓶生产商会受到塑料瓶和金属罐厂商的竞争。

来自替代品的竞争压力其强度取决于三个方面：①是否可以获得价格上有吸引力的替代品？容易获得并且价格上有吸引力的替代品往往会产生竞争压力。如果替代品的价格比产业产品的价格低，那么产业中的竞争厂商就会遭遇降价的竞争压力。②在质量、性能和其他一些重要的属性方面的满意度如何？替代品的易获得性不可避免地刺激客户去比较彼此的质量、性能和价格，这种压力迫使产业中的厂商加强攻势，努力说服购买者相信它们的产品有着卓越的品质和有益的性能。③购买者转向替代品的难度和成本。最常见的转换成本有：可能的额外价格、可能的设备成本、测试替代品质量和可靠性的时间和成本、断绝原有供应关系建立新供应关系的成本、转换时获得技术帮助的成本、员工培训成本等。如果转换成本很高，那么替代品的生产上就必须提供某种重要的成本或性能利益，来诱惑原来产业的客户脱离老关系。

因此，一般来说，替代品的价格越低，替代品的质量和性能越高，购买者的转换成本越低，替代品所带来的竞争压力就越大。

（4）供应商的谈判能力。供应商是一种弱势竞争力量还是一种强势竞争力量取决于其所在的产业的市场条件和所提供产品的重要性。一旦供应商所提供的是一种标准产品，可以通过开放市场由大量具有巨大生产能力的供应商提供，那么与供应商相关的竞争压力就会很小，可以很容易地从一系列有一定生产能力的供应商那里获得所需的一切供应，甚至可能从几家供应商那里分批购买以推动订单竞争。在这种情况下，只有当供应出现紧缺而购买者又急于保证供应时，供应商才会拥有某种市场权力。如果有很好的替代品，而购买者的供应转换既无难度代价又不高，那么供应商的谈判地位就会处于劣势。

如果供应商所获得产业是其大客户的话，那么供应商通常在产品供应的价格及其他项目上有时也会随之减少，在这种情况下，供应商的利益优劣状况往往同其大客户的利益优劣息息相关。因此，供应商往往有着一种强大的动力通过提供合理的价格、卓越的质量以及推进其所提供产品的技术和性能进步来保护和提高客户的竞争力。

另一方面，如果供应商所提供的产品占其下游产业产品的成本很大比例，从而对该产业的产品生产过程起着至关重要的作用，或对该产业产品的质量有着明显的影响，那么供应商就会拥有很大的市场权利。当少数几家供应商控制供货产品从而拥有定价优势时尤其如此。同样地，当购买者转向替代品的难度越大或者成本越高，供应商的谈判优势就越明显。

一旦供应商拥有足够的谈判权，在定价、所供应的产品的质量和性能或者交货的可靠度上有很大的优势时，这些供应商就会成为一种强大的竞争力量。

（5）购买者的谈判能力。如果购买者能够在价格、质量、服务或其他的销售条款上拥有一定的谈判优势，那么购买者就会成为一种强大的竞争力量。

一般来说，大批量采购使购买者拥有相当的优势，从而可以获得价格折让和其他一些有利的条款。零售商常常在产品采购时占有谈判优势，因为制造商需要扩大零售覆盖面和争取有利的货架空间。由于零售商可能储存一个或几个品牌的产品，但从来就不会储存市场上所有可以买到的品牌，所以，厂商为了争取那些颇受大众青睐或大批量零售商的生意而展开竞争，这样，就会给零售商创造明显的谈判优势。

即使购买者的采购量并不大，或者也不能给卖方厂商带来重要的市场或某种声誉，购买者在下列情形仍然有一定程度的谈判优势：①购买者转向竞争品牌或替代品的成本相对较低：一旦购买者拥有较高的灵活性，可以转换品牌或者可以从几家厂商采购，购买者就拥有很大的谈判空间。如果产品之间没有差别性或差别性很小，转换品牌就相对容易，付出的成本很小或需付出成本。②购买者的数量较小：购买者的数量越小，厂商在失去已有的客户去寻找替代客户就越不容易。为了不丢失客户，厂商更加愿意给予某种折让或优惠。

购买者对厂商的产品、价格和成本所拥有的信息越多，所处的地位就越强。如果购买者向后整合到卖方厂商业务领域的威胁越大，所获得的谈判优势就越大。

(6) 利益相关者的影响。除了波特所说的五种力量外，政府机构以及企业的股东、债权人、工会组织等其他利益相关者群体对产业竞争的性质与获利能力也有直接的影响。由此便形成了影响产业环境的"六种力量模型"。这些利益相关者的影响程度因产业而异。其中政府对竞争的影响有以下四方面：①政府可能设立产业进入壁垒；②政府可作为买方或供方；③政府制定法律法规；④政府提高一些政策影响产业相当于替代品的处境。

（四）产业内战略集团分析

战略集团是指产业中在某一战略方面，遵循着同样或类似战略的公司群体。同一战略集团内部竞争会比不同战略集团更激烈。产业内战略集团的分析，是按照产业内各企业战略地位的差别，把企业划分成不同的战略集团，并分析各集团间的相互关系和集团内的企业关系，从而进一步认识产业及其竞争状况。

一个产业内的企业，在战略上会有许多共同点，但也会有许多不同点。战略的不同点主要表现在以下几个方面：①纵向一体化的程度不同。有的企业自己生产原材料和零部件，有的则完全从外部采购；有的企业有自己的销售渠道和网点，有的则全靠批发商和零售商。②专业化程度不同。有的企业只经营某一种产品和服务项目，有的则生产多品种多规格的产品和服务，有的甚至是跨产业经营。③研究开发重点不同。有的企业注重争取开发新产品的领导地位，不断投放新产品，有的企业把研发重点放在生产技术上，力争在质量和成本上取得优势。④营销的重点不同。有的企业重视维持高价产品，有的企业则采取低价策略展开竞争；有的企业特别重视对最终用户的推销活动，有的企业主要以为销售者提供服务来巩固和扩大流通渠道。

在上述一个或几个方面的战略的不同，必然引起企业在产业中的地位的不同。相同战略、相同地位企业的结合，就形成了战略集团。要了解战略集团的性质、特点、需要分析某个战略集团的地位，一般采用战略集团分析图，分析战略集团，步骤如下：分别用两个战略变量作为横轴和竖轴，在一个两维图上画出某个产业的竞争者的相对市场位置，就可以把该产业的战略集团图示出来。选择两个比较显著的特征，例如纵向一体化程度和品种齐全程度，把该产业的公司相互区分开。运用这两个特征作为变量，在图上定位各公司。把那些相邻的公司圈起来，作为一个战略集团，圆圈的大小与该战略集团占产业总销售额的份额成正比。

如此便可绘出战略集团分析图（见图3-2），其中A集团：丰富的产品品种、高度纵向一体化、成本低、中等质量；B集团：狭小的产品品种、低纵向一体化、高成本、高质量、高技术水平；C集团：品种齐全程度和纵向一体化程度都是中等、中等价格、质量低、服务质量高；D集团：狭小的产品品种、成本低、价格低、服务水平低。

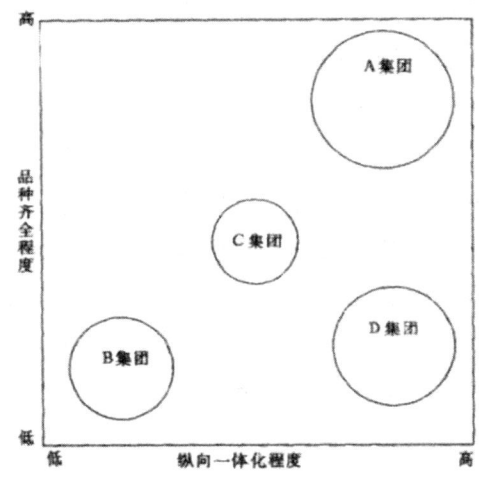

图3-2 企业战略集团分析图

战略集团作为一种分析工具，既不同于产业整体分析方法，也不同于单个企业的个别分析法，而是介于两者之间。运用战略集团分析，可以使企业很好地了解战略集团的竞争状况以及某一个集团与其他集团的差异点所在；可以帮助企业预测市场变化以及发现新的战略机会；揭示不同战略集团之间演变的难点与障碍所在。

战略集团间的抗衡程度是由许多因素决定的。一般说，各战略集团的市场占有率相同，而经营战略很不相同，集团间的抗衡就会激烈；或各战略集团的目标是同一类顾客，其战略差异越大，抗衡也就会越激烈；一个产业内战略集团越多，相互的对抗也就越激烈。如果一个产业中虽然有不少战略集团，但其中少数战略集团处于领导地位，并且市场占有率很高，这个产业战略集团间的对抗就不会激烈。

在战略集团内部同样存在着竞争，这主要是由于各企业的优势不同造成的。在一个战略集团内，各企业会有生产规模和能力上的差别，如果一个战略集团的经济效益主要取决于产量规模，那么，规模大的企业就会处于优势地位。另外，同一战略集团内的企业，虽然常常采用相同的战略，但各企业的战略实施能力是不同的，即在管理能力、生产技术和研究开发能力、销售能力等方面是有差别的，能力强者就会占优势。

（五）竞争环境分析

竞争环境分析是战略外部环境分析中的微观分析，主要是对竞争对手进行分析。正所谓"知己知彼，百战不殆"，分析竞争对手是制定企业战略的关键一环。

根据波特对竞争对手的分析模型，对竞争对手的分析有四种诊断要素：竞争对手的未来目标（长远目标）、现行战略、自我假设、潜在能力。

判断竞争对手行为常用的工具是市场信号，它是指竞争对手任何直接或间接地表明其战略意图、动机、目标、内部资源配置、组织及人事变动、技术及产品开发、销售举措及市场领域变化的活动信息。事前预告、事后宣告、竞争对手对产业的公开讨论、竞争对手对自己行动的讨论和解释、比较竞争对手采用的竞争方式、交叉回避等几种比较重要的市场信号。

市场信号可能反映了竞争对手的真实意图、动机和目标，也有可能是虚张声势、声东击西，因此辨别信号的真伪是非常重要的。可以考察信号与行动是否一致、利用竞争对手的历史资料来判别市场信号真伪。为此，研究竞争者不仅需要长期艰苦细致的工作和适当的资料来源渠道，而且需要建立保障信息效率的组织机构——竞争者信息系统。大多数公司都依赖外部组织提供环境数据，有些公司采用工业间谍或其他情报收集手段，直接获取竞争对手的信息。

四、企业内部环境分析

一般地讲，企业内部环境是由企业内部的技术、能力、资源、组织结构、企业文化和企业管理状况等要素组成的统一体。作为企业总体环境的一部分，这些要素制约着企业战略的形成与实施。因此，企业在制定战略之前，必须了解企业内部环境以及由此而形成的企业的优势和劣势，以便有效的控制企业战略发展方向和战略经营活动。企业内部环境分析主要包括资源分析和竞争优势分析两个方面的内容。

（一）资源分析

经营资源可以理解为能够给企业带来竞争优势或劣势的任何要素，是企业从事生产活动或提供服务所需人、财、物、技术与组织管理等方面的能力和条件。它既包括那些看得见、摸得着的有形资源，如企业雇员、厂房、设备、资金等，也包括那些看不见、摸不着的无形资源，如专利权、品牌、企业文化等。经营资源是企业竞争优势的根本源泉，企业制定计划进行战略管理，实际上就是要在竞争市场上为企业寻求一个能够充分利用自身资源的合适地位。

对企业经营资源进行分析的一个常用工具是迈克尔·波特教授提出的价值链分析。

1. 企业价值链分析

企业价值链是一系列价值创造活动的集合。它从来自供应商的原材料开始，经过产品和服务的生产与营销等增值活动，直至分销售商把最终产品送到最终用户手中。价值链分析的核心是要在价值创造活动的整个链条上来考察公司。

价值链分析的重点在于价值活动分析。价值活动可以分为两大类：基本活动和辅助活动。基本活动是涉及产品的物质创造及其销售、转移给买方和售后服务的各种活动，主要包括进货后勤、生产作业、发货后勤、市场营销、服务；辅助活动是辅助基本活动并通过提供外购投入、技术、人力资源以及各种公司范围的职能以相互支持，主要包括：采购、研究开发、人力资源管理、企业基础实施。从图中可以看出，价值链的各项活动之间是紧密联系的，恰恰是这种联系才形成了企业竞争优势，而各项活动对企业竞争优势的形成所起的作用不同，企业内部条件分析就是要抓住企业价值链中的关键环节仔细进行分析，找到企业竞争的优势及劣势。

竞争优势来源于企业在设计、生产、营销、交货等过程及辅助过程中许多独立的活动。企业的产品最终成为买方价值链的一部分。如果企业所得的价值超过创造产品所花费的成本就有利润。如果企业的成本低于对手，就有竞争优势。企业通过价值链分析缔造核心能力在大多数行业内，很少有哪一个企业能够单独完成全部的价值活动，这就需要进行专业分工，需要进行外包。外包是企业从外部供应商购买活动的战略选择。企业常常需要向外部的专业供应商购买部分价值创造活动，因为外部供应商可以高效地完成这些职能。公司每一类产品都有自己不同的价值链。因为大多数公司都提供几类不同的产品和服务，所以企业内部分析就要涉及一系列不同的价值链。竞争者价值链之间的差异是竞争优势的重要来源。

企业价值链分析步骤如下：

（1）从生产产品或服务的所有活动中分析出每种产品的价值链。并找出哪些活动是优势，哪些活动是劣势。

（2）分析各产品价值链的内部"关联"。关联就是一个价值活动（譬如营销）执行方式与另一个价值活动（譬如质量控制）成本之间的关系。

（3）分析不同产品或事业部价值链之间的融合潜力。

2. 整个行业的价值链体系

单今企业的价值链是镶嵌在更大范围的行业价值系统中的，整个行业价值系统包括提供投入晶的供应商、分销渠道和购买者。因此一个公司的成本竞争力不仅取决于该公司的内部活动，而且还取决于供应商和前向渠道联盟的价值链中的成本。也就是说价值链内在的联系是公司价值活动的重点，但要实现预期的价值目标必须考虑公司外部的价值链。供应商价值链企业价值链分销渠道价值链。

产业价值链一般都可以分为上游和下游两段。上游供应商的价值链有着重要的意义，那是因为供应商在创造和供应公司所购买的用于自己的价值链之中的生产投入时既要开展一定的活动还要承担成本，这些生产投入的成本和质量影响公司自己的成本或差异化能力。公司为降低供应商的成本或提高供应商的有效性而采取的一切行动都将增加其自己的竞争力——这是公司要同供应商紧密合作或结成伙伴关系的强大理由。下游渠道的价值链之所以重要，是因为：

（1）下游公司的成本和利润是最终用户所支付的价格的一部分。

（2）前向渠道联盟所开展的活动会影响最终用户的满意度。

这也说明公司必须同前向渠道联盟进行面前合作，改造或者重新设计它们的价值链，以提高它们的共同竞争力。

在分析一个产品的完整价值链时，即使一个企业在整个产业价值链上经营，它通常也在自己的主要活动上有最大专长。公司的重心就是对公司最重要的那部分价值链，也正是在这部分价值链上，公司拥有最大专长和能力，即核心能力。

（二）竞争优势分析

关于企业战略内部决定的理论存在两个学派——资源学派和能力学派。

1. 资源学派

企业的资源学派认为，各企业之间的资源具有很大的差异性，而且不能完全自由流动，当一个企业拥有一种竞争对手所不具有的特殊资源时，这种特殊资源就可能会为企业带来潜在的比较优势。因此企业战略管理的主要任务是如何最大限度培育独特的战略资源，以及优化配置这种资源的独特能力。核心能力的形成需要企业不断积累制定战略所需的各种资源。只有核心能力达到一定水准后，企业才能通过各种整合形成自己独特、不可模仿的战略资源。

美国著名资源学派企业战略家格兰特（Grant）提出一套以资源为基础的五步战略分析方法：

（1）识别企业资源，把他们划为优势和劣势两类。

（2）把公司优势组合成特殊能力，这些核心能力即公司能够做得极好的事情（优于竞争对手的核心能力）。

（3）从潜在持续竞争优势和公司运用这些资源、能力获取利润的能力等各方面评价这些资源和能力的获利潜力。

（4）选择开发与外部机会有关的企业资源和能力的最佳战略。

（5）识别资源差距，并且改进劣势投资。

2. 能力学派

能力学派则认为核心能力是指居于核心地位并能产生竞争优势的要素作用力，具体地说是组织的集体学习能力和集体知识。企业战略的核心不在产品、市场结构，而是行动反应能力。企业要想获得保持竞争优势，必须在核心能力、核心技术、核心产品和最终品牌上取胜。

由上可知，资源学派认为独特的资源是企业战略内部的决定要素，而能力学派则认为是核心能力。虽然两学派在企业战略内部决定要素持不同的观点，但是他们都是围绕构造企业竞争优势而展开的。企业资源或能力要成为产生竞争优势的核心资源或能力必须满足四个条件：

（1）这种资源和能力必须是稀缺的。

（2）这种资源和能力应当成为顾客可感知的价值，如果这种资源和能力并不为顾客所感知，那么它们也不会成为竞争优势。

（3）这种资源或能力在不同公司之间的可转移性差。如果一个企业的竞争对手很容易获得模仿其战略所需要的资源和能力，那么该企业的竞争优势就难以持久。

（4）上述这种资源和能力较多地体现在企业的人才资本上，企业具有优秀的人才，才能不断地创造新的优势。

企业要在较长时期内维持其竞争优势则企业竞争优势必须有可持续性。尽管各公司核心资源或能力的表现形式有所差异，但衡量和评价核心资源或能力能否形成删·持续竞争优势的标准是相同的——耐久性和可模仿性。耐久性是指公司的资源与能力（核心能力）折旧或过时的速度；可模仿性是指公司的资源与能力（核心能力）被其他公司复制的速度。有三个要素决定着资源或能力的可模仿性，即透明性、可转移性和可复现性，透明性指其他公司理解那些支持企业战略成功的资源与能力之间的关系的速度；可转移性指竞争者集结必要的资源与能力支持竞争性挑战的能力；可复现性指竞争者运用复制的资源与能力模仿其他企业成功的能力。

相对来讲，企业优秀人才、企业文化、企业信誉及知名度、企业组织机构及其他特有资源等？是能够比较长时期内维持其竞争优势的。而优秀人才的使用、企业组织机构及企业文化等又都与企业的具体情况紧密联系，这就是企业要根据自己的实际情况出发来创造适合于自己企业的竞争优势。

格兰特等人的研究进一步认为，任何企业不可能在所有资源类型中都拥有绝对优势，即使同一资源在不同企业中也表现出极强的异质性，这就构成了企业资源互补融合的物质基础。特别是某些异质性资源已经固化在企业组织内部，不可完全流动交易，如独特的生产工艺、R&D 能力、营销渠道、市场经验、知名品牌等无形资源，不便通过市场交易直接获取。要获取对方的这些独特的资源必须通过与之建立起合作关系，以实现双方的共享和互补。例如，美国格兰素公司推出新药善胃得时，它在美国市场上缺乏行销能力，通过与罗氏药厂建立合作关系，格兰素很快就拥有了一支 1100 人的销售大军。

第二节 企业战略创新研究

一、战略管理工具创新

多数公司同时经营多项业务，其中有"昨日黄花"，也有"明日之星"。为了使公司的发展能够与千变万化的市场机会之间取得切实可行的适应，就必须合理地在各项业务之间分配资源，在此过程中不能仅凭印象，认为哪项业务有前途，就将资源投向哪里，而是应该根据潜在利润分析各项业务在企业中所处的地位来决定。组合分析是很多业务公司制定公司战略时最受欢迎的工具之一。在组合分析中？高层管理人员把所有产品线和事业部视为一系列投资，期望获得利润回报。BCG 矩阵、GE 业务筛选模型和产品/市场演变矩阵（PME 矩阵）是应用最为广泛的三种业务分析方法。

（一）波士顿矩阵

波士顿咨询集团（BCG）是世界著名的一流管理咨询公司，他们在 1970 年创立并推广了"市场增长率——相对市场份额矩阵"的投资组合分析方法。

市场成长率——相对市场份额矩阵分为四个方格分别代表一个公司的业务的四种类型：明星、问题、现金牛和瘦狗。

1. 问题业务

问题业务是指高市场成长率、低相对市场份额的业务。这往往是一个公司的新业务，为发展问题业务，公司必须建立工厂，增加设备和人员，以便跟上迅速发展的市场，并超过竞争对手，这些意味着大量的资金投入。"问题"非常贴切地描述了公司对待这类业务的态度，因为这时公司必须慎重回答"是否继续投资，发展该业务？"这个问题。只有那些符合企业发展长远目标、企业具有资源优势、能够增强企业核心竞争能力的业务才能得到肯定的回答。图中所示的公司有三项问题业务，不可能全部投资发展，只能选择其中的一项或两项，集中投资发展。

2. 明星业务

明星业务是指高市场成长率、高相对市场份额的业务，这是由问题业务继续投资发展起来的，可以视为高速成长市场中的领导者，它将成为公司未来的现金牛业务。但这并不意味着明星业务一定可以给企业带来滚滚财源，因为市场还在高速成长，企业必须继续投资，以保持与市场同步增长，并击退竞争对手。企业没有明星业务，就失去了希望，但群星闪烁也可能会耀花了企业高层管理者的眼睛，导致做出错误的决策。这时必须具备识别行星和恒星的能力，将企业有限的资源投入在能够发展成为现金牛的恒星上。

3. 现金牛业务

现金牛业务指低市场成长率、高相对市场份额的业务，这是成熟市场中的领导者，它是企业现金的来源。由于市场已经成熟，企业不必大量投资来扩展市场规模，同时作为市场中的领导者，该业务具有规模经济和高边际利润的优势，因而可以给企业带来大量财源。企业往往用现金牛业务来支付账款并支持其他三种需要大量现金的业务。图中所示的公司只有一个现金牛业务，说明它的财务状况是很脆弱的。因为如果市场环境一旦变化导致这项业务的市场份额下降，公司就不得不从其他业务单位中抽回现金来维持现金牛的领导地位，否则这个强壮的现金牛可能就会变弱，甚至成为瘦狗。

4. 瘦狗业务

瘦狗业务是指低市场成长率、低相对市场份额的业务。一般情况下，这类业务常常是微利甚至是亏损的。瘦狗业务存在的原因更多是由于感情上的因素，虽然一直微利经营，但像人对养了多年的狗一样恋恋不舍而不忍放弃。其实，瘦狗业务通常要占用很多资源，如资金、管理部门的时间等，很多时候是得不偿失的。图中的公司有两项瘦狗业务，可以说，这是沉重的负担。

通过波士顿矩阵，我们可以分析一个公司的投资业务组合是否合理。如果一个公司没有现金牛业务，说明它当前的发展中缺乏现金来源；如果没有明星业务，说明在未来的发展中缺乏希望。一个公司的业务投资组合必须是合理的，否则必须加以调整。

如巨人集团在将保健品业务发展成明星后，就迫不及待地开发房地产业务，可以说，在当时的市场环境下，保健品和房地产都是明星业务，但由于企业没有能够提供源源不断的现金支持现金牛业务，导致企、业不得不从本身还需要大量投入的保健品中不断抽血来支援大厦的建设，导致最后两败俱伤，企业全面陷入困境。

在明确了各项业务单位在公司中的不同地位后，就需要进一步明确其战略目标。通常有四种战略目标分别适用于不同的业务。

（1）发展。继续大量投资，目的是扩大战略业务单位的市场份额。主要针对有发展前途的问题业务和明星中的恒星业务。

（2）维持。投资维持现状，目标是保持业务单位现有的市场份额。主要针对强大稳定的现金牛业务。

（3）收获。实质上是一种榨取，目标是在短期内尽可能地得到最大限度的现金收入。主要针对处境不佳的现金牛业务及没有发展前途的问题业务和瘦狗业务。

（4）放弃。目标在于出售和清理某些业务，将资源转移到更有利的领域。这种目标适用于无利可图的瘦狗业务和问题业务。

应用波士顿矩阵法可以带来许多收益，它提高了管理人员的分析和战略决策能力，帮助他们以前瞻性的眼光看问题，更深刻地理解公司各项业务活动的联系，加强了业务单位和企业管理人员之间的沟通，及时调整公司的业务投资组合，收获或放弃萎缩业务，加强在更有发展前景的业务中的投资。

同时，也应该看到这种方法的局限性：①由于评分等级过于宽泛，可能会造成两项或多项不同的业务位于一个象限中；②由于评分等级带有折中性，使很多业务位于矩阵的中间区域，难以确定使用何种战略；③这种方法也难以同时顾及到两项或多项业务的平衡。因此，在使用这种方法时要尽量占有更多资料，审慎分析，避免因方法的缺陷造成决策的失误。

（二）通用电气公司矩阵

通用电气公司（GE）针对波士顿矩阵所存在的问题，于70年代开发了吸引力/实力矩阵。该矩阵也提供了产业吸引力和业务实力之间的类似比较，只是波士顿矩阵用市场增长率来衡量吸引力，用相对市场份额来衡量实力，而GE矩阵使用数量更多的因素来衡量这两个变量。也正是由于该矩阵使用多个因素，所以可以通过增减某些因素或改变它们的重点所在，很容易地使矩阵适应经理的具体意向或某产业特殊性的要求。

GE矩阵可以根据事业单位在市场上的实力和所在地市场的吸引力对该事业单位进行评估，也可以表述一个公司的事业单位组合，判断其强项和弱点，当需要对产业吸

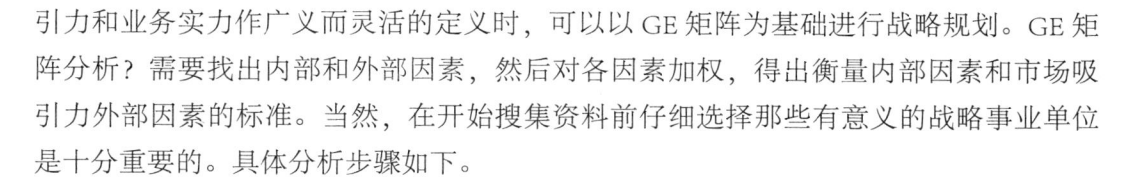

引力和业务实力作广义而灵活的定义时，可以以 GE 矩阵为基础进行战略规划。GE 矩阵分析？需要找出内部和外部因素，然后对各因素加权，得出衡量内部因素和市场吸引力外部因素的标准。当然，在开始搜集资料前仔细选择那些有意义的战略事业单位是十分重要的。具体分析步骤如下。

1. 定义各因素

选择要评估业务实力和市场吸引力所需的重要因素，在 GE 内部，分别称之为内部因素和外部因素。确定这些因素的方法可以采取头脑风暴法、名义小组法等，关键是不能遗漏重要因素，也不能将微不足道的因素纳入分析中。

2. 估测内部因素和外部因素的影响

从外部因素开始，纵览这张表，并根据每一因素的吸引力大小对其评分，若一因素对所有竞争对手的影响相似，则对其影响做总体评估，若一因素对不同竞争者有不同影响，可比较它对自己业务的影响和重要竞争者的影响。在这里可以采取五级评分标准（1=毫无吸引力、2=没有吸引力、3=中性影响、4=有吸引力、5=极有吸引力）。然后也使用 5 级标准对内部因素进行类似的评定（1=极度竞争劣势、2=竞争劣势、3=同竞争对手持平、4=竞争优势、5=极度竞争优势），在这一部分应该选择一个总体上最强的竞争对手做对比的对象。

3. 对外部因素和内部因素的重要性进行估测，得出衡量实力和吸引力的简易标准

这里有定性定量两种方法可以选择。

（1）定性方法。审阅并讨论内外部因素，以在第二步中打的分数为基础，按强、中、弱三个等级来评定该战略事业单位的实力和产业吸引力如何。

（2）定量方法。将内外部因素分列，分别对其进行加权，使所有因素的加权系数总和为 1，然后用其在第二步中的得分乘以其权重系数，再分别相加，就得到所评估的战略事业单位在实力和吸引力方面的得分（介于 1 和 5 之间），代表产业吸引力低或业务实力弱，而 5 代表产业吸引力高或业务实力强）。

4. 将该战略事业单位标在 GE 矩阵上

矩阵坐标横轴为产业吸引力，纵轴为业务实力。每条轴上用两条线将数轴划为三部分，这样坐标就成为网格图。两坐标轴刻度可以为高中低或 1-5。根据经理的战略利益关注，对其他战略事业单位或竞争对手也可做同样分析。另外，在图上标出一组业务组合中位于不同市场或产业的战略事业单位时，可以用圆圈来表示各企业单位，其中直径与相应单位的销售总额乘比例，而阴影面积代表其市场份额。这样 GE 矩阵就可以提供更多的信息。

5. 对矩阵进行诠释

通过对战略事业单位在矩阵上的位置分析，公司就可以选择相应的战略举措。

GE矩阵还可以用于预测战略事业单位业务组合的产业吸引力和业务实力，只要在因素评估中考虑了未来某个时间每一因素的重要程度及其影响大小，就可以建立预测矩阵。由此我们可以看出，GE矩阵比较全面地对战略事业单位的业务组合进行规划分析，而且可以针对企业实际情况进行改进，因此具有广泛的应用价值。

（三）产品／市场演变矩阵（PME矩阵）

美国学者C·W·Hofer针对通用矩阵进行了改进，设计出一个具有15个方格的矩阵，用以评价企业的经营状况。图3-4便是产品／市场演变矩阵图。在下面的矩阵图中，圆圈表示行业规模或产品／细分市场。圆圈内扇形阴影部分表示企业各项经营业务的市场占有率。

从下图中也可以看出，企业各项经营业务在矩阵中所处的不同地位。A项业务类似明星业务，占有很大的市场占有率，但需要企业投入大量的资源予以支持，且加强其竞争地位。B项经营业务与A项业务有着同样的前景，但是该业务在具有很强的竞争地位的条件下却没有取得较大的市场占有率。企业只有找出真正的原因，制定出完善的修正计划以后，才能进一步分配资源给B项业务，F项业务和E项业务都是现金牛业务，可以为企业提供资金。G项业务正变成瘦狗业务。企业应该考虑所要采取的措施，甚至为最终撤出该经营领域做好准备。

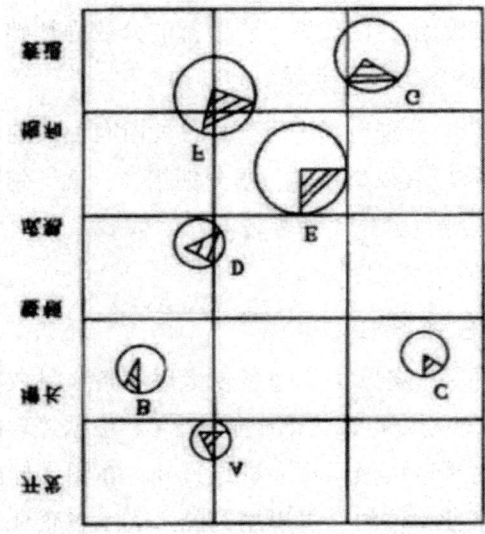

图3-4 产品／市场演变矩阵图

二、企业竞争战略创新

竞争战略,是在公司战略确定业务组合后,主要解决其中的每一项具体业务应当选择什么样的竞争方略,建立什么样的竞争优势和怎样建立竞争优势,怎样建立与之相应的核心竞争能力,怎样卓有成效地与竞争对手展开竞争活动。选择正确的竞争战略将使企业最有效地分配、组织和利用有限的资源,最快地建立起核心竞争能力和竞争优势,始终把握竞争的主动权,有力地支持发展目标的实现。

(一)迈克·波特的三种基本竞争战略

迈克·波特的企业竞争理论在国内学界和企业界影响深远。波特竞争战略的基础是产业分析,他认为行业的竞争情况由五种基本的竞争力量决定:进入威胁、替代威胁、买方的议价能力、供应方的议价能力和产业内对手的竞争强度。要对抗这些竞争力量,企业就要建立自己的竞争优势。迈克,波特提出两种在某个产业超出竞争对手的"通用"竞争战略:低成本和差异化。任何类型和规模的企业、甚至非盈利组织都可以采用这两种战略。低成本战略是公司或者事业部比竞争对手更有效率设计、生产和营销同类产品的能力,差异化战略是在产品质量、特殊性能或售后服务方面为购买者提供独特的或超级价值的能力。

另外,波特认为公司在产业中的竞争优势还与其竞争范围有关,即公司或事业部目标市场的宽度。在采用任何一种竞争战略之前,公司或事业部必须选择要生产的产品种类范围、要采用的分销渠道、要服务的消费者类型、产品销售的地理区域以及参与竞争的相关产业的部署。公司或事业部可以选择定位较宽(瞄准大规模市场)或定位较窄(瞄准市场空隙)。

这样,根据企业获取竞争优势的类型和战略目标的范围不同,企业可以采用三种基本竞争战略:成本领先战略、差别化战略、集中化战略。

1. 成本领先战略

成本领先战略是指企业通过在内部加强成本控制,在研究开发、生产、销售、服务和广告等领域内把成本降低到最低限度,成为行业中的成本领先者的战略。企业凭借其成本优势,可以在激烈的市场竞争中获得有利的竞争优势。要通过低成本战略获得竞争优势,价值链上的累积成本就必须低于竞争对手的累积成本。

低成本公司,其设定行业最低价格同时仍然能够获得利润的能力是其市场地位的保护性壁垒。不管是在什么时候,只要价格竞争形成了主要的市场力量,效率越低的厂商所遭受的伤害就越大。相对于竞争对手来说,处于低成本的厂商拥有一种竞争优势,在对向价格敏感的顾客出售产品或者服务时能够赚取较大的利润。

企业采用成本领先战略可以使企业有效的面对行业中的五种竞争力量，以其低成本的优势，获得高于行业平均水平的利润。

（1）形成进入障碍，企业的生产经营成本低，便为行业的潜在进入者设置了较高的进入障碍。这些在生产技术尚不成熟，经营上缺乏规模经济的企业都很难进入此行业。

（2）增强企业讨价还价的能力。企业的成本低，可以使自己应付投入费用的增长，提高企业与供应者讨价还价的能力，降低投入因素变化所产生的影响。同时，企业成本低，可以提高自己对购买者的讨价还价能力，对抗强有力的购买者。

（3）降低替代品的威胁。企业的成本低，在与竞争者竞争寸。仍旧可以凭借其低成本的产品和服务吸引大量的顾客，降低或缓解替代品的威胁，使自己处于有利的竞争地位。

（4）保持领先的竞争地位。当企业与行业内的竞争对手进行价格战时，由于企业的成本低，可以在竞争对手毫无利润的水平上保持盈利，从而扩大市场份额，保持绝对竞争优势的地位。

企业在考虑实施低成本战略时，一般从两个方面考虑：一是考虑实施战略所需要的资源和技能，如持续投资和增加资本的能力、科研与开发能力、市场营销的手段、内部管理水平。二是组织落实的必要条件，如严格的成本控制、详尽的控制报告、合理的组织结构和责任制以及完善的激励管理机制。在实践中，成本领先战略要想取得好的效果，还要考虑企业所在的市场是否是完全竞争的市场，该行业的产品是否是标准化的产品，大多数购买者是否以同样的方式使用产品，产品是否具有较高的价格弹性，价格竞争是否是市场竞争的主要手段等，如果企业的环境和内部条件不具备这些因素，企业便难以实施成本领先战略。要获得成本优势，公司价值链上的累积成本必须低于竞争对手累积成本。达到这个目的有两个途径：一是比竞争对手更有效地开展内部价值链活动，更好地管理推动价值链活动成本的各个因素，即控制成本驱动因素；二足改造公司的价值链，省略或跨越一些高成本的价值链活动。

但是选择成本领先战略也是有风险的，如果竞争对手的竞争能力过强，采用成本领先的战略就有可能处于不利的地位。具体地讲，有以下三方面。

（1）竞争对手开发出更低成本的生产方法。例如，竞争对手利用新的技术，或更低的人工成本，形成新的低成本优势，使得企业原有的优势成为劣势。

（2）竞争对手采用模仿的办法。当企业的产品或服务具有竞争优势寸，竞争对手往往会采取模仿的办法，形成与企业相似的产品和成本，给企业造成困境。

（3）顾客需求的改变。如果企业过分的追求低成本，降低丁产品和服务质量，会影响顾客的需求，结果会适得其反，企业非但没有获得竞争优势，反而会处于劣势。

2. 差别化战略

差别化战略是提供与众不同的产品和服务，满足顾客特殊的需求，形成竞争优势的战略。企业形成这种战略主要是依靠产品和服务的特色，而不是产品和服务的成本。但是差别化战略并不是说企业可以忽略成本，只是强调这时的战略目标不是成本问题。企业可以从许多的角度寻求差别化：一种独特的口味、一系列的特色、可靠的服务、备用零件、物超所值、工程设计和性能、名望和特性、产品可靠性、高质量的制造、技术领导地位、全系列的服务、完整系列的产品、居于同类产品线之高端的形象和声誉等等。

差别化的核心是取得某种独特性，这种独特性对于购买者有价值，则可以持续下去，容易被复制的差别化不能产生持久的竞争优势，因此最具有吸引力的差别化方式是使那些竞争对手模仿起来难度很大或代价高昂的方式。实际上，资源丰富的公司都能够及时地仿制几乎任何一种产品特色与属性，这就是为什么持久的差别化同独特的内部能力、核心能力和卓越能力紧密相连。如果一家公司拥有竞争对手不易模仿的核心能力和卓越能力，如果它的专有技能能够用来开展价值链中存在差别化的潜在活动，那么它就有了强大的持久的差别化的基础。一般来说，如果差别化的基础是新产品革新、技术的卓越性、产品质量的可靠性以及系统的客户服务，那么，差别化所带来的竞争优势就能够持续更长的时间，就能够变得更强大。

企业采用这种战略，可以很好的防御行业中的五种竞争力量，获得超过行业平均水平的利润。具体的讲，主要表现在以下几个方面。

（1）形成进入障碍。由于产品的特色；顾客对产品或服务具有很高的忠实程度，从而该产品和服务具有强有力的进入障碍。潜在的进入者要与该企业竞争。则需要克服这种产品的独特性。

（2）降低顾客敏感程度。由于差别化，顾客对该产品或服务具有某种程度的忠实性，当这种产品的价格发生变化时，顾客对价格的敏感程度不高。生产该产品的企业便可以运用产品差别化的战略，在行业的竞争中形成一个隔离带，避免竞争者的伤害。

（3）增强讨价还价的能力。产品差别化战略可以为企业带来较高的边际收益，降低企业的总成本，增强企业对供应者的讨价还价的能力，同时，由于购买者别无其他选择，对价格的敏感程度又降低，企业可以运用这一战略削弱购买者的讨价还价的能力。

（4）防止替代品的威胁。企业的产品或服务具有特色，能够赢得顾客的信任，便可以在与替代品的较量中比同类企业处于更有利的地位。

差别化是一个十分有效的竞争战略，但是并不能保证差别化一定能够创造有意义的竞争优势。如果公司所强调的独特特色或者能力在购买者看来并没有多大的价值，那么公司的差别化就只能在市场上获得厌倦的反应、另外，如果竞争对手能够很快的复制所有或者绝大部分公司所提供的有吸引力的产品属性，那么公司为差别化所做出的努力也注定会失败。快速的模仿意味着一个公司实际上没有获得真正的差别化，因为每次公司采取新的行动使公司的产品同竞争对手的产品区别开来的时候，竞争对手的品牌都能够发生类似的变化。因此，通过差别化建立竞争优势，公司必须找出独特的成就源泉，从而使竞争对手克服起来很困难。最后，企业还应该认识到，并不是所有的顾客都愿意支付产品差别化后形成的较高的价格，而且如果购买者满足于基本的产品，认为"附加"的属性并不值得支付更高的价格，在这种情况下，低成本生产商战略就可以击败差别化战略。

3. 集中化战略

集中化战略，又称聚焦战略，是指把经营战略的重点放在一个特定的(一)标市场上，为特定的地区或特定的购买者集团提供特殊的产品或服务。集中化战略与其他两个基本的竞争战略不同。成本领先战略与差别化战略面向伞行业，在整个行业的范围内进行活动，适宜于大型的企业；而集中化战略则是针对特定的细分市场，适用于中小型的企业。

企业一旦选择了目标市场，便可以通过产品差别化或成本领先的方法，形成差异化集中或低成本集中两种变化形式。也就是说，采用集中化战略的企业，基本上就是特殊的差别化或特殊的成本领先企业。由于这类企业的规模较小，采用集中化战略的企业往往不能同时进行差别化和成本领先的方法。如果采用集中化战略的企业要想实现成本领先，则可以在专用品或复杂产品上建立自己的成本优势，这类产品难以进行标准化生产，也就不容易形成生产上的规模经济效益，因此也难以具有经验曲线的优势。如果采用集中化战略的企业要实现差别化，则可以运用所有差别化的方法去达到预期的目的。与差别化战略不同的是，采用集中化战略的企业是在特定的目标市场中与实行差别化战略的企业进行竞争，而不在其他细分市场上与其竞争对手竞争。在这方面，重点集中的企业由于其市场面狭小，可以更好地了解市场和顾客，提供更好的产品与服务。

企业实施集中化战略的关键是选好战略目标：一般的原则是，企业要尽可能的选择那些竞争对手最薄弱的目标和最不易受替代产品冲击的目标。在选择目标之前，企业必须确认满足下列前提条件时，不管是以低成本为基础的集中战略还是以差别化为基础的集中战略都会变得有吸引力：①购买群体在需求上存在的差异；②在企业的目标市场上，没有其他竞争对手试图采用集中化战略；③企业的目标市场在市场容量、成长速度、获利能力、竞争强度方面具有相对的吸引力；④本企业资源实力有限，不能追求更大的目标市场。

应当指出，企业实施集中化战略，尽管能在其目标市场上保持一定的竞争优势，获得较高的市场份额，但是企业在实施集中化战略的时候，可能会面临以下风险：工以较宽的市场为目标的竞争者采用同样的集中化战略，或者竞争对手从企业的目标市场中找到了可以再细分的市场，并以此为目标进行集中化战略，从而使原来采用集中化战略的企业失去优势。由于技术进步、替代品的出现，价值观念的更新、消费者偏好变化等多方面的原因。目标市场与总体市场之间在产品或服务的需求差别变小，企业原来赖以形成集中化战略的基础也就失掉了。在较宽的范围经营的竞争对手与采取集中战略的企业之间在成本上的差异日益扩大，抵销了企业为目标市场服务的成本优势。或抵销了通过集中化战略而取得的产品差别化，导致集中化战略的失败。

（二）对波特竞争战略的发展

随着技术的变革和各行业竞争情况的变化，主要是企业经营环境的不确定性的增加，波特竞争战略表现出一定的不足。在逻辑上，当我们在一个更加宽阔的视野内考察时，可以发现，波特理论的中心是"产品"——顾客是因为低价格，或是某种独特之处，才选择这种产品的。在实践上，如果仔细观察当今成功企业的战略，就能够发现有些是波特理论所不能解释的。

最典型的例子就是微软公司。微软可以说是当今最伟大的公司之一。但是，它的成功是源于"最佳产品"吗？微软的产品占据了个人电脑操作系统90%以上的市场份额；是因为它便宜吗？显然不是，一个 Windows 98 的拷贝就能高价卖（十）；是因为它独具特色吗？也不是，实际上，从 MS-DOS 到 Windows，微软的大多数产品都不是最好的。至今还有不少人宣称，苹果（Apple）公司的产品是最有个性的。尽管如此，微软还是牢牢地占据了行业领导者的地位。它的竞争优势既不是因为低成本，也不是产品差异化，而是源于整个系统的支持，我们可以称之为"系统锁定"。

另外还有一类公司，它们在每个具体产品的市场份额都不是最大的，成本不是最低的，产品也不是最有特色的。但是，这些产品可以很好的集成在一起，给目标顾客提供最完备的解决方案。结果这些企业同样取得了成功。这种战略选择的重点在于顾客，可以叫做"顾客解决方案"战略。

因为波特的理论分析是基于已经比较成熟的行业进行的。所以，在技术、产品，客户、企业竞争关系变化越来越快的经济环境中，像上面所说的例子会越来越多。因此，很多人对波特的理论进行了补充，其中麻省理工学院的阿诺德·哈克斯和他的团队调查了上百家的公司，提出了战略选择的三角模型，代表企业战略选择的三个方向——最佳产品战略、和客户解决方案定位。系统锁定战略。

1. 最佳产品战略

最佳产品战略的思路还是基于传统的低成本和产品差别化的策略。企业通过简化生产过程，扩大销售量来获得成本领先地位，或者是通过技术创新、品牌或特殊服务来强化产品的某一方面的特性，以此来增加客户价值。

在追求最佳产品战略定位的过程中，新进入的企业往往具有后发优势，因为它们可以对行业的模式重新定义？而老企业现有的运作系统、流程往往增加了革新的成本：许多后起的企业，像努克、西南航空、戴尔等，往往可以更清晰地定义细分市场。它们不但渗透进入一个成熟的行业，还取得了成本上的领导地位。所有这些企业都有一个模式——相对于现有企业，它们提供的产品和服务的范围更狭窄，它们去掉产品的部分特点，在价值链上去掉一些环节，外包一些环节，在余下的环节实施低成本或产品差别的策略。客户解决方案战略的出发点是，通过一系列产品和服务的组合，最大程度地满足客户的需求。这种战略的重点是锁定目标顾客。提供最完善的服务；实施手段是学习和定制化。其中学习具有双重效应：企业通过学习可以更好地增强顾客的满意度；客户不断的学习增加了转换成本，提高了忠诚度，实施这种战略往往意味着和供应商、竞争对手和客户的合作和联盟，大家一起来为客户提供最好的方案。

2. 系统锁定战略

系统锁定战略的视角突破了产品和客户的范围，考虑了整个系统创造价值的所有要素。尤其要强调的是，这些要素中除了竞争对手、供应商、客户、替代品之外，还要包括生产补充品的企业。典型的例子有：手机厂家和电信运营商、计算机硬件和软件、音响设备和 CD 唱片等等。实施系统锁定战略的要义在于，如何联合补充品厂商一道锁定客户，并把竞争对手挡在门外，最终达到控制行业标准的最高境界。

处于系统锁定战略定位的公司建立了行业的标准，它们是生产厂商大规模投资的受益者。微软和英特尔是最典型的例子。80%~90% 的 PC 软件商都是基于微软的操作系统（比如 Windows 98）和英特尔的芯片（比如奔腾），它们之间的联盟被称为 Win-Tel。作为一个客户，如果想使用大部分的应用软件，就得购买微软的产品。作为一家应用软件厂商，如果想让 90% 的顾客能够使用本公司的软件，就得把软件设计得与微软的操作系统匹配。

微软和英特尔的成功不是因为最好的产品质量和产品的差别化，也不是因为提供客户解决方案，而是因为它们的系统锁定的地位。很早以前，苹果电脑就以良好的操作系统而著称，摩托罗拉生产的芯片速度也相当快。然而，微软和英特尔还是牢牢地控制了整个行业。

在非高科技行业，黄页（The Yellow Pages）是最常用的地址名录，它也在美国建立起了行业的标准。这项业务的模式很简单，但却有 50% 的毛利润。1984 年，黄页市场开始向众多竞争对手开放，当时有专家预测，行业内企业的利润率要降低，大黄页的市场份额会急剧下降。然而，一段时间之后，大黄页依旧占据了这个市场的 85% 的市场份额，利润率也没有下降。这是怎么回事呢？原因就是黄页处在了系统锁定的战略位置——最好的企业都在大黄页上做广告，顾客也只买有价值的地址名录，当新的公司进入这个市场时，它们难以吸引大客户的广告，因为这些客户撤掉在大黄页上的广告的代价实在太大了，所以消费者并没有去购买新的地址名录。大黄页的盈利循环没有中断，它们的产品依旧处于领导地位。

另外一个正在形成标准的行业是金融服务业。美国运通（Americanh Express）是早期的签账卡（charge card）市场领导者。它的战略就是服务高端客户，尤其是那些经常出国的人。它们有句非常著名的口号，"没有运通卡不要出门"（Don't leave home without it！）。它们在全球各地都有办公室，这使得运通公司处于客户解决方案的战略位置。

相反，Visa 和万事达的做法却不一样。它们设计了一个开放的平台，整个运营系统的所有要素——银行、商家和客户都参与到这个平台。它们创造了一个完善的营运循环——消费者喜欢被大多数商家接受的信用卡，商家喜欢大多数消费者使用的信用卡。这个策略产生了很强的系统锁定的效应，Visa 和万事达创造并拥有了行业的标准。现在，Visa 和万事达占据了流通卡的 80% 的市场。

3. 客户解决方案定位

客户解决方案定位反映了战略定位的重心从产品向客户转移，它强调给客户带来的价值，以及客户的学习效应。

全球 500 强企业之一的电子数据系统公司（Electronic Data Systems，EDS）是实行客户解决方案战略的很好的例子。它的定位就是，为客户提供最好的服务，满足客户所有的信息管理方面的需求，它们为每一位顾客提供价位合理的量身定做的解决方案。作为客户解决方案的供应商，EDS 的绩效评价指标是：在多大程度上提升了客户的能力，帮助客户节省了多少经费？为了实现这些目标，EDS 把它的服务扩展到那些原来是由客户自己来完成的活动，通过对 IT 技术的专注和运作经验的积累，它们能不断地降低成本、提高服务质量。

在金融服务市场，美林银行首先引入了客户管理账户，这个账户是根据用户的情况定制的，客户可以选择不同的账单支付方式，不同的经纪人、共同基金、IRA 账户、信用卡和查询账户等等。这项业务的推出使得美林银行迅速地走向成功。

对于上述三种策略，并不能简单地下结论，这三种战略哪个好，哪个不好。每种策略的执行者都是既有赢家，又有失败者，尤其是系统锁定战略，最后的成功者可能就只有一个。所以说，战略的选择最终还是要视具体环境而定。

（三）不同产业的竞争战略

许多产业都随时间演变，经历着从成长到成熟直至衰落的演变历程。产业竞争力量也会随产业演变而变化。因此处于不同的产业阶段的企业应该采用不同的竞争战略。

1. 新兴产业的竞争战略

新兴行业是随着技术创新，消费者新需求的出现以及促进新产品和潜在经营机会产生的经济和社会的变化而产生的行业。简单的讲，新兴行业是由先驱性企业创造出来的行业。新兴行业具有以下特点。

（1）技术与战略的不确定性。在新兴行业中，企业的生产技术还不成熟，还有待于继续创新与完善。同时，企业的生产经营也还没有形成一套完整的方法和规程，哪种产品结构最佳，哪种生产技术最有效率等都还没有明确的结论。此外，不同的新兴行业在市场环境的结构上也存在着不同的差别。

企业技术的不确定性，导致了战略的不确定性。在新兴行业中，各企业在技术和战略上都处于一种探索阶段，表现为新兴行业技术的多变性，从而战略的选择也是多种多样的，各企业的产品的市场定位、营销、服务方式都表现出这一点。

从具体的经营活动来看，新兴行业生产规模小，但生产成本高。随着生产规模的扩大，经验的不断积累，生产组织趋于合理及规模经济的形成，成本才会下降。同时，企业缺乏制订战略所必需的信息，不了解竞争对手的数目、分布状况、优势和劣势状态，购买者的需求规模和偏好，以及市场成长的速度和将要实现的规模等。在相当长的一段时间内，新兴行业的参与者只能在探索中寻求适当的战略与成功机会。

（2）行业发展的风险性。在新兴行业中，许多顾客都是第一次购买者。在这种情况下，市场营销活动的中心应该是诱导初始的购买行为，避免顾客在产品技术和功能等方面与竞争对手发生混淆。同时，还有许多顾客对新兴行业持观望等待的态度，认为第二代或第三代技术将迅速取代现有的产品，他们等待产品的成熟与技术和设计方面的标准化。因此，新兴行业的发展具有一定的风险性。

在新兴行业中，企业的战略选择必须与技术的不确定性和行业发展的风险性相适应。由于在该行业中，不存在公认的竞争对策原则？尚未形成稳定的竞争结构，竞争对手难以确定等因素，都使行业发展的新兴阶段成为战略自由度最大、战略影响程度最高的阶段。企业利用这一点，在行业初期的多变环境中做出正确的战略选择，就会在一定程度上决定企业今后在行业中的经营状况和地位。为此，企业在战略选择上应该考虑以下问题。

（1）促进行业结构的形成。在新兴行业的战略问题上，压倒其他战略的选择是，首先考虑企业是否有能力促进行业结构趋于稳定而且成形。这种战略选择使企业能够在产品决策、营销方法以及价格策略上建立一套有利于自身发展的竞争规则，从而有利于企业建立长远的行业地位。

（2）改变供应商和销售渠道。随着行业规模的成长，新兴行业重点企业必须在战略上准备应对供应商和销售渠道可能出现的方向性转移。例如，供应商可能越来越趋向于满足行业的特殊要求，而销售渠道可能对一体化感兴趣等。这些方向性的转移，会在很大程度上使企业改变战略。

（3）正确对待行业发展的外差因素。所谓外差因素，是指企业效率与社会效率之间的不一致。在新兴行业中，关键问题是企业必须在行业所倡导的事物与企业追求自身利益之间寻找平衡。行业的整体形象、信誉、与其他行业的关系、行业吸引力、行业与政府及金融界的关系等都和企业的生产经营状况等密切相关。行业内企业的发展，离不开与其他同类企业的协调和整个行业的发展。企业为了行业的整体利益以及企业自身的长远利益，又必须放弃企业暂时的自身利益。

（4）适应转变的流动性障碍。在新兴行业结构中，流动性障碍表现为获得适当的技术水平、销售渠道、低成本和高质量的原材料以及与风险相当的机会方面的障碍。这些流动性障碍会随着产业规模的成长和技术的成熟而迅速的发生结构性的变化。这种变化对企业的最明显的影响是，企业必须寻求新的方法来维持其行业地位，而不能只固守行业过去的优势。

（5）适当的进入时机。企业何时进入新兴行业是个风险问题。一般来说，具有以下特征时，企业进入新兴行业较为适宜。①在企业的形象和声誉对行业产品的购买者至关重要时，企业最先进入可以提高企业的形象和声誉；②经验曲线在该经营领域中作用重大！先进入的企业所创造的经验是后进入的企业不易模仿的。③企业先进入可以优先将产品卖给第一批购买者，以赢得顾客的忠诚。④对于原材料和供应商的优先承诺，可使企业获得成本优势。但是，最先进入行业的企业在下列情况下也会面临巨大的风险。例如，初期的竞争和市场细分可能会与行业发展成熟后的情况不同，企业在技术结构与产品结构等方面如果投资过大，在转变时就要付出高额的调整费用；技术变更也会使先进企业的投资过时，而后来的企业则拥有最新的技术和产品。当然，企业进入的新兴行业必须是最有吸引力的行业，即行业的最终投资结构将有利于企业获得超出平均收益水平的利润，同时企业能获得长期巩固的行业地位。

2. 快速发展产业的竞争战略

快速发展产业的特征是：技术变革很快，产品生命周期很短，一些重要的新竞争对手进入了该行业，竞争对手经常采取新的竞争行动（其中包括为建立一个更加强大的地位而进行的兼并和购并），购买者的需求和期望变化很。

快速发展的市场环境存在重大的战略挑战。由于每天都有这种或那种重要的竞争发展态势方面的消息，所以仅仅对所发生的时间进行检测、评价和做出反应就成了一项艰巨的任务。在快速变化的市场中取得成功往往取决于在公司的战略中建立下列一些因素。

（1）积极投资于研究与开发，使公司处于技术的前沿。拥有技术诀窍并将这些在技术诀窍上取得的进步转化成创造性的新产品（并且紧跟所有竞争对手所开创的进步和特色）的技能和能力是高技术市场的先决条件。将公司的研究与开发集中于一些关键的领域是非常有用的，因为这样做不仅可以避免公司资源的过度分散，也可以加深公司的专有技能，完善掌握技术，完全实现经验曲线效应，在某一项特定的技术或产品上占据统治地位。

（2）开发组织能力，对于重大的新事件做出快速的反应。快速反应具有很大的重要性，因为对将要发生的变化几乎不可能进行预测。而且，竞争厂商必须敏捷而快速地调动公司的资源对竞争对手的行动或者新的技术发展态势或变化的顾客需求或攻击反应慢的竞争对手做出反应。资源灵活性一般是一个关键的成功因素？因为它是一种调节现有能力的能力，是一种创造新能力的能力，它是一种能够在任何竞争对手能够成功地开拓出来的技术途径和产品特色方面与竞争对手匹敌的能力。如果一家公司没有这样的组织能力，如速度、灵活性以及能够发现满足顾客的新途径，那么，它就会很快失去其竞争力。

（3）依赖于同外部的供应商和那些生产关联产品的公司建立战略联盟，让他们开展整个价值链体系中他们有着专业化专门技能和能力的活动，在很多高速的行业中，技术的扩展很宽，往往会产生很多新的路径和产品种类，没有哪一家公司拥有足够的资源和能力来追求所有的路径和产品。专业化（以便促使必要的技术深度）和聚焦战略（以便保存组织的灵活性，充分利用公司的技能）是必要的。公司加强其竞争地位的方式不仅可以通过加强自己的资源，也可以同制造最先进的零配件的供应商建立伙伴关系以及同关联产品的主要生产商进行合作。

如果快速变化的市场环境使很多的技术领域和产品种类成为必需，竞争厂商也就没有别的选择了，只能实施某种聚焦战略，集中精力，成为某一特定领域的领导者。现代技术诀窍和"首先出现在市场上"的能力是非常有价值的竞争资产。而且，竞争的速度要求公司做出快速的反应，拥有灵活的可调整的资源——组织敏捷性是组织的一项巨大的资产。同供应商进行合作的能力也是如此，公司必须有效地将供应商和公司自己的资源有效的综合匹配起来。一方面公司必须建立丰富的内部资源，以免公司受其供应商的摆布；另一方面，公司又要通过外部的资源和技能来维持一定的组织灵活性。公司必须在这两方面维持一定的平衡。

3. 分散产业中的竞争战略

分散产业是指由大量中小型企业组成的行业，快餐业、洗衣业、照相业等都属于这类行业。分散行业中，企业的市场占有率没有明显的优势，企业也不存在规模经济，没有一个企业能够对行业的运行发生影响。

一个行业成为分散产业的原因很多，既有历史的原因，也有经济的原因。

(1) 进入障碍低。行业的进入障碍低，企业就比较容易进入这种行业。结果，大量的中小企业成为该行业中的竞争主导力量。

(2) 缺乏规模经济。有的行业生产过程比较简单，难以实行有效的机械化和规范化。这类企业，尽管生产规模会不断扩大，其成本并不会下降，或者下降幅度很小。同时，企业的储存成本高，而且销售额的变化无规律可循，使企业难以发挥规模经济的作用。因此，在一定程度上，专业化程度较低的企业要比专业化程度高的资本密集型大企业更具有竞争性。

(3) 产品的差别化程度高。产品的差别化程度高，可以有效地限制规模，使效率不同的企业得以发展。

(4) 讨价还价的能力不足。在分散的行业里，供应方与购买方的结构决定了行业中的企业在与相邻的企业或单位进行交易时不具备讨价还价的能力。同时，供应方与购买方也有意识的鼓励新企业进入该行业，使行业保持分散状态，并使企业维持小规模。

(5) 运输成本高。高额的运输费用，往往限制企业的有效生产规模，以及生产布局，使行业不能形成整体规模效应。

(6) 市场需求的多元化。在某些行业中，由于地域的差异，顾客的需求是分散的，而且形式多样。结果，导致行业分散化。

(7) 行业初期阶段。在行业发展的初期阶段，所有的企业都处于发展状态，没有能力扩大生产，或进行兼并。因此，这时的行业处于一种分散状态。

针对行业的分散状态，理论界和实业界都在探讨整合行业的战略与方法，试图改变分散的行业结构，运用基本竞争战略获得竞争优势。企业常用的战略有三种形式：

(1) 连锁经营。企业运用这种方法主要是为了获得成本领先的战略优势。连锁经营改变了以往零售店的分散布局状态，建立联络网络，形成规模经济，拥有大量的购买力。同时，连锁经营可以建立区域性的配货中心，克服高运输成本的现象，减少库存成本，快速反应商店和顾客的需求，以及分享共同的管理经验。这些都可以大幅度降低企业的成本，形成竞争优势。

(2) 特许经营。在分散产业里，企业要形成差别化，可以多采取特许经营的方式，获得竞争优势。在特许经营中，一个地方性的企业由一个人同时拥有和管理，这个人既是所有者又是经营者,有很强的事业心管理该企业,保持产品和服务质量,满足顾客的需求,形成差别化。企业通过特许经营还可以减轻迅速增加的财务开支,并获得大规模广告、分销与管理的经济效益,使企业迅速成长。

(3)横向合并。为了求得发展,企业在经营层次上合并一些产业中的中小企业,以形成大企业。例如,将一些地方性的企业合并成全国性的企业,使之形成规模经济效益或形成全国市场,从而,企业可以采用成本领先战略,或差别化战略。

分散产业可以为企业的选择带来战略机会,也可以给企业带来失误。在战略的使用过程中,企业应该注意以下几点:

(1)避免全面出击。在分散产业中,企业要面对所有的顾客,生产经营各种产品和提供各种服务是很难获得成功的,反而会削弱企业的竞争力。

(2)避免随机性。企业在战略实施过程中,不要总是调整以往的资源配置。在短期内,频繁的调整可能会产生效果,但在长期的发展中,战略执行过于随机,会破坏自身的资源,削弱自身的竞争力。

(3)避免过于集权化。在分散的行业中,企业竞争的关键是在生产经营上对需求的变化做出反应。因此,在组织结构上,企业应当做出适当的选择,集权性组织结构对市场反映较差,经营单位的管理人员主动性小,难以适应分散的行业竞争。

(4)避免对新产品做出过度的反应。在分散产业中,新产品会不断出现,企业如果不考虑自身的实力,做出过度的反应,结果会削弱自身的竞争力。

4. 成熟产业中的竞争战略

正如产品存在寿命周期的规律那样,行业也存在一个由迅速成长时期转变为增长缓慢的成熟时期的过程。行业成熟所引起的竞争环境的变化,要求企业战略做出迅速反应;同时,也深刻地影响着企业的组织结构,要求及时加以调整,以适应战略的转变。成熟行业具有以下特点。

(1)低速增长导致竞争加剧。由于行业不能保持过去的增长速度,市场需求有限,企业一方面保持自身原有的市场份额,同时将注意力转向争夺其他企业的市场份额,这样,在向成熟转变的过程中,行业内部形成两方面的竞争:一是众多企业对缓慢增长的新需求的竞争,二是企业相互之间对现有市场份额的竞争。企业将根据自身的实力,对市场份额进行重新分配。

(2)注重成本和服务上的竞争。由于行业增长缓慢,技术更加成熟,购买者对企业产品的选择越来越取决于企业所提供的产品的价格与服务组合。此外,在成本竞争的压力下,企业要增加投资,购买更加先进的设备。

(3)裁减过剩的生产能力。行业低速增长,企业的生产能力缓慢增加,有可能产生过剩的生产能力，企业需要在行业成熟期中裁减一定的设备和人力。

（4）研究开发、生产、营销发生变化。在成熟行业中，企业面对所出现的更为激烈的市场竞争、更为成熟的技术、更为复杂的购买者，必然要在供、产、销等方面进行调整，将原来适应高速增长的经营方式转变为与缓慢增长相协调的经营方式。

（5）行业竞争趋向于国际化。技术成熟、产品标准化以及寻求低成本战略等需求使企业竞相投资于具有经营资源优势的国家和地区，从事全球性的生产经营活动。同时，在成熟行业中，企业所面临的国内需求增长缓慢而且趋于饱和。在竞争压力下，企业转向经济发展不平衡、行业演变尚未进入成熟期的国家。在这种情况下，竞争的国际化便不可避免。

5. 企业间的兼并和收购增多

在成熟的行业中，一些企业利用自身的优势，兼并与收购，产生行业集团。同时，这种行业也迫使一些企业退出该经营领域。伴随着行业的发展不断成熟，即使是最强有力的竞争企业也常常因战略与环境不相适应而遭到淘汰。所有这些变化都迫使企业重新审视其经营战略，进行战略转移或调整。

在行业的成熟期，企业一般可供选择的战略有以下几种形式：

（1）缩减产品系列。在以价格为主要竞争手段、以市场份额为目标的成熟行业里，原有的产品结构必须调整，企业要缩减利润低的产品，将生产和经营能力集中到利润高或者有竞争优势的产品上。

（2）创新。随着行业的发展成熟，企业要注重以生产为中心的技术创新；通过创新，企业推出低成本的产品设计、更为经济的生产方法和营销方式，力争在买方价格意识日益增强的市场中具有独特的竞争优势。

（3）降低成本。价格竞争激烈是成熟行业的基本特征。通过从供应商处获得更优惠的供应价格、使用更低廉的零部件、采用更经济的产品设计、提高生产和销售的效率以及削减管理费用等方法，企业可以获得低成本优势，从而在竞争中获得价格优势。

（4）提高现有顾客的购买量。在成熟行业中，企业很难通过争取竞争对手的顾客的方式，扩大自身的销售量。在这种情况下，企业应采取更好的促销手段，提高自己现有顾客的购买数量。同时，企业也应该开拓新的细分市场，以扩大顾客的购买规模。

（5）发展国际化经营。在国内行业已经成熟时，企业也应该谋求国际化经营。其原因是：①同一行业在各国的发展是不平衡的。在一国处于成熟期的行业，可能在其他国家处于迅速成长期。②企业进行国际化经营，可以充分利用各国的经营资源，使自己的生产经营更为经济。③企业进行国际化经营，可以避免饱和市场上的竞争。不过，企业应该认识到，随着国际化经营，行业内的国内竞争也会形成国际化的竞争。行业内的企业开始争夺海外市场，同时开展与该市场所在国企业的竞争。

总之，企业应该根据行业具体情况和企业自身的优劣势，选择上述其中一种或几种战略形式。同时，企业也要注意战略运用的难点。企业不要为短期利益而牺牲长期利益，不要为了一时的销售额增长而做出过分的投资，要对削减价格做出积极的反映，要在需求出现停滞趋势时减少生产能力。

6. 衰退产业的竞争战略

行业发展到停滞和衰退阶段的时候，市场总体需求低于经济增长，增长停滞或者开始缩小，利润可能会开始下滑。

一般来说，那些在停滞或衰退行业中取得成功的公司所采取的战略主题有下面三个：

（1）确认、创造和充分利用和挖掘行业中成长的细分市场。停滞或衰退的市场和其他的市场一样，也包括众多的细分市场或小的市场点。竞争会出现这种情况，虽然整个行业处于停滞或衰退的状态，但是其中的一个或多个细分市场却会快速地增长。敏锐的竞争厂商往往能够首先集中于有吸引力的成长细分市场上，从而能够逃避销售和利润的停滞，同时还可能在目标市场上获得竞争优势。

（2）强调以质量改善和产品革新为基础的差别化。不管是改善的质量还是革新都可以通过创造新的重要成长细分市场或者诱惑购买者购买更高价格的东西来使需求恢复活力。成功的产品革新除了满足与竞争对手在价格方面的竞争外又开辟了一条新的道路。这种差别化可能会形成一种额外的优势，因为竞争对手模仿起来很困难或者代价很高。

（3）不懈努力，降低成本。如果不指望增加销售量来增加收益，那么公司可以不断提高生产率和降低成本，从而提高利润和投资回报率。可能的成本降低行动包括：①对那些外部公司能够更低价的开展的活动和功能采取外部寻源的策略。②完全对内部的流程进行重新设计；③利用那些没有被充分利用的生产能力。④增加更多的销售渠道，保证低成本生产所需要的单位产量。⑤关闭低销量和高成本的分销点。⑥抛弃价值链中盈利很少的活动。

以上这三个战略主题并不相互矛盾。推出新的革新性的产品型号可能会创造一个快速增长的细分市场。同样地，不懈的追求提高经营和运作效率可以降低成本，从而唤回那些对价格很敏感的顾客。所有这三个战略主题都是一般战略的剥离（或改造形式），为适应艰难的行业环境而进行了调整。

最具有吸引力的衰退行业是这样一些行业，在这些行业中销量的蚀失很慢，内在需求很大，仍然存在一些能够盈利的细分市场或小市场。在停滞或衰落的市场上公司所犯的常见错误有：①陷于无利可图的消耗战之中；②从业务之中太多太快地抽走现金流，从而使得企业业绩下降；③对行业的未来过于乐观，由于期望行业的形势将会改变，所以过度投资进行某些改善。

第三节 企业战略管理创新案例研究

在企业实际运营过程中经常会遇到下面的三种情形：行业发展趋势很好，企业自身具有一定的优势；行业发展趋势很好，企业却不具有优势；企业具有品牌优势，实力雄厚，想更快更好地发展壮大。针对上述不同情况企业该怎样应对，如何制定出正确的战略，使企业不断地获取竞争优势呢？

很显然，战略为企业发展指明了方向和目标，而为何不选择别的方向和其他的目标，是基于对外部环境和企业自身能力的分析，以充分利用自己的优势抓住市场所提供的机会，有效地规避可能的风险，使企业健康、持续、高效地发展。为了具体的论述企业如何制定出正确的战略和有效地实施战略管理，下面将结合成功企业的实践进行分析。

一、蒙牛的快速成长及教训——新兴成长行业的优势企业应该如何做

当行业发展趋势很好，企业具有某种竞争优势时，应努力抓住大好的发展时机。

（一）行业发展前景良好

曾经号称是我国成长最快的企业——蒙牛的故事，很值得我们认真地分析。随着我国经济持续高速增长，人们消费水平、消费习惯的变化，对牛奶需求量呈大幅增加的发展趋势，加上由于牛奶包装及灭菌新技术（使牛奶在常温下可保质半年，消除了牛奶对冷链系统的要求，使成本大幅下降）的出现所带来销售方式的巨大变化，乳制品行业面临即将从区域市场扩展为全国性大市场的极好发展机遇。

（二）企业奋力成为行业优势企业

1. 公司成立

19年1月，起名：蒙牛，欲建"百年老店"。

2. 先建市场、后建工厂（虚拟企业概念）

此时，企业除了有几名对行业技术和管理有经验的人以外，其他几乎"一无所有，"如果按先建牧场、再建工厂、再拓市场的通常做法，要花费很多年的时间。于是，企业决定把在制造行业非常流行的"贴牌生产"模式引入，以尽可能地缩短产品上市的

时间，抢在其他企业之前成为拥有全国性市场的企业。液态奶由哈尔滨一家公司贴牌生产。冰淇淋由包头一家公司贴牌生产。贴牌生产关键在于质量的控制，由蒙牛出人才、标准、管理、技术、品牌，并加以严格控制，使产品质量达到了合格水平。蒙牛运作了国内8个困难企业，盘活了7.8亿元资产，实现了双赢：一方资产激活，另一方创了品牌，不到半年，品牌打响了。

3. 扩大生产能力、确保产品高质量

1999年6月10日，开始建造中国唯一"全球样板工厂"，在国内首创运奶车桑拿浴车间，拥有中国规模最大的国际示范牧场。

4. 营销

战略：先难后易，先深圳、北京、上海、香港地区，再向其他城市辐射。绝招：免费品尝，买赠。

深圳：先做居民小区，再做小门小店，后做商场、超市。促销员身着蒙古袍，三至五人一组，多到几百人，遍布深圳主要社区，写了充满"挑衅"味道的广告语："提起深圳，你会想到高楼大厦，高科技；提到内蒙古，你自然会想到蓝天、白云、绵羊，还有那从遥远年代飘过来的牛奶的醇香。几千里路来到这里：不尝是你的错，尝了不买是我们的错……"好牛奶自然会说话，这一尝，果然尝出了质量、尝出了魅力，蒙牛牛奶由地摊，由小店再到商场超市，一路绿灯！

蒙牛大冰砖在北京旗开得胜。1999年10月，北京仍然炎热，北京王府井一天大冰砖就销出30多箱（卖点：一是冰砖给人感觉很凉；二是冰砖给人感觉很大，很实惠）。1999年11月18日，蒙牛大冰砖首次冲击北京市场，插入点：首指王府井，促销方式：买二赠一（中国冰淇淋历史上首次买赠）。买赠表现出惊人爆发力。1999年11月18日初推，一天卖1000箱，至12月18日，上升为一天卖1万多箱。

战上海。2000年，蒙牛产品开始进军上海。上海是个牛奶高地，人均牛奶消耗量为全国平均量的4倍，居全国之首。在上海，光明乳业苦心经营多年。之前，外地厂商屡战无果。为了缩小与上海巴氏奶的价格，蒙牛在产品细分上，最终选择了价格相对低廉的枕奶（45天保质期，也能让消费者觉得更新鲜）。为了打开上海市场，蒙牛还找了两个利益伙伴，和利乐、上海烟糖公司一起，去打开这个艰难的市场，采取的方式是免费试用。先借助网上销售平台："易购3365，蒙牛首先采取产品试用模式，将牛奶样品免费送给经过精心细致分析挑选出的5000户家庭品尝，随后进行一定程度的跟踪及回访。接着又委托"易购365"向目标消费者发送奶票，奶票的价值正好是一个家庭一个月的牛奶用量。当免费试用的牛奶费用花到800万时，上海市场像是个"无底洞"，两个伙伴怕了，共给了140万元后跑了。只剩下了蒙牛一家继续往前冲，当买赠费花到1000万元时，上海市场一下子就打开了。从销售渠道看，蒙牛开发上海市

场的过程，实际上分两步：第一步，以"易购365"等网上销售为引擎，以免费品尝为手段，牵引产品起飞。第二步，以网上销售已经赢得的有利地位——品牌知名度与消费群——为条件，与大型商场超市谈判，迅速、低成本地将产品销售扩大到传统销售渠道。

蒙牛在香港地区聘用了很多导购员——集中力量，主攻一点。在香港地区成为第一品牌，市场占有率为25%。

5. 树品牌、善于借势

1999年4月1日，在呼和浩特，人们一觉醒来，突然发现所有主街道都戴上了红帽子——道路两旁冒出一个个的红色路牌广告（300多块），上面高书金黄大字：蒙牛乳业，创内蒙古乳业第二品牌。蒙牛第一个电视广告："蒙牛乳业，再创内蒙古名牌"。共生共赢战略的实施：2000年9月，蒙牛在和林生产基地竖起一块巨大的广告牌，上面高书："为内蒙古喝彩"。下注："千里草原腾起伊利集团、兴发集团、蒙牛乳业、塞外明珠耀照宁城集团、仕奇集团、河套峥嵘蒙古王、高原独秀鄂尔多斯、西部骄子兆君羊绒……我们为内蒙古喝彩，让内蒙古腾飞"。2001年6月，蒙牛又率先提出建"中国乳都"的倡议，启动了以地区品牌带动企业品牌的大品牌大营销战略。从历史上看，草原是牛的故乡，奶的摇篮，千百年来，人们一提起内蒙古，首先想到的就是"天苍苍，野茫茫，风吹草低见牛羊"——草原文化是古人留给内蒙古的最大一笔无形资产。

蒙牛在"非典"时期第一个向国家卫生部捐款100万元的企业。

航天员专用奶告之行动。经从市场到工厂，从工厂到牧场的层层选拔，并通过物理的、化学的、生物的多次检验，最后蒙牛牛奶从众多品牌中脱颖而出，2003年4月被确定为"中国航天员专用牛奶"。

赞助湖南电视台超级女声节目，使公司更加家喻户晓。在央视舞台上营心——做广告。蒙牛产品于1999年4月问世，这一年总共募集资金1千多万元，其中30多万元用来打了广告，用来做"无形资产"（见表3-1）

表3-1 蒙牛早期的成长数据

年份	年销售收入（亿元）	国内行业排名
1999	0.37	119
2000	2.47	11
2001	7.24	5
2002	16.68	4
2003	40.71	3
2004	72.14	2
2005	108（伊利121.75亿元）	2
2006	162（伊利163亿元）	2

（三）成功原因分析

1. 口感好是当时质量好的标志。

蒙牛这段时期的成功是由于准确地预测到乳制品行业即将迎来飞速发展的大好机会，分析了公司的条件和能力，确立了长远战略目标，用以凝聚员工，激励斗志，有效地进行资源配置。密切关注了新技术的运用所带来的巨大机遇，靠掌握了乳制品生产的核心技术，使自己的产品质量和口感更好。

2. 贴牌生产为其赢得先机。

在自身没有牧场和工厂的情况下，运用最新的管理理念和管理方法，先由别的企业为自己"贴牌生产"，通过先建市场，创品牌，赢得了先机，占据了主动。（如果等牧场和工厂建起来后再去建市场，一是资金远远不够，二是会失去先机。如果先建牧场和工厂，后开发市场，而等这些生产能力建好了，市场却早已被人家占领了）。为了企业的长远发展，企业应迅速建立自己的生产能力，以确保产品质量和规模，做到行业领先。

3. 广告和公共事件营销是其强项。

因品牌知名度对大众消费品生产者有重要作用，蒙牛通过大量地做广告，使产品及品牌深入千家万户。蒙牛善于借势、巧于借势，也是其快速成长的原因。为顺应消费方式和习惯的变化，满足消费者对天然、无污染乳制品的追求，充分利用了内蒙古的文化遗产，传递绿色和环保概念，采用了正确的营销策略和手段，迅速打开和占领了市场，如果没有实施先难后易战略，从高端市场辐射其他市场，就不会有这么快的发展。

4. 共赢战略展现其大度。

正确地实施共生共赢战略，处理好了与伊利的竞争伙伴关系，如果蒙牛和伊利存在恶性竞争的话，最后很有可能这两家公司都会失败，现在这两家乳业巨头共同占据了我国乳业的半壁江山。同时，处理好和供应商、销售商的关系，为用户创造更多的价值，形成共赢的局面。公司通过对环境和自身能力的分析，通过技术创新、管理创新等途径，有效地利用了财务、营销、生产、研发等手段，成功实施差异化战略，通过创立名牌，成了行业的领先企业，取得了辉煌的业绩，成了成长冠军。

（四）应当吸取的教训——质量第一、诚信为本

非常遗憾的是在 2008 年的"三聚氰胺"事件中，蒙牛公司也陷入其中，而且随后还出现了虚假广告等问题，让客户对蒙牛公司等我国乳制品知名企业彻底地失去了信心。从蒙牛公司所出现的问题来看，公司过分看重广告和营销的作用，对产品质量和

信誉的重视程度不够，没有从长远发展的角度把产品质量和公司声誉放在第一位，这是企业发展战略的失误，使公司陷入了非常被动的境地。成为新兴快速成长行业的优势企业后，能够获得在该行业长期生存和发展的可能，是众多企业梦寐以求的，企业应尽可能地大胆发展。但是，应以诚信和质量为基础，稳健地发展，而不能太急于求成，导致拔苗助长，结果可能会导致企业万劫不复。

二、新兴铸管公司如何突围

成长行业里的众多劣势企业应该怎么办？——如果尽全力仍不能扭转劣势，则必须另辟蹊径。

（一）行业中的众多劣势企业，在该行业里是难以长期生存的

虽然行业的发展趋势良好，但行业中有实力强大的优势企业作为竞争对手，优势企业存在品牌、质量、技术和管理等方面具有优势，能不断地吸引更多的消费者购买产品，在市场中形成强者恒强的局面，然后，会逐渐形成为数不多的几家优势企业占据该行业绝大多数的市场份额情形，行业排在较后的企业会被淘汰掉。

（二）行业中的劣势企业应另辟蹊径

即使经过最大的努力后，企业在该行业内也形不成竞争优势，该怎么办呢？

通常大多数企业都会遇到这样的问题，因为行业的领先企业数量毕竟很少，另寻出路是最好的办法。

（三）新兴铸管公司寻找与原行业相关的新兴行业，并努力成为该新兴行业的优势企业

1. 战略决策的背景与形成

新兴铸管公司前身地处"三线"，位于大山深处，是规模不足10万吨的小钢铁厂，当1998年完成30万吨钢技术改造之际，正值国内钢铁市场第一次升温，倾力发展钢铁，成为当时绝大多数冶金企业毫不犹豫的选择。新兴铸管公司却在冷静地思考一些更深层次的问题，逐步认识到：企业规模小、实力弱、产品单一、附加值低，在行业竞争中无优势，缺乏继续发展钢铁的条件与能力，只能另辟蹊径，夹缝求生。

不走钢铁外延扩展之路。寻求"大厂不愿干，小厂又干不了"的新产品。

从1988~1991年，花了3年时间对国内外市场调研，发现了与本行业相关进口产品"球墨铸铁管"，是1960年左右兴起的，传统灰铁管的更新换代产品，具有耐腐

蚀和高延展性，技术含量和附加值较高，在发达国家被广泛用于输水、输气工程，国内重点工程也开始出现以球墨铸铁管取代灰铁管的趋势，而且基本依赖进口，进口价8000元/吨~10000万元/吨，为钢材的2~3倍，年进口量在8000万~1亿美元。另一产品为磨球，年出口量在80万~100万吨，出口价在4000元/吨~5000元/吨。这两个产品公司很重视。

确立发展球墨铸铁管的产品方向。市场虽刚起步，技术含量、附加值高、潜在市场广阔，须有相当规模才有效益，资源能共享、充分利用，能降低成本和风险，产品定位于城市公用工程、服务对象为自来水和燃气供应公司，铸铁管生产流程短，对能源依赖性小（仅为钢的30%~40%），建设周期短，投入产出高。

风险研究：第一，开发市场有风险，如市场开发不利，投产之日可能就是停产之时。第二，技术难度较大。第三，有一定资金风险，需贷一部分款。经三年调研，信心越来越足，决心越来越大。

1991年正式向国家计委申报铸铁管立项，向全体职工宣布进行产品结构调整战略决策。

2. 战略决策的目标

3~5年内以最快的速度掌握铸铁管核心技术，形成自主创新开发体系，主要经济指标全部达到了国际先进水平。1995~2000年要跻身世界铸铁管三强。

3. 战略决策的实施与管理

排除干扰，坚定不移。当时正值市场上第二次"钢铁热"，钢涨价，钢铁企业从中获得暴利，做好了职工思想工作。一年后，钢铁市场急剧下滑，产品调整战略才真正被大家所接受。

自我积累与多渠道筹措资金相结合，保持铸铁管发展速度。自我积累12亿元，利用外资2.5亿元，兼并盘活存量资产5亿元，上市募集11亿元，有效地规避了大量举债发展的风险，生产规模迅速扩大。1995年，铸铁管产量为4.65万吨，1999年达22万吨（提高了5倍），实现了规模经营。

不断掌握核心技术，支持铸铁管持续开发。结构调整之初，发达国家只卖产品，不卖整体技术和设备。采用"分兵战术"，从德、意、美分别引进部分关键设备，与自主开发相结合，创新为主，用了一年多时间终于打破了西方的技术垄断，走在国内其他同行的前头。

4. 通过"惊险一跳"实现产品与市场接轨

先国外、后国内，以出口促内销。1993年，第一期工程开始投产，国内当时对铸铁管还没有真正的认识。尽管做了大量工作，并在各地建立了销售网络，但没有接到一个正式国内合同。形势严峻，公司果断抓住一个出口的机遇，冒着可能承担上千万赔偿费用的风险，签订了第一个订单——向叙利亚出口7000吨铸铁管合同，背水一战，开足马力，保质保量按时完成合同，最后共计完成了21000吨出口任务，第一年即赢利近千万元。

先要市场，后要利润，抢市场制高点。1995年国内铸铁管开始启动，相继又有几家新企业投入生产，竞争开始升温，价格也开始下滑。这时是保利润还是争夺市场份额？从长远看，市场份额比眼前利润重要得多，先要市场，后要利润的方针，采用这一战略，使公司铸铁管产品在发展初期亏了3000多万元。但销售量却成倍上升。两年内超过了10万吨，每一吨产品的成本在两年内下降了990元，到1997年彻底扭转亏损，赢利3100万元，生产经营从此步入正常的赢利期，1999年赢利9600万元，2000年销售超过25万吨，实现利润1.2亿元。

先抓市场开拓，后抓产品开发，以市场带动开发。依靠遍布全国的营销网络，迅速反馈用户意见，以市场需求和预测带动产品开发，以订单确定生产计划，以用户满意为生产标准。

2001年公司综合技术能力和生产规模已上升为世界第二位，彻底打破了少数国家对球墨铸铁管技术和市场的垄断，结束了中国离心球墨铸铁管依赖进口的历史，是国家520家重点企业之一。

（四）成功原因分析

1. 退出不具竞争能力的钢铁行业的战略决策正确

虽然钢铁行业发展前景好，但公司实力太弱，即使倾力发展钢铁也不能改变劣势，而只有优势企业才能在行业中生存更长的时间、获取更多的利润。因而公司正确认识到继续加大在钢铁行业的投入不但没有意义，而且投入越多风险越大（很多失败的企业就是没有认识到这一点）。因此，应考虑从钢铁行业退出，进入新的潜力行业并努力做成该行业的领先企业，才能获得很强的竞争优势（战略分析）。

2. 进入球墨铸铁管领域可行

公司选定进入球墨铸铁管领域（战略转移），一是因为新行业与钢铁行业相关，可利用现有的资源和能力；二是该产品在国外已被广泛运用，国内空白，我国市场前景广阔。而且大企业认为这个市场吸引力不够大，不愿干，小企业又因为技术含量高，投资规模大而干不了。

3. 在新进入行业尽力成为优势企业

新兴行业的竞争不激烈，且更容易成为该细分市场的优势企业（战略目标可实现）。经过分析，公司认为在球墨铸铁管行业，经努力能够具有优势，故可采用大胆发展战略，于是公司通过各种渠道筹措资金达 28.5 亿元（财务策略），降低了财务成本和风险，采用集中战略迅速形成了大规模生产能力。（对于中小型企业，选择有广阔发展前景的行业，在所进入的细分市场成为优势企业，是一条切实可行之路）。在市场启动时，先通过低价格占据市场（营销策略），才能充分发挥自己的巨大生产能力，利用规模效应来产生价格竞争优势。坚持以市场为导向，用技术创新（技术策略），满足消费者的需求，创造出差异性，通过实施名牌战略，在用户心目中树立好的形象，建立起用户信赖和忠诚，有利于企业长期发展。进行了正确的战略分析，有效地实施了战略转移，运用各种职能策略保证了战略目标的实现，在新进入行业成为优势企业，使企业迅速发展壮大，是正确的战略使其走向成功。

三、海尔的多元化

知名企业如何成功实施多元化经营——相关多元化还是非相关多元化。

（一）长期而言，多元化经营其实很难

企业在某行业已是领先企业，具有品牌优势，实力雄厚，资源、能力过剩时，想更快更好地发展壮大，不少企业选择进入不同的行业（即多元化），但多元化后的企业往往容易陷入困境。

（二）海尔多元化的特点

1. 海尔是驰名的家电企业，基础扎实，管理模式先进

创立于 1984 年，原是一家 20 多人的集体企业，负债 147 万元。1985~191 年，别的企业上产量，而海尔扑下身子抓质量，7 年间只做一个冰箱产品，实施差异化（名牌）战略，磨出了一套海尔管理之剑——"OEC 管理法"，奠定了坚实的管理基础。

2. 海尔多元化主要是相关多元化

1992~1998 年，别的企业经营纷纷出现困难时，海尔却走低成本扩张之路，围绕家电领域实施多元化战略，吃家电领域的"休克"鱼，靠自己的品牌和文化，以无形资产盘活有形资产，成功实现规模扩张。

3. 国际化战略

1998~2005 年，实施国际化战略："先难后易"，先美、德等发达国家再其他国家、"先产品出口，后投资建厂"，当产品出口到这个国家的数量远大于在该国建厂的盈亏平衡点后，才在该国投资建厂。

由于战略正确，管理到位，海尔快速发展，1984~2004 年海尔平均年增长速度达到68%，205 年海尔全球营业额达 1039 亿元。

（三）成功原因分析

1. 树立质量第一的观念

海尔发展初期就实施名牌战略，重视产品和服务的质量，在家电业快速发展期间，不盲目上规模，而是苦练内功，把质量放在第一位，使管理上水平。这正符合在行业快速发展期，企业除要努力扩大产量外，也应抓好质量，建立起品牌优势，才能在行业增长速度趋缓进入饱和期后，当产品供大于求时吸引用户来购买你的产品，从而使企业获得更长期、更好地发展这一规律。

2. 打好坚实的管理基础

海尔的制度和文化不仅是写在纸上，而是牢记在员工的心里，更是落实在行为当中，成了员工行为的规范和指导。

3. 实施低成本的相关多元化，便于管理

经济缓速增长时的多元化战略往往是导致其失败的陷阱。而对海尔来说，相关多元化却是一条快速扩张的成功捷径，秘密何在呢？

海尔的多元化是相关多元化，能够保证已经获得的成功管理经验能够应用在新进入的行业，靠的是自己的名牌优势，以文化先行，用极低的成本甚至是零成本去兼并有发展潜力（只是由于经营不当暂时出现困难）的企业，其出色的管理很快便有了效果，这是成功的关键。另一条多元化成功之路是非相关多元化，通过选择有潜力的行业，进入其中由小做到大，成为行业的领先企业，通用电气公司就是这么做的。实施多元化战略应注意新进入的行业不能稀释现有的名牌，在相关的多元化领域要努力做到行业领先，为名牌增加新的内涵，提高其品牌优势，多元化才能成功。要成为世界名牌，就需要有世界的视野，有稳健的跨国经营战略，利用全球的资源，占领国际市场，

"先难后易"、"先产品出口，后投资建厂"被证明是正确可行的。公司是名牌战略、多元化战略、跨国战略成功的典范，非常值得学习和借鉴。多数企业采用多元化战略时，都发生了战略的错误，例如对欲进入行业的发展前景、市场的大小、竞争程度、赢利水平、对手的行动、自身的能力、可能的风险的分析不够或不客观，导致在进入不同领域后管理跟不上，使企业在新的行业不具竞争优势，甚至因产品或服务不好而影响到企业已创下的名牌声誉，使名牌的含金量被稀释了；加上并购企业所用资金是银行贷款，成本很高，财务风险很大，当外部环境发生变化时，企业可能就会承受不了，从而走向失败。

第四章 企业组织创新研究

企业组织管理是管理的基本内容之一，它包括组织结构的设计与维持，促进组织的发展和变革，其目的是为了更有效地实现组织目标。组织与外部环境之间时刻发生着物质、能量、信息的交换，而外部环境随着人类社会的发展是不断变化的，因此，为了维持组织的生存，组织管理不是一个一蹴而就的过程，而是动态的经常性自我调整过程。在具体的管理实践中，这种调整就表现为组织的设计和变革。

第一节 传统企业组织管理内涵

一、企业组织管理的含义

要回答什么是企业组织管理，首先要知道什么是管理。一般认为，管理是指在社会活动中，一定的人或组织依据所拥有的权力，通过实施既定措施，对人力、物力、财力或其他资源进行协调或处理，以达到预期目标的过程。也可以简单地认为，管理就是组织为实现特定的目标，而不断进行决策、计划、组织、控制、指挥的活动过程。

而所谓企业组织管理，是指为了有效地实现企业目标，根据企业内外部环境的特点，对组织进行设计、建设、维持，处理好组织中的各种关系，确保组织的各项职能都能够顺利地发挥的管理过程。它主要表现为企业依据一定的理念对组织目标、组织职能、组织结构等要素的设计和调整。

任何组织都需要管理，小到一个家庭，大到一个国家，所有组织都是由具有共同目标的人组成的集合。而各个人的观念、志趣、经验、能力不尽相同，矛盾也在所难免。因此，组织成员之间的协调和沟通是组织存在并正常运行的前提，也是企业组织管理的基本内容之一。对企业组织而言，外部竞争环境可谓瞬息万变，企业内部分工与协作模式也应相应地进行调整，组织管理的重要性更为明显。

二、企业组织管理的对象

企业组织管理的对象是指具体的管理活动所针对的对象，主要包括组织目标、组织结构、组织职能、组织流程等与组织运作密切相关的要素。

（一）组织目标

企业组织也和其他组织一样是一个特定的目标体系，且在现实中具有目标的一致性。组织作为管理的主体时，他们的建立和活动都是为实现一定的目标服务的。管理的目标，也就是作为管理主体的组织的目标，离开了共同的目标，也就失去了组织存在的灵魂。也正是组织成员的共同目标使此组织与彼组织区分开来，一旦组织的共同目标发生变化，组织也就发生了变化。在既定组织目标的指引下，组织成员互相进行沟通，各尽其责，实现组织目标，共享组织发展带来的成果。也就是说，组织是通过把管理目标的每项内容落实到具体的岗位和部门来实现管理职能的，从而保证管理系统中的每一件事情都有人做，每一项任务的具体要求和工作程序都有人贯彻和执行。

（二）组织结构

任何企业组织都是由作为组成要素的人按照一定的结构建立起来的系统，具有系统性。基于人的主观局限性，企业组织必须具有纵向的上下层次关系和同层次之间的横向或交叉关系。上下层次是一种权力和责任分配的关系，横向层次则是一种专业分工的关系。其实，权责关系与专业分工关系在本质上还是权力与责任的问题，是管理系统中的每一件事都能做好的保证。管理系统中的每一个岗位和部门必须权责一致，权力过小担不起应负的职责，权力过大虽然能保证任务的完成，但也会导致不负责任的权力滥用，甚至影响到整个系统的运行。就整个组织的运行而言，它既要有对内的封闭性，又要有对外的开放性，保持一种封闭与开放的辩证统一，才能实现组织的持续发展。

（三）组织职能

企业组织工作和组织活动在于合理地向分系统和成员分配工作，调整各个分系统的关系。当组织内部因素变动或外部生存环境变动而引起组织的不适应时，组织的职能就在于经过调整而重新适应，以便统一组织的各种行为。企业组织活动的职能就在于消除不断产生的各种无序状态，使之保持系统的有序性。如果企业组织完成不了这种职能，无序状态不断加剧，就有可能导致组织的崩溃。

（四）组织流程

当企业组织管理的焦点集中于部门内部人与人之间的关系，就是对职能的关注。而当企业组织管理的焦点集中于部门与部门之间的关系，就是对流程的关注。此时的组织关系管理主要指宏观和微观层面的流程管理，即把企业内部所有部门之间的职能和本企业与其他企业相关的产品功能进行时间上和空间上的搭配与组合。只有使所有职能关系都按照实现企业目标的要求，纳入企业的分工与协作体系，并体现出高度的系统性和逻辑性，企业才能在不断变化的外部环境面前及时做出有效的回应。如果部门与部门间、此企业与彼企业间的信息沟通不畅，目标体系不配套，相关控制指令不统一，那么组织流程必将效率低下，甚至彻底失败。

三、企业组织管理主要理论概述

管理科学产生于19世纪末20世纪初，是随着资本主义工业的发展而逐渐形成和发展起来的。一般认为，管理科学是从美国管理学家泰罗开始出现的，至今历经古典管理理论、行为科学理论、现代管理理论三个阶段。组织理论作为管理理论中发展得最为成熟的一个门类，它的发展过程与整个管理学的发展过程是一致的。因此，企业组织管理的主要理论依据的发展，也可以划分为古典时期的组织管理理论、行为科学时期的组织管理理论和现代组织管理理论三个阶段。

（一）古典时期的组织管理理论

古典时期组织管理理论主要是指以泰罗为代表的组织科学管理理论，以法约尔为代表的一般组织理论与原则和以马克斯·韦伯为代表的组织管理理论。

被称为"科学管理之父"的美国工程师泰罗（1856~1915年），于1911年出版了他的代表作《科学管理原理》。尽管泰罗在该书中并没有专门讨论组织管理理论问题，但他的组织管理思想包含在他的管理思想中。泰罗的科学管理原理中具体涉及组织管理的思想主要有：一是主张将组织中管理者的管理职能与工人的作业职能加以分离，各负其责，同时又强调组织管理者与工人之间的合作；二是强调组织管理职能的专门化，所有的管理人员应当尽可能专门地分担某一种管理职能；三是强调组织工作要计划化、标准化、程序化；四是强调组织管理中的例外原则，即高层管理人员只处理平常惯例没有论及的问题。

在泰罗以经济组织为对象提出组织科学管理理论时，法国的法约尔则试图从更宏观的视角提出包括各种组织在内的一般的组织管理理论。1916年，他在其出版的《工业管理与一般管理》一书中表达了他的思想：第一，组织与管理密切相关。他认为组织是管理的基础，同时，没有管理，组织也将无法维持与发展；第二，正确的管理理论应该适用于所有的组织；第三，分析了组织的层级结构。他主张要正确处理管理层级与管理幅度的关系；第四，把计划、组织、指挥、协调、控制作为管理的五要素；第五，提出了包括精密分工、权责一致、统一指挥、集体精神等在内的14条组织管理原则。

被称为"组织理论之父"的德国社会学家马克斯·韦伯（1864—1920年）则站在更高的层次和更广阔的背景上来考虑组织问题。他的官僚制理论，是其庞大的政治社会思想的一个有机组成部分。他认为任何组织的存在都是靠权威来维持的，而合法的权威主要有三种类型：一是基于习俗惯例的传统权威；二是基于领袖个人超凡魅力的超人权威；三是基于理性法规的法理性权威。他认为每一种权威各有其理想的组织，而官僚制则是法理权威最合适的组织形式。需要特别指出的是，马克斯·韦伯所说的官僚制不是现实生活中作风不正的官僚主义，而是学理意义上的一种学科分层的组织形式。官僚制的特点有：第一，组织内的每个成员都占有一个明确了具体职权的职位；第二，组织成员的报酬、晋级和提薪相对固定，并与个人的能力和表现有关；第三，组织内层级制，应有严格的隶属关系；第四，强调组织的专门化；第五，组织靠规章制度加以管理；第六，组织机关的管理，以文书档案系统为基础。

（二）行为科学时期的组织管理理论

行为科学兴起于20世纪30年代，主要指综合运用人类学、社会学、心理学等学科的方法对人类行为作出客观的、科学的研究的学说。一般分为早期行为科学、后期行为科学两个阶段。早期行为科学时期的组织管理理论主要为以梅奥为代表的人际关系组织理论为代表。

梅奥是人际关系学说也是行为科学的创建者，1933年他在《工业文明里的人的问题》一书中提出了他的人际关系组织理论：组织成员是"社会人"，而不是泰罗所假设的"经济人"；在正式组织中还存在着非正式组织；作为新型的组织领导者，其能力主要表现在通过提高组织成员的满足程度来激励人的工作积极性与创造性。

梅奥的这些富有创造性的理论，成为早期人际关系组织理论和行为科学学派的基本思想，并在后期行为科学时期不断得到深化和创新。主要表现为：

1. 马斯洛的需求层次理论

认为人存在生理、安全、社交、受人尊重和自我实现五种需求，且一个人首先产生的是最低层次的需要，当这一需要基本满足后，才依次产生高层次的需要。

2. 赫茨伯格的双因素理论

认为影响人们心理和行为的因素可以分为两大类，即保健因素和激励因素。具备保健因素只能消除员工的不满，具备激励因素才能调动员工的积极性。

3. 弗鲁姆的期望价值理论

认为管理中各种激励因素作用力的大小，取决于员工对他所能得到的结果的全部预期价值乘以他认为可能得到该结果的概率。

4. 麦格雷戈的"X—Y"理论

认为人并不是被动的，人的行为受动机的支配，只要创造一定的条件，他们会视工作为一种得到满足的因素，能主动把工作做好。麦格雷戈把该理论称为"Y"理论，而此前与此相对立的理论称为"X"理论。

5. 西蒙的决策组织理论

认为组织首先是一个决策过程，组织的基本功能就是决策，"管理就是决策"。组织的目标就是追求决策的合理性，而合理性取决于合理选择的手段。组织是由人组成的平衡系统，组织为组织成员提供诱因和组织成员为组织所做的贡献间存在相辅相成的关系。组织通过权威、组织认同、信息沟通、培训、效率等因素影响组织成员的决策。西蒙还基于他的决策理论而对组织设计提出了新的设想。

（三）现代组织管理理论

现代组织管理理论主要指系统与权变理论、组织文化理论。主要由柏森斯、卡斯特和罗森茨韦克等人提出。

柏森斯认为，任何一种组织，其本身就是一个处在各个社会系统之中的社会分系统，在此社会系统之内又包括了许多小的社会系统。处在社会系统中的组织，必须具备适应环境、达成目标、统一协调、形态维持四个方面的条件，并通过决策层级、管理层级、技术层级三个层级来体现。

继柏森斯之后，美国华盛顿大学的管理学教授卡斯特和罗森茨韦克发展了柏森斯的理论。卡斯特和罗森茨韦克在《组织与管理——系统方法与权变方法》一书中指出，组织是一个开放系统，且时刻在与环境的持续互动中保持动态的平衡。他们强调，组织是一个整体系统，是一个与外界环境有一定界线的社会技术系统。任何组织都由目标与价值分系统、技术分系统、社会心理分系统、结构分系统、管理分系统组成。卡斯特和罗森茨韦克还进一步提出了组织管理的权变观念。他们认为，权变观念的研究对象是组织与环境之间和各分系统之间的相互关系。他们强调组织的多变量性，并认为既然组织的外部环境和组织的各分系统都处在动态的变化之中，因而不存在普遍适用于所有情况的组织原则和管理方法。

企业组织文化理论研究热潮兴起于美、日经济的比较研究。日本作为"二战"后的战败国，20世纪50年代开始引进美国的管理方法，60年代开始经济起飞。70年代出现世界石油危机，日本经济又经受住了考验。80年代，日本成了一个超级经济大国，呈现超欧赶美的趋势。与此同时,日本产品大举进入美国市场,使许多美国本土的汽车、电子、银行等企业受到巨大的冲击。这一现象引起了美国朝野的很大震荡,更引起政府、企业界和学界的反思。在分析了日、美企业的差异后,得出的结论是,日本企业比较普遍地注意到了建设有利于生产发展的企业组织文化。从此,美国开始了研究日本企业组织文化的热潮。

企业组织文化理论认为,日本的兴起在于文化,在于特有文化基础上的新管理模式;企业管理本身就是一种文化现象;企业文化的要义,主要体现在企业内部成员间共同的信念、价值观、方向意识和日常行为准则;作为企业领导,在完成战略、组织、制度等管理的同时,应把主要精力用在企业文化的塑造上,企业文化实际上是一种"领导人文化"。从组织管理理论的发展史来看,企业组织文化理论的研究,意味着管理学的一场革命,是一场用人文精神取代管理中的机械操作的运动,反映了今后组织管理理论的发展方向。

四、企业组织管理活动

企业组织管理活动是一项以确保企业组织协调运行为目标的有意识的管理活动。就企业组织的诞生、发展过程来看,企业组织管理活动主要包括组织设计与组织变革。

（一）组织设计

合理的组织结构是组织分工与协作有效进行的保证,而合理的组织结构来源于组织设计。所谓组织设计,是指对构成组织的各个要素、各部门进行总体的规划,以保证这些要素和部门所构成的组织是一个有机整体,能够协调地运行。从广义上来说,组织设计应该存在于一个组织生存的全部阶段,因为组织设计完成以后,任何一次组织调整与变革,都要遵循组织设计的原则和标准,所谓组织创新与变革不过是一次再设计而已。组织设计是组织实体的构建过程,主要集中在对组织结构的设计、调整和安排上,也属于一般管理职能上的"组织"范畴,即作为活动和过程的安排与规划。

在组织内部,存在着许多部门或单位,这些部门和单位之间的相互依存和相互影响直接影响到组织的效率。同时,组织不过是社会大系统中的一个子系统,其生存和发展无不依赖于其自身与外部系统间的物质、能量和信息的交换状态。因此,组织设计必须要根据组织环境、组织战略、组织规模以及组织技术和权力体制等内外部环境的状况来进行。一般来说,组织结构的复杂程度与其内外部环境的不确定性是成负相关关系的,组织内外部环境越不确定,组织结构就越简单。组织环境越是稳定,组织结构的规范化程度就越高;组织内外部环境越复杂,组织结构就越趋向于分权。

（二）组织变革

所谓组织变革，是指根据变化了的内外部环境，对组织结构、组织关系、职权层次、指挥和信息系统进行的有意识的调整和改变。组织建立起来，是为实现管理目标服务的，当管理目标发生变化时，组织也需要通过自身的变化来适应这种新的变化的要求。即使管理目标没有变化，影响组织生存的外部环境系统发生了变化，组织也必须相应作出变化。因为组织不是一成不变的，组织管理也不是一蹴而就，一劳永逸的。

一般说来，组织变革主要有两大原因：一是为了使组织适应环境，以便在不断变化的环境中求得发展。虽然我们说组织与外部环境之间的物质、能量和信息的交换是相互的，组织的行为能够影响外部环境，但环境的变化是客观的，任何组织管理者都无法阻止，也无法控制外部的环境因素。他们唯一能做的就是连续不断地检查组织在运作中存在的不协调问题，并相应做出变革处理；二是为了改变组织成员的观念、态度、交往手段和人际沟通模式。就组织的生存生态而言，凡是影响到组织运作、与组织有关的因素都是构成组织生存的环境因素。因此，组织的兴衰成败也与组织内部的人员变动、人员素质、信息传递等等有关。任何一种工作设计的变化，组织发展战略的变换，都是为了改变人们的观念，调整人们的行为方向。所以，变更组织成员的观念和行为，也就像使组织适应环境一样，是组织变革的一个最基本依据。

第二节 企业组织创新的动力及力量

创新是新时期继决策、计划、指挥、协调、激励等传统管理职能后的又一管理职能，是现代管理的重要功能之一。企业组织管理创新随着外部竞争环境的急剧变化，特别是近代以来第四次技术革命浪潮的兴起，而逐渐成为现代企业管理的一项重要内容。

一、企业组织管理创新的内涵

按照辩证唯物主义的观点，创新就是淘汰旧的落后的东西，创造新的先进的东西。它是一切事物向前发展的根本动力，是事物内部新的进步因素通过矛盾斗争战胜旧的落后因素，从而推动事物向前发展的过程。而所谓企业组织管理创新，是指为适应企业管理系统内外变化而对组织结构、组织目标、组织关系、组织行为等进行有意识的局部或全局性的调整。

在管理学上，所有的创新都是相对于原有状态的维持来说的。在现实中，企业组织管理也无非是维持与创新的矛盾统一，任何组织系统的任何管理工作都是在维持或创新中实现其管理目标的。而就有效的管理而言，就在于对组织如何保持适度的维持与适度的创新的结合。维持是保证企业活动顺利进行的基本手段,一个企业中绝大部分管理人员特别是中层和基层管理人员的绝大部分精力都是花费在维持组织的稳定,维持组织行为的有序性,保证企业决策、计划能够顺利实施,以实现组织的既定目标。企业组织管理如果不能有效发挥维持功能,企业员工就很难适应经常变动的组织形式,他们的行为就可能偏离企业战略和目标的要求,企业组织系统的各个要素就可能相互脱离,各自为政,各行其是,政出多门,从而严重破坏企业内部的系统性。所以,维持也是保证企业生存和发展的基本管理职能之一。

但是,企业组织管理如果仅仅发挥维持的功能是不够的。因为任何企业都是由众多要素构成的,是一个相对开放的系统,需要不断地与外部发生物质、能量、信息的交换。外部环境的不断变化必然会对系统内部的各种要素产生不同程度的影响;同时,管理系统内部的各种要素也在不断发生变化。特别是在信息网络技术迅猛发展,国际经济交流大大增强的当代世界,企业所面临的内外部不确定因素越来越多。在这种情况下,如果管理系统不及时根据内外变化的要求,适时进行局部或全局的调整,则可能被变化的环境所淘汰,或为改变了的内部要素所冲击。

维持与创新作为管理的两个基本职能,对企业的生存和发展都是非常重要的,是相互联系、缺一不可的。所以,任何企业的组织管理都必须正确处理维持与创新的关系。一般认为,创新是维持基础上的发展,维持是创新的逻辑延续。同样,创新则为更高层次上的维持提供了可能,维持则是为了实现创新的成果。企业组织管理如果只有创新没有维持,必将导致组织混乱无序、效率低下;而如果只有维持没有创新,则必将造成组织因循守旧、停滞不前,甚至变成一潭死水,最终遭时代所淘汰。

现代企业组织管理是在新的技术变革浪潮蓬勃兴起,社会快速变革,人们思想观念日新月异的时代背景下提出来的,它必然要求管理者比以往任何时候都具有更强烈的竞争意识,自觉把创新能力的培养作为管理企业的一项基本修炼。

二、企业组织管理创新的意义

由于企业组织管理活动主要包括组织设计和组织变革,因此企业组织管理的创新内容也应该包括组织设计和组织变革,即以新理念、新方法、新模式来指导组织设计和组织变革,目的是使组织目标对企业行为的规范和引导作用更明显,组织结构更加合理,组织职能更加集中而有效,最终更好地实现企业的目标和战略。

(一)创新的现实意义

1. 方向准确

在分工更趋专业化、生产愈加社会化的今天,企业的目标或战略的制定及实施,是企业实现发展的首要内容。在管理实践中,一个企业做什么,不做什么,都是一件十分严肃的事情,因为它将决定一段时期内组织成员的行动方向。因此,企业战略的变更往往会引起组织结构的明显变化。企业组织管理创新的一项重要内容便是根据市场需求的变化和竞争形势的变化,准确地确定新的企业战略或目标,从而在企业内部对组织结构、权责系统、信息系统等进行相应地调整,最终使员工行为纳入到一个实现新组织目标的轨道上来。

2. 提高效率

效率是指企业的投入与产出或成本与收益之间的比例关系。相对投入和产出而言,企业就好比一个开放而又独立的"盒子"。"盒子"内部的结构及样式便是企业借以实现各种分工与协作的权力体系、科层制度,以及由所有部门组成的一个个的业务流程。当内部沟通不畅,小道消息风行,部门绩效长期低下,政出多门时,企业组织管理系统就应该考虑采取新的政策和措施,引入新的技术和制度,减少内耗,提高企业生产效率。

3. 降低成本

在市场经济环境下,企业降低了成本就等于增加了利润。在企业组织管理层面,以降低成本为目的的创新,主要着眼于组织职能的调整、组织规模的控制、生产流程的成本控制等。就现代企业而言,规模不代表收益,人员越多不代表效率越高,职能越全不代表组合越科学,单个的流程很规范也不代表每个流程都是必要的,管理者管的事越多,不代表他管的都是对的。因此,现代企业组织管理必须具备系统观念和权变观念,通过不断的创新探索和实践,挖掘降低成本的空间。

4. 方便客户

企业组织管理创新的目标当然是为了更好地实现企业的战略或目标,而企业的战略或目标往往表现为迎合某一特定市场的需求,也即客户的需求。因此,我们判断一项创新是否有效与有没有必要的标准不在于企业内部,而在于这种创新是否有利于企业更好地为客户提供产品和服务。因此,如何组织更合理的业务流程,使市场的需求信息能及时变为企业的决策行动,使客户的感受能及时变成企业的再决策信息,以及营造一种"客户至上"的企业文化理念是企业组织管理创新的一个重要出发点。

(二)创新的价值意义

企业组织管理创新在拥有现实而具体利益诉求的同时,还存在着更加长远和宏观的价值追求。

1. 保持组织与外部环境间的和谐

从社会生态理论来看,企业的生存和发展不过是一个和外部环境保持和谐相处的过程。而外部环境包括政治、经济、文化等等，多种多样，可以说几乎每天都在变化。企业从这种变化中寻找到商机，从而生产出外部环境所需要的产品或服务，而外部环境又以报酬的形式回馈企业。就企业组织管理创新而言，其动机、出发点和落脚点都离不开对外部环境的考虑，改变策略，调整部署，从而更好地处理与普通受众、政府、传媒等对象的关系。一个组织的衰亡往往是从这种内外部平衡与和谐关系的打破开始的。

2. 实现组织内部的和谐

只要是对人的管理都存在着一个是否和谐的问题，它一般包括公平、有活力等基本价值内涵。在企业内部，人与人之间不仅有组织规则所确定的正式关系，也有基于共同的爱好、心态、价值观而结成的非正式关系。如果企业对员工的激励不够，内部的公平与效率缺失，人与人之间充满着隔阂和猜忌，那么这个企业迟早要衰亡。因为它违背了人与组织之间的关系准则，即组织成员有自己的情感和价值观，企业目标不能简单等于员工个人目标。因此，实施企业组织管理创新需要不断关注企业内部的各种关系状态，处理好"做人与做事"、"管人与管事"等类比概念之间的关系。

3. 求得企业的持续发展

当前，世界各国的经济社会环境可谓都处在一种前所未有的激烈变革时期。以中国、印度为首的东方亚洲国家正在积极实施社会转型，充满潜力，努力促成本民族的再次腾飞，而欧美等西方发达国家正垂涎于东方转型带来的市场商机。从某种意义上，企业组织管理创新的目的更像是大战前的排兵布阵。创新的最高宗旨应该在于瞄准今后的竞争形势，为企业谋划一个适应性更强、组织更严密、行动更有力的一个存在形式。正所谓"不谋一域者，不足于谋万世"，求得企业的持续发展是企业组织管理创新的最高追求。

第三节 企业组织管理创新路径研究

在知识经济时代"知识爆炸"特定背景条件下，为更好地适应市场竞争环境、促进企业生存与发展而采取的调整企业组织结构、改进组织学习策略、更新组织管理理念、转变组织管理模式、更新组织管理方法、优化组织演进路径，并以提高组织运作绩效为最终目的的系列创新性活动，即为知识型企业组织创新，也是当代企业组织创新管理的最有效途径之一。

一、调整企业组织结构

知识经济时代的组织结构必须有助于知识的交流和应用,目前知识型企业的组织结构大多是围绕产品项目开发而形成的项目网络组织结构,在这种组织结构中,项目小组拥有来自不同知识领域的员工,该员工为开发某一项目而聚集在一起进行知识的交流和应用。一旦项目完成,项目小组就解散,次组织结构表现为员工在开发过程中不断地聚集、分散、再聚集,从而使员工和企业的知识在这种组织的形成、消亡、再形成的过程中得到了交流和更新。尽管如此,其仍然在不同程度上禁锢了不同部门具有不同知识结构的员工之间的接触和交流,妨碍了知识的更新和应用。调整组织结构以适应知识型企业的发展需求,必须满足如下条件:

(一)有利于知识型员工沟通

沟通不仅仅发生在知识型企业内部员工之间、部门之间,而且还发生在企业与外部客户、供应商、同行之间。有效的沟通能为知识型企业提供更多接触新知识并促进知识学习与知识流动的机会,而且有利于在沟通中修正企业知识体系、完善企业知识库建设。

(二)有利于完成知识商品化

知识型企业拥有知识的最终目的在于通过知识商品化、市场化和产业化使得企业能够获得更大的市场效益。因此,知识型企业的组织结构调整应该有利于企业调动资源,集中力量完成知识商品化,有助于协调知识商品化过程中的研究、设计、制造、营销等各种活动。

(三)增强企业员工团队精神

由于知识型企业的生产经营活动涉及到各种人员参与和多种商业活动,必须依靠员工之间的团队合作精神才能使知识的商品化活动顺利完成。应该注意的的是,这个团队不仅包含企业内部人员,还应该包含企业的供应商和忠实的客户。这样才能使知识产品按照市场需要设计,按照资源最优化配置来生产。要组建一个充满合作精神的团队,需要员工、客户和供应商拥有共同的语言、价值和企业文化。此外,还需要员工具有团队合作精神,认同集体主义。而这些都需要一个具有合作精神的组织为其创造基本条件。

(四)便于各级人才参与决策

知识型企业组织结构的调整必须有利于知识商品化过程中对关键人才的确认,使其顺利地发挥各自应有的作用。由于知识经济中资本要素与知识要素的重要性发生了变化：知识的增值能力远远超过资本的增值能力。因此，在企业组织结构中的知识结构就应该替代资本的权力结构。在组织权力结构设置中，应该有意让具备不同知识层级和知识水平的各级人才均有机会参与决策并施展其才华。

（五）促进企业保持学习热情

作为知识经济时代的企业组织还应该是一种学习型组织，而不仅仅是一个生产、经营性的组织。在学习型组织中，全体员工应当坚定不移地进行终身学习，只有通过不断地知识更新，员工才能不断超越自我，才能给企业带来新的活力。企业的组织结构应当利于引导员工系统地学习、思考，这种学习不仅仅是从他人处获得知识和信息，更重要的是通过实践来完成。因此，企业的组织结构、管理模式都应该进行较大的调整，使员工能够在实践中和在与他人合作中学习并积累知识。

二、改进组织学习策略

组织学习可以看作是一个带有控制反馈机制的不断改正组织错误的过程，其包括单向式、双向式和反思式三种类型。在单向式学习中，组织成员共同进行探索，发现错误、提出新战略，此外还需评价和确定解决问题的方法。单向式学习通常发生于对市场变化情况和竞争对手压力的响应，属于一种企业日常技术、生产和经营活动中的基本学习类型。双向式学习不仅包括在已有组织规范下的探索，而且还包括对组织规范本身的探索。双向式学习经常发生在组织的渐进或根本性创新时期，或者两个组织合并，一个组织的价值观、行为规范被另一个组织成功地接纳的过程中。反思式学习则经常出现在组织反思以往是怎样学习的以及学习中的不足，从而进一步寻求更好的学习方法的情况下。反思式学习包括有意识地学习怎样学习以及努力寻找提高单向式和双向式学习效率的途径。

简单的组织学习过程主要依靠反馈来刺激学习，而且这种学习过程主要集中于避免组织犯错误或者避免组织脱离既定的目标和规范。因此，此种组织学习过程模型对于标准化的、保守的以及在一个确定的组织环境中不断上升的组织是合适的，然而对于那些处于动态的或不连续的技术和制度环境中的知识型企业来说则是不适宜的。具有根本性创新特点的知识型企业组织创新，往往伴随着大量的反思式组织学习，这实际上是一个"学习如何学习"的过程，通过反思组织视野、组织学习方法以及学习中的不足，知识型企业的组织才得以迅速把握技术机会和市场机会，从而能够不断地以新的产品和服务来为自己赢得生存空间。对于那些带有渐进性创新特点的知识型企业组织创新来说，双向式学习经常是一种主导学习模式，通过这种学习，组织能够不断调整和修正组织的视野和规范，从而进一步发挥组织资本的催化功能。另外，在知识型企业组织创新过程的不同阶段，经常伴随有不同形式的组织学习。例如，在组织创新思想形成阶段是以获取新的组织知识为主导的学习形式；在组织诊断与模式选择阶段，则主要表现为在观念震荡中学习；在创新设计与时机选择阶段，主要是在组织冲突中学习；在实施阶段和创新评价阶段，学习的主导形式是在组织的重新社会化中学习。不同形式的学习有不同的特点，并在组织创新过程中起着不同的作用。在实际组织创新过程中，如果忽视知识型企业组织创新的隐过程，经常容易造成对相应学习形式的忽略，制约组织创新过程的顺利进行，直接影响到知识型企业组织创新的绩效。

知识型企业组织创新的根本内容之一正在于实现由单向式学习、双向式学习向反思式学习的转变。具体实现过程包括三个方面的内容：第一，拥有组织学习和交流的基础设施网络。组织学习所依赖的基础设施网络能为组织学习提供良好的学习平台，其目的不仅仅在于提高学习效率，更在于借助网络平台获取更多的学习机会、提炼更为有效的学习方法，亦即能够通过基础设施网络的排列组合选择动态的适应性方法；第二，鼓励成员参与知识共享机制。反思式学习强调学习者自身的互动与交流，并试图通过群策群力的方法不断出现新的思想火花，进而改进学习方法；第三，形成创造型组织视野和相应文化氛围。创造型组织视野将拓展知识型企业对于组织学习内容的认识，转变对于封闭式、内部式的组织学习观念，提高组织学习方法的修正成果，同时良好的组织学习文化氛围将形成促进组织学习方法持续改进的培育机制。

三、更新组织管理理念

在知识型企业内部，竞争而有活力的知识型员工团队、丰富的专业化知识、大量解决项目实践问题的经验和项目案例等构成了知识型企业的宝贵财富，这种无形的或经过物化的知识财富构成了知识型企业的核心竞争力与创新机制的基础和源泉。因此，当企业资源重心由过去的土地、资本、技术、人力向知识转移时，知识成为企业首要的投资方向和投资主体，不再是生产增长的外生变量，而是超越土地、资本、劳动成为最有生机和活力的生产要素以及知识型企业创造财富的最大推进器。知识型企业组织创新必须逐步树立起知识管理的理念，即组织管理将以知识为中心，以知识的重复利用和不断创新为基础，并建立起企业的知识管理体系和信息技术平台。具体而言，更新组织管理理念包括如下几个方面：

（一）"知识驱动"取代"资源驱动"

知识竞争已成为知识经济时代企业竞争的主题，当知识型企业积累了丰富的知识财务并拥有完整的知识图谱时，其必然能够提高企业的学习模仿能力、增强企业的创新愿景，并为创新活动提供思想源泉和指导方针。"知识驱动"取代"资源驱动"使得知识型企业以知识核为基础拓展相关的多元化知识领域，尤其在于能够降低知识型企业面临纷繁芜杂竞争环境下的适应成本与转换成本。

（二）"知识型人才"取代"重复型人才"

知识型企业组织管理的重点或者说知识型企业组织创新的主体是那些能够占有知识、经验和技术并且具有学习能力和不断创新的人。重复型人才是指那些缺乏创意、仅能够实现知识的重复使用的重复劳动型人才。知识型人才取代重复型人才是知识型企业组织创新理念的重要内容之一，即组织内部需要的是不仅仅是简单重复运用知识的人才，最需要的是能够实现对知识的创新性使用、选择性应用以及能够为组织提炼、总结和创造新知识的人才。

（三）"知识成果"取代"物化成果"

在知识型企业组织管理中，对于组织创新型成果的判断和评价将以知识成果为主。其主要原因在于在知识型企业产品价值构成中，知识成分含量不断增加，而物化劳动的比例不断降低。因此，知识型企业组织管理绩效必须兼顾对于无形知识成果的考证，同时还必须重视从物化的劳动成果中发现规律、总结知识，实现从"物化成果"向"知识成果"的升华。

（四）"价值流、知识流和工作流"取代"资金流、信息流和物流"

知识型企业组织内部三流循环将实现由资金流、信息流、物流向价值流、知识流和工作流的转变。这是因为当知识资本较其他资本更为重要时，知识型企业所有生产经营活动均围绕知识展开，由此使得知识形成流程、知识价值实现流程以及知识管理工作流程等成为组织管理工作的核心内容。

（五）"知本运营"取代"资本运营"

知识型企业组织内部的委托权（剩余索取权和剩余控制权）实现了从资本雇佣劳动到劳动雇佣资本的转变。在知识型企业中，基于知识管理的组织创新过程的本质在于实施有效的知识管理。当知识能够作为生产要素而存在时，就成了知识资本，而知识运营就是对知识资本的高度加工和应用，它是管理科学中的"高科技"。农业经济造就地主，工业经济造就金融资本家，知识经济则造就智力资本家和思想家。

四、转变组织管理模式

在矩阵式管理模式运作的基础上，近年来，知识型企业管理模式呈现出新的发展趋势。高层经营管理者从企业发展战略和顾客需求的角度出发，通过开展产业市场研究、客户研究和企业竞争能力的研究，优化企业管理模式，力图建立企业的创新机制、创造更大的价值和更高的顾客满意度。企业管理模式朝着以流程为导向、注重满足客户需求和知识管理与创新机制建设的方向发展。具体而言，知识型企业组织管理的权力控制模式将由集中式向分散化转化，知识型企业的部分权力将下放到自我管理的基层工作团队中。知识型人才相对于传统人才在工作中更具主观能动性以及观念主见性。因此，知识型企业组织管理必须建立其相对灵活机动的组织管理模式以利于组织内部知识型人才的相互学习和交流。通过分散化的权利控制模式促进知识在组织内部的循环对流，更重要的是在于能够汇集组织内部人才的知识集以建设知识共享平台。

（一）内外部结合、横向联系的组织管理模式

这一组织管理模式包括两个方面，一是外部顾客对知识型产品（技术）的需求驱动企业内部知识创新活动的流程，就是知识型企业借助快捷高效的信息化手段，通过其敏锐的市场"触角（前台、呼叫中心、客户服务部门或者直接接触市场的员工等）"将客户的知识需求迅速反馈到后台，经过内部支持系统的分析整理、形成任务指令、执行服务过程等，形成知识需求分析、知识单元收集、知识产品供给、知识成果修正等的网络化过程；二是知识型企业活动寻求外部支持的流程，也就是通常讲到的虚拟组织或者组织联盟，知识型企业在知识经济条件下完全可以借助网络化手段和联盟整合各种企业内外部知识资本，以创新服务方式满足和挖掘客户需求。

（二）内部纵向管理模式

战略导向、知识服务、员工激励是内部纵向管理模式的三个环节或组成方面。知识型企业高层管理者通过建立员工共同的愿景和目标、整合的价值观，清楚地向部门、知识型员工或专家阐明期望，发挥战略导向作用；员工在创新服务精神的鼓舞下创造性地为顾客提供专业化的知识服务；企业高层管理者通过设定一些标准来判断员工不断开发新知识的价值，通过建立一个比较目标和效果的反馈机制（薪酬体系、职业发展体系等知识型员工的激励机制）和锤炼企业文化，培育知识型员工的自豪感和专业精神，形成不断创新的动力。

（三）智能化网络工作团队与职能服务中心相结合的管理组织模式

知识型企业根据市场需求按照流程组成为外部顾客服务的网络化工作团队，客户需求的指令、服务执行过程中的信息沟通、知识和资源支持、服务过程的指导监督控制以及服务过程中积累下来的知识和解决方案都是通过智能网络来进行的，都通过服

务流程系统、知识管理系统连接起来；传统的职能部门演变成为工作团队提供职能服务与支持的角色，这种服务和支持过程也形成一个内部管理流程，形成一个内部的智能化网络工作团队，在流程节点上工作的员工也成为职能服务专家。参与流程服务的知识型员工和专家在自己的岗位领域、在流程的每个节点上都具有足够的知识和技能，能够独立工作并独立满足具体的顾客需求，员工借助企业的知识管理系统和智能化网络进行自我学习和自我管理；管理和控制的权力从层级手中部分分散到知识型员工和专家手中，在具体的业务中和项目执行过程中，他们可以按照既定的流程和工作标准直接处理自己职责范围内的事物，不必再层层请示；他们与用户直接接触，直接承担为用户服务的责任，领导者则支持指导员工的工作，激发员工的潜能，并为员工服务。因此，奎恩指出，这是一种"倒金字塔型"的"智能网络"组织。这种网络化组织具有极大的弹性，任何重要环节的活动，都需要各类专业人员的配合与协作，需要汇聚多方面人才的智慧，这种业务或服务的组合方式为了适应企业市场环境和客户需求的快速变化，有利于增强企业的活力、效能与系统整合力。

第四节 企业组织创新案例研究

一、TCL 集团组织创新

TCL 集团的前身是惠阳地区电子工业公司。1985 年，该公司与港商合资成立"TCL 通讯设备有限公司"，生产电话机。到 1990 年，TCL 电话机产销量位居国内同行首位。TCL 集团于 90 年代开始经营彩电，较长虹、康佳、熊猫、黄河等企业晚了约五、六年时间，错过了彩电产品的高额利润时期，在实力明显处于劣势的情况下，通过组织创新获得了高速发展。1994 年，TCL 集团生产彩电 55 万台，50% 出口；1995 年生产彩电 86 万台，其中出口 45 万台，销售额超过 20 亿元；1996 年 TCL 彩电已位居我国彩电行业第三位。与国内外许多彩电企业惨遭淘汰的命运形成了鲜明对比。2000 年 4 月份公布的我国电子百强排名中 TCL 名列第三，而 2000 年上半年的销量排名中 TCL 又勇夺第一名桂冠。

TCL 集团取得成功的一个重要的原因就是组织创新。TCL 进行了两类组织创新：一类是基于组织中的人和文化为中心的创新，另一类是基于组织战略和组织结构为中心的创新。

TCL 基于组织中的人和文化为中心方面的创新。主要从如下三个方面入手，第一，改变员工的工作理念。1998 年初，TCL 集团总裁李东生提出了"为顾客创造价值、为员工创造机会、为社会创造效益"的经营理念。第二，提升组织共同憧憬，1996 年，TCL 集团认识到与行业内的其它公司相比差距明显，与国际跨国公司相比差距更为明显，所以TCL集团提出了"建一流企业，创中国名牌"的企业憧憬，并在1998年将这一企业憧憬上升为企业经营目标，1999年11月TCL集团进一步把目标定位于"创建一个世界级的中国企业"。第三，TCL集团采用生态学中的竞合原则，通过向竞争对手学习和培训内部职工的方式将企业塑造成为"学习型组织"。

TCL基于组织战略和组织结构为中心方面的创新，表现出来的是组织创新中典型的完全异类路径间的拟合。1996年TCL集团提出了资本经营的"国企优势、南下北上"战略。1996年6月，由TCL香港公司出资1.5亿港币，兼并陆氏公司的彩电项目，以此为起点，TCL从此走上资本国际化的新的资产经营之路。1997年6月，在TCL兼并香港陆氏彩电项目一周年之际，再次注资6000万元，兼并中原地区唯一的彩电品牌——地处河南省新乡市的电子部760厂的美乐彩电，成立河南TCL——美乐电子有限公司。1997年6月，TCL集团还在北京收购了一家中科院下属的计算机软件开发公司。基于组织结构为中心的组织创新：1996年以前，TCL集团的组织结构基本上是直线职能式，1996年底，TCL集团将原有三个专业集团进行整合，以独立的法人形象统一对外，并成立了家电事业部和通讯事业部，筹建信息产业部和电工照明部。一方面对主要产品的相关部门和企业进行整合，同时淘汰效益不佳的非主导关联企业，通过这种组织结构的整合和分化，优化组织内部结构和关系。

二、联想集团企业组织创新

联想集团的母公司联想集团控股公司（简称联想控股），其前身是1984年11月中科院计算所投资20万元在计算所传达室成立的计算所新技术发展公司（简称"新技术公司"）。公司成立之初，主要业务是计算机维修、培训服务、展览、承揽有关项目，1985年公司成功开发出畅销的汉卡、配上汉卡的计算机也极为畅销，联想走了依托汉化技术经销代理之路，联想迅速成长。从一间小平房里起家、仅有11个人的联想集团，现已发展成为以联想电脑、电脑主板、系统集成、代理销售、工业投资和科技园区六大支柱产业为主的技工贸一体、多元化发展的大型信息产业集团。

目前拥有员工12,000余人；在北京、上海、成都、西安、沈阳、深圳等地设有地区总部，在全国各地建有数千家代理分销网点；在欧洲、美洲、亚太设有海外平台；1999年实现销售收入203亿元人民币，连续两年位居全国电子百强第一名；联想电脑销售连续四年位居中国市场第一，在亚太地区的市场占有率上升到第一；联想集团是国家120家试点大型企业集团之一，国家技术创新试点企业集团之一联想QDI主板跻身世界板卡供应第三位，联想系统集成公司成为国内优秀系统集成企业之一，成为国内最具影响力的高科技公司之一。诞生20年以来，联想集团一直以稳健的速度成长。目前公司已摆脱了大多数民营企业小作坊式的管理模式，向大集团、正规化、协同作战的现代企业管理模式迈进。

第四章 企业组织创新研究

联想的发展与它的组织创新是不可分离的。短短的20多年的发展历程联想经过五个战略阶段，从一家11人的小企业变成有一万多人、产品线很宽的大公司，其组织也经历四次大的创新过程。

1. 初创期（1984—1988）的"平底快船"结构 1984—1988年，公司组织结构比较简单，总经理领导下设技术开发部、工程部、办公室、财务室、业务部

业务部包括：宣传培训、维修、门市和技术实体。公司内设IBM代理北京中心和集体所有制的商店各一个。这种没有权力等级的简单结构，联想称其为"平底快船"结构。总经理直接指挥，权力集中，没有层次，能维持组织的灵活性和快速决策。当时人员少（职工数1985年51人，1987年182人）；部门少；业务以贸易、技术服务为主，除联想汉卡有一定规模，多数项目业务量不大，能保证彼此之间的沟通；资金紧张，需要集中使用；领导人也有必要对为数不多的下级实行监督和控制。

2. 第一次创新（1988—1994）——"大船结构" 1988—1993年，联想的组织结构开始逐步转为直线职能制体制

联想称这种体制为"大船结构"模式。1988年6月，香港联想开业，"Legend"品牌开始诞生，PC成为主打产品，同时，联想研发也"四面开花"，涉及程控交换机、打印机、主板等。只是，所有PC的销售都直接归总裁室领导，在销售方式上，仍以直销为主，销售部门分为行业和大区，行业中又分为行业一部、二部、三部和四部，大区按地域分为华东、中南、北方、西南、西北五个大区，各部门之间、各大区之间独立核算，各自背负利润指标。此外，还设有一个批发代理部，从事部分分销业务。

3. 第二次创新（1994—1997）——"舰队"组织 随着环境变化，企业规模和范围的扩大，直线制的"大船结构"已难以适应企业发展的要求

1992年初，公司总裁室提出了事业部的概念，北京和香港分别建立了事业部，特别是香港全面实行了事业部。随之产生的"大船"变"舰队"的指导思想，提出旗舰领导，计划管理，独立核算的体制调整原则，为公司的改革提供了指导思想。1992年下半年开始，在汉字系统事业部、小型机事业部实行事业部制。汉字系统事业部针对发时汉卡开发、生产、销售服务脱节的情况，由公司总裁室决定于1992年秋季成立的。1993年，该部全面实行事业部制，从开发、生产、销售到售后服务统一规划，统一管理，使汉卡业务有较大发展。

4. 第三次创新——快速发展时期（1997—1999）的事业部体制

这一时期，联想事业部体制有了进一步的完善。1997年管理体制调整的重点是：加强产品部，设立商用机、家用机、笔记本机、服务器4个产品总经理，研发部门和

产品部都可以提出产品开发建议,但由产品部全面抓产品立项和指导开发工作。

强化总部对大区销售的领导,大区销售办公室由北京放到地方,以因应各地日益激烈的销售竞争,又有保证在全国范围内的统一协调。1998年,根据业务部增加、产品线拉宽细化等情况,电脑公司以产品和市场事业部为中心再次整合创新管理体制。

整个电脑公司分为四大系统:

（1）产品事业部门有台式机、服务器、笔记本、软件、OEM产品等部,各部通过电脑公司的职能部门统一管理有关产品的研发、产品、资料、质控工作。

（2）按七个大区和细分市场划分的市场、销售和有关的管理、服务的部门。

（3）生产管理部门,管理北京和深圳的工厂,工厂按事业部的计划安排生产。

（4）包括规划、人力资源、财务、信息、平台管理、品牌、行政后勤等在内的企业管理系统。品牌推广部负责企业品牌的总体管理、广告计划和广告费的管理,日常工作由企管经理负责,但重大决策由高度重视品牌资产的杨庆元直接负责。

1999年,最重要的创新整合是联想的板卡事业部及有关业务并入电脑公司。大陆香港联想整合,建立事业部加强地区平台的建设。

5. 第四次创新（1999—今）——子公司体制,1998年启动的ERP（企业资源计划）实施工程,在2000年已基本完成,联想在内部流程管理及信息化方面有了显著改善

这次创新,杨元庆重建了联想PC的销售渠道,将联想的销售体系从直销改成完全代理制,同时严格奖惩制度,并不断根据市场需求成立了诸如PMC（物流控制）、产品部等支持部门。

1999年联想的组织结构与1998年相比,有较大改动,更注重了海外业务的拓展和管理。2000年7月的季报显示,联想电脑第一季总销量约为51万台,占中国家用电脑市场（包括兼容机）的42%。2000财年之后,联想开始分拆,神州数码和联想集团二分支浮出水面。

2001年4月,杨元庆宣布了联想新世纪第一个三年规划,联想的战略被确立为以互联网为核心,以全面客户导向为原则,以满足消费类（包括家庭及个人）客户和商用类（包括中小企业、大行业大企业）客户的需求为目标,从产品和服务两个维度构筑多元化业务。而为了完成这个战略,联想的组织机构也随之进行调整,按业务划分,成立了6大业务平台:消费IT、手持设备、信息服务、企业IT、IT服务和部件/合同制造6大业务群组,各业务平台分别有各自的销售渠道和运营系统。在此阶段,尝试多元化发展的联想还不断并购了新的公司。

三、长虹组织创新

四川长虹电器股份有限公司（A 股简称"四川长虹"，600839），中国著名的家电品牌企业。公司1994 年在上交所上市，1997 年经营到达巅峰时期，实现主业收入156.73 亿元，净利润 26.1 亿元。自 1998 年开始，长虹开始出现持续的业绩滑坡。原长虹副总经理赵勇复出后，将自己一篇写于 2001 年 5 月的对长虹战略的思考文章原封不动地下发给公司中层干部。文中把企业描述为一个三层组织：第一层为产权结构，它决定了企业的基本价值取向；第二层含企业治理结构、内部组织构架、企业文化、企业发展战略等，它决定了企业基本价值取向，是实现的制度保证；第三层包含生产、销售、采购、技术开发等，其决定了企业基本价值取向实现的具体途径和方式。前两层主要就是反映了一个企业的产权结构和组织构架，而第三层也是以前两层的变革为基础的，所以长虹的这次的改革是一次大规模的由上至下的组织创新。

这次的改革方案在组织架构方面，长虹将所有的机构分为三类：总部职能机构、各产业公司群和服务平台。总部职能机构包括战略发展体系（规划发展部、资本运作部）、综合管理体系（经营管理部、公司办公室、人力资源部、审计法务部、财务部）、职能服务平台（企业策划部、物资部、质量部）和销售管理体系（海外营销部、对外经营部和营销管理部），这些职能机构将和公司领导层一起成为公司总部。公司总部将退出具体的产品经营，由过程管理转向目标管理，各职能部门也将以规划、监控、服务为重点。各产业公司又分为前端公司和终端公司，在以前的基础上独立自主的发展各自领域的产业。服务平台（包括技术中心、物流公司、设备动力部、基础管理公司和保卫部）和销售平台（总共分为 19 个区域销售公司）则将主要为集团内的产业公司服务。

第五章 企业营销管理创新研究

要想使企业长盛不衰,保持旺盛的活力,就必须在营销创新上付出坚持不懈的努力。营销创新是我国企业迎接挑战和走出困境的现实选择。

第一节 企业营销创新概述

一、营销创新的内涵

现代企业正处于一个瞬息万变的环境中。在这机遇与挑战并存的变革时代,经验式的营销模式效力正在逐步弱化,传统的营销观念和营销手段已显得不再适应。我国许多因循守旧的企业正陷于步履维艰的困境中就是一个很好的例证。要想使企业长盛不衰,保持旺盛的活力,就必须在营销创新上付出坚持不懈的努力。营销创新是我国企业迎接挑战和走出困境的现实选择。

(一)营销创新的概念

营销创新,是指企业为实现经营目标,其营销行为在理念、措施、途径、方法、体现等方面实现的更新、改进和完善。营销创新,意味着企业在营销管理的过程中,对于新的营销观念、营销组织和技术的导入和应用,使企业在营销理念(营销哲学)、营销战略与策略、营销方式和手段上不断变革。营销创新就是根据营销环境的变化情况,并结合企业自身的资源条件和经营实力,寻求营销要素某一方面或某一系列的突破或变革的过程。在这个过程中,并非要求一定要有创造发明,只要能够适应环境,赢得消费者的心理且不触犯法律、法规和通行惯例,同时能被企业所接受,那么这种营销创新即是成功的。还需要说明的是,能否最终实现营销目标,不是衡量营销创新成功与否的唯一标准。

营销创新的"新"的含义,至少体现在两个方面。一个方面,营销创新必须是一种新的营销形式,创新就是要创造出一种与现有形式不同的新事物。从整体讲,就是创造出一种全新的、至今任何经营者都没有适用过的营销方式。

另一方面,营销创新必须创造价值,通过营销创新能给企业带来现实和潜在的经营成果。营销创新是否能创造价值是创新的核心标准,否则也就失去了营销创新的本来意义。营销创新必须有实施的可能性,包括市场可接受程度、企业现有或通过努力可具有的资源和能力,也就是说营销创新还要考虑到社会的效益,要在以市场为导向的、满足消费者需要、实现企业目标的同时,兼顾消费者的长远利益和社会和整体利益,关心与增进社会福利,将企业利润、消费者的需要与社会利益三个方面统一起来。

更广义地看,企业为适应经济发展和市场竞争,在营销创新过程中,还应当树立起大市场的营销观念,在适应和服从外部宏观环境的同时,应采取适当的市场营销措施,影响外部宏观环境。企业的市场营销战略的实施,除了考虑"目标市场"之外,还必须加上"政治力量"和"公共关系"的因素。这种观念所蕴含的竞争思想对企业国际化经营具有重大指导意义。

营销创新是我国企业与国际竞争环境接轨的必然结果,亦是企业在竞争中生存与发展的必要手段。

(二)中国营销创新的基础

中国营销创新的基础主要有两点:

1. 中国市场的差异性

中国转型市场的特殊环境给企业提供了创新的基础。多数跨国公司的高层管理者在进入中国市场数年后都曾感叹:"中国市场太大、太复杂、变化太快。"中国市场环境和市场运作在不断转型,由此中国市场称之为转型市场。

2. 中国消费者行为的差异性

消费者行为的差异性为营销创新也提供了另一个基础。中国消费者有着完全不同于西方消费者的消费习惯。有些特殊因素影响中国消费者的行为,如政府政策、房地产春天的来临主要是因为单位福利房政策的取消;此外,中国的消费环境在急速变化,如高速公路的迅速发展,给汽车市场提供了一个有利的环境。中国文化及价值观,收入的快速上升,这些都构成了中国消费者的购买行为会不同于西方。这为企业的建立有自己特色的营销创新体系提供了一个更为广阔的创新空间,有利于提升企业的竞争能力。

卢泰宏教授将中国营销创新分成两条线,一条就是跨国公司的中国适应创新,也称为转型营销。转型营销是从环境的角度,对中国营销差异性的一个概括,它强调中国市场的特殊性不仅来自于文化差异,更来自于制度环境的差异。所以会看到跨国公司在中国的一系列营销创新行动，比如，联合利华的 LOGO 变脸、安利新的商业模式、柯达重新分区、伊莱克斯调整中国通路、零售巨鳄沃尔玛本土化变形等等。跨国公司适应创新主要体现在战略、促销、运作流程、降价、品牌本土化、产品、通路和商业模式等多个方面。

另一条线就是中国本土公司的学习创新，也称之为营销转型。本土公司中国营销创新主要体现在以下几个方面：

一是目标市场的选择和界定非常重要，很多国内公司不知道自己的产品卖给了谁、往往只要有人愿意代理自己的产品就马上给签协议。也不知道消费者在哪里消费的产品、他们为何选择的产品等。本土公司要想在跨国公司的品牌包围中取胜，应该选择跨国公司势力比较薄弱的地方（如三、四线城市），如娃哈哈、本土手机都是选择了跨国公司没有注意的目标市场而获得成功的典型例子。

二是低成本也是中国企业的资源优势，众多中国公司迫使外国公司在中国实施降价行动。如柯达在乐凯的压力下，导致柯达胶卷在中国的价格是全球最低的；索尼彩电在中国也不得不实施降价策略。

三是通路也是本土企业创新的一个方向。中国的通路可谓是世界上最复杂的通路，而中国本土公司就会比跨国公司更懂得中国的通路情况。在新疆伊宁公路旁的一个小零售店里，卢教授发现小店中的十几瓶饮料中，没有可口可乐、百事可乐等跨国公司的产品，但娃哈哈的产品却占了 70% 左右的数量。对于快速消费品来说，谁占有了这种小零售店，谁的销量就会上去。娃哈哈的成功也就一点不奇怪了。

四是中国市场消费者的感觉。中国的消费者与西方的消费者完全不同，西方的那些打动消费者的营销手段可能在中国市场完全行不通。

（三）营销创新的必要性

市场营销作为连接企业与市场的桥梁，它要把企业的各种生产技术创新成舞输送到市场上去接受检验，要把在营销过程中发现的市场变化反馈到企业，作为企业改善经营的依据。营销创新是市场环境变化对企业的基本要求，企业应在营销过程中不断实现创新，不断适应市场，不断扩大销售。，营销创新的必要性主要体现在以下几个方面：

1. 战胜竞争对手需要营销创新

在信息自由流动和科技高度发达的知识经济里，任何一种高技术、新产品很难在较长的时间内保持领先地位，在大多数情况下，更多的是表现在类产品之间进行竞争。如在中国市场中的家用电器、服装等商品，其性能、质量基本上是没有质的差异的。这就意味着，竞争将体现在营销方式及品牌认同等方面上，营销方式创意的新奇与否，与顾客消费心理的吻合程度如何，在很大程度上决定着消费者的印象和选择。现实经济生活中，有许多的企业的失败不是在产品的本身而是失败在营销手段的呆板和落后上面。因此在日趋同质竞争的时代，生产者年经营者迫切需要通过营销创新来获得竞争优势。

2. 扩大产品市场份额、进入新市场需要营销创新

由于区域经济发展的不平衡、技术进步的差异以及风土人情、社会习俗等方面的不同，不同的地区，不同的消费群体，需求也体现着一定的差异。这意味要通过营销方式的创新，来适应和满足这种需求的差异，才能获得消费者的认可，才能占有这个市场。营销方式的创新对于一个新的市场和新的消费群体是一种必然选择。营销创新必要性又体现在能够善于发现新的市场空白点和消费群体以及能够成功地占领新的市场和争取到新的消费群体。

3. 新产品进入市场需要营销创新

新产品在问世之初，往往是不能为消费者所认可的，这就还需要企业通过营销行为把新产品介绍人给消费者，使消费者能够认识、了解它，进而能够接受、消费新产品。

任何一种新产品的问世，就应该伴随着一种新的营销方式的产生。如果用老产品的营销方式来推销新产品，新产品销售很有可能中途夭折。

4. 提高企业利润需要营销创新

成功的营销不仅要实现销售量的增长，而且要实现销售量和销售利润的同时增长。实践证明，在风云变幻的营销环境中，谁具有新颖的、科学的、实用的营销观念，并指导有效的市场营销创新，谁就能在生产经营活动中立于不败之地。目前，企业所要面对的是更为激烈的国际竞争，所以营销创新成为当前企业营销管理的重要研究课题之一。

第二节 营销观念创新

观念作为人们对客观事物的看法，它虽无形、看不见，却直接影响着人们的行为。所谓创新观念，就是企业在不断变化的营销环境中，为了适应新的环境而形成的一种创新意识。它是营销创新的灵魂，指挥支配着创新形成的全过程，没有创新观念的指导，营销创新就会被忽视，仍然一昧追求着传统的、已不适应新环境的模式。营销创新亦能更充分的发挥作用。

一、"4P理论"和"4C理论"

（一）"4P理论"

1960年，美国杰罗姆·麦卡锡教授首先提出了"营销组合理论"（Marketing Mix）。该理论的营销要素是由4P变量组合而成，即产品（Product）、价格（Price）、渠道（Place）和促销（Promotion）。麦卡锡教授认为，在企业制定和实施营销战略决策时，一般会受到许多因素的影响和制约。这些因素当中既有企业可以控制的微观因素，如产品、价格、渠道和促销等，也有是企业不能控制的宏观因素，如政治法律、经济、社会文化、市场竞争、科学技术、人口等。市场营销组合就是在充分考虑社会环境要求和制约的前提下，对企业可以控制的产品、价格、渠道和促销等四大要素进行最佳组合，使它们相互配合起来，达到最佳的营销效果。

这一理论强调以市场为导向，以产品销售为目的。麦卡锡认为企业主要应该生产优质的产品，采用合理的价格，通过适当的分销渠道，再加上必要的促销手段，从而实现企业的预期目的。

4P理论对市场营销理论和实践产生了深刻的影响，被营销经理们奉为理论中的经典，实际上也是公司市场营销的基本方法。后来，4P理论被加入了政治力量（Political Power）和公共关系（Public Relations）这两个营销工具，发展成"6P理论"，即大市场营销组合理论。

（二）"4C理论"

1990年，另一个美国营销学家罗伯特·芬特伯教授首次提出"整合营销传播理论"（Integrated Marketing Communications）。即从买方的角度，提出每一个营销要素都是用来为消费者提供利益的：产品因素应满足消费者的需要与欲望（Customer needs and wants）；价格因素应考虑对消费者的成本（Cost to the customer）；渠道因素应考虑消费者购买的便利性（Convenience）；促销因素应注意消费者的沟通（Communications），简称"4C理论"。

"整合营销传播"理论是以消费者为核心重组企业行为和市场行为，综合协调地使用各种形式的传播方式，以统一的目标和统一的传播形象，传递一致的产品信息，实现与消费者的双向沟通，迅速树立产品品牌在消费者心目中的地位，建立产品品牌与消费者之间的长期密切关系，以便有效地达到广告传播和产品营销的目的。

整合营销理论主张把企业的一切营销和传播活动，如广告、宣传、促销、公关、新闻、营销网络、CI策划、包装装潢、产品开发、售后服务等进行一元化的整合重组，让消费者从不同的信息渠道获得对某一品牌的一致的信息，以增强品牌诉求的一致性和完整性，对信息资源实现统一配置、统一使用，提高资源利用度。这使得一切营销活动和传播活动有了更加广阔的空间。整合营销以市场为调节方式，以价值为联系方式，以互动为行为方式，是现代企业面对动态复杂的市场环境的有效选择。这一理论对企业市场营销战略管理有着现实的指导意义，被认为是 21 世纪企业竞争制胜的关键。

二、从"4P 理论"到"4C 理论"

4P 理论和 4C 理论是在不同的营销背景下产生的两种市场营销理论。20 世纪 60 年代，市场以生产者主导，遵循自上而下的动作法则，重视产品导向，生产者在确定生产某一产品后，才设定一个既能收回成本又能赚到最大利润的价格，再经过由其掌握的销售渠道，将产品陈列在货架上，再运作广告、公共关系、营业推广、人员等各种促销手段刺激消费者购买欲望，实现产品的价值。

随着社会生产力迅速发展，世界开始由短缺经济时代进入到过剩经济时代，到了 20 世纪 90 年代，买方市场取代卖方市场，各生产厂商面临激烈地市场竞争，市场已由生产者为主导转变为以消费者为主导，生产厂商意识到不能站在企业自我利益角度生产产品，而要考虑消费者的需求和欲望；不能只站在企业本身利润的角度来为产品，还得考虑消费者的承受能力，还要考虑是否方便购买，应该多与消费者进行相互沟通。在这种时代背景下，营销理念、营销方式、经营方式，发生了根本性的改变，市场营销的战略由"4P 理论"转向"4C 理论"，成为必然选择。

（一）顾客的需求与欲望

顾客的需求与欲望是整合营销传播的第一个要素。现代企业只有深刻地理解和领会消费者的需求与欲望，才能获得成功。忘掉产品，瞄准消费者需求，首先要做的是了解、研究、分析消费者的需要与欲求，而不是先考虑企业能生产什么产品。有一些行业生产企业为了提高自我产品的市场竞争力，纷纷推出附加许多功能的产品。结果越是别出心裁的产品由于使用太过复杂，而且有些功能未必是消费者所需要或经常的，因而并没有得到消费者的青睐。

随着竞争的日益激烈，消费者的需求也不断发生变化。不同的人对同产品的需求不一样，同一个人对同一产品在不同时期的要求也不一样。正是消费者需求的千变万化制造出层出不穷的市场机会。因此，企业只要能够发现和掌握消费者需求变化的规律，就能够充分把握市场机会。在消费者需求变化之前抢先开发新产品，就能主导消费新潮流。提高产品的竞争力。

（二）顾客成本

顾客成本即消费者购买和使用消费品所花费的物质和精神代价。物质代价包括消费者购买和使用消费品过程中所支付的购买成本和使用成本；精神代价包括消费者在购买和使用过程中品牌、服务、商品等因素所带来的系列心理影响程度。例如，消费者在购买手机时要按手机的价格付费，使用过程中要支付信息费、电费、维护费、折旧费等各项费用。

另外不同的品牌，不同的服务，不同的产品质量、价格、款式会给消费者带来不同的心理感受。因此，任何一个消费者在选购任何产品时都会考虑产品的价格与价值比。只有当物品的价值大于或等于价格时，消费者才会购买。不同的消费者对价值的理解不同，有的人较注重于物质价值，有的人较注重精神价值。

（三）顾客的便利性

顾客的便利性就是要求企业忘记自己的营销渠道，而是站在消费者的角度不看待产品的流动，应在消费者最需要的时候，以最快的速度、最便利的方式将产品传送至消费者手中。为此，企业应当深入消费者了解其需要什么？何时需要？需要多少？何地需要？然后通过现代物流手段以最便利的方式产品提供给消费者。抓住消费者的一个关键是在方便消费者交易与消费。要求在交易地点、空间距离与交易手段、交易方式、结算方式、送货上门和服务手段等方面提供全方位的方便。广义地说就是为顾客提供尽可能多、尽可能优质的服务。

随着社会经济发展水平的提高，人们的收入越来越可观，生活质量越来越高，但工作的强度和紧迫度也越来越高，因此，人们在日常生活中追求休闲放松，不希望花费很多的精力和时间去购买日常生活用品，普遍希望能够省时、省力地购买到自己称心的商品。这是企业面临新的机遇与挑战。

（四）营销沟通

营销沟通就是企业与消费者站在平等的立场进行"对话"，通过双向沟通以了解消费者的心理，使消费者了解企业，了解产品，接受产品的过程。忘记促销，记住与顾客沟通。改变促销时将顾客看成是被动接受者的观念与做法，加强资讯和情感的沟通。

但是随着市场竞争激烈化，传播媒体多样化，企业传播信息的方式和消费者接受信息的方式都发生了深刻的变化。媒体的多样化导致各媒体的传播受众分散细化，其传播内容信息难以影响到所有的消费者。消费者每天都要接受成千上万条信息，消费者陷入信息的海洋。传统的营销传播方式、宣传方式面临越来越多不能适应新的营销环境和消费者要求的风险。"对话"式的双向沟通方式是对传统营销传播方式的创新，先充分了解消费者对媒体的选择习惯和类型,对信息的需求和接收的特点,然后再来确定自己的信息传播策略。

消费者大多数是理智的,也是有感情的。企业与主要的消费者加强沟通,提供资讯,建立感情,是保持老顾客开拓新顾客的有效手段。

在实施整合营销过程中,应重点放在营销沟通整合和营销职能整合上。营销沟通整合就是要选择好接触目标顾客的渠道,建立数据库,利用多种沟通工具,在不同媒体上传播相互关联的信息,与目标顾客双向沟通,以达到对目标顾客产生最大的影响的目的。企业营销沟通系统构成非常复杂,包括企业——中间商、企业——消费者、企业——员工、企业——股东、企业——公众、中间商——消费者、消费者——消费者、公众——公众、员工——员工、股东——股东等沟通子系统,沟通工具主要有广告、公共关系、人员、推广等,沟通的内容主要有产品、价格、企业文化、人员风格、服务等。

营销职能整合就是以业务流程为核心,将整个营销业务流程分成市场分析、数据库建立、产品开发、制造、包装、定价、分销、物流、沟通等各项功能与环节,各环节的工作人员在统一的思想、统一的观念、统一的看法、统一的目标的基础上各自履行自己的职责,使整个企业的各项要素各个环节整合成一个有生命力的整体,从而提高企业的整体竞争力。

第三节 绿色营销研究

企业作为社会系统中的一个组成部分,其生存和发展与所处的自然生态环境息息相关。保护生态环境、促进经济与生态的协同发展,既是企业自身生存与发展的需要,又是企业不可推卸的社会责任。20 世纪 90 年代以后风靡全球的绿色营销(Green Marketing),使企业营销步入了集企业责任与社会责任为一体的理性化的高级阶段。本章主要介绍绿色营销的兴起、绿色营销与传统营销的差异、绿色营销的基本内容等问题。

一、绿色管销的界定

绿色是三原色之一,红、综、蓝相互结合,可以显现出万紫千红的缤纷色彩。绿色是生命的原色,约在 1 万年前,人类为了生存,开始栽培植物,从此绿色象征着生命、健康和活力,绿色也代表着人类生活环境的本色,是春天的颜色、常青永恒的标志,是对未来美好的向往与追求。绿色还意味着和谐的生态环境,沉静恬适的精神境界,民族与事业的蓬勃发展。哪里有绿色，哪里就有生命。在这里，"绿色"是一个特定的形象用语，既不能简单地认为"绿色＝植物＝农产品"，又不能将绿色理解为"纯天然"、"回归自然"的代名词，它泛指保护地球生态环境的活动、行为、计划、思想和观念等。具体地讲，绿色的含义包括两方面内容：一是创造和保护和谐的生态环境，以保证人类和经济的持续发展；二是依据"红色"禁止、"黄色"示警、"绿色"通行的惯例，以"绿色"表示合乎科学性、规范性、能保证永久地通行无阻的行为。

绿色营销是指以促进可持续发展为目标，为实现经济利益、消费者需求和环境利益的统一，市场主体根据科学性和规范性的原则，通过有目的、有计划地开发及同其他市场主体交换产品价值来满足市场需求的一种管理过程。

定义强调了绿色营销的最终目标是可持续性发展，而实现该目标的准则是注重经济利益、消费者需求和环境利益的统一。因此，企业无论在战略管理还是战术管理中，都必须从促进经济可持续发展这个基本原则出发，在创造及交换产品和价值以满足消费者需要的时候，注重按生态环境的要求，保持自然生态平衡和保护自然资源，为子孙后代留下生存和发展的权利。实际上，绿色营销是人类环境保护意识与市场营销观念相结合的一种现代市场营销观念，也是实现经济持续发展的重要战略措施，它要求企业在营销活动中，要注重地球生态环境的保护，促进经济与生态的协同发展，以确保企业的永续性经营。

对于绿色营销的定义，很多学者还从不同的角度进行了界定，概括起来，具有代表性的观点可以归纳为以下四种类型：

（一）产品中心论

产品中心论认为，"绿色营销是指以产品对环境的影响作为中心点的市场营销手段。它强调以环境保护为宗旨，从本质上改革产品的构成以及与之联系在一起的产品的生产过程和消费后废弃物的处理方式。它主要从以下四个方面考虑：

1. 产品本身

为保护环境，企业要设计生产绿色产品，即企业生产的产品无论从生产过程到消费过程，还是从外包装到废旧后的回收都要有利于人体的健康，有利于环境的保护和改善，能够在创造企业内部经济的同时带来社会外部的经济性。

2. 产品包装

产品的包装设计，必须考虑对环境的影响。企业应选用对环境污染轻甚至无污染的材料来制作包装物，并应考虑包装废弃物处理等问题。

3. 产品加工过程

为了减轻对环境的污染，产品的加工过程应该符合"清洁生产"的标准。即尽量避免使用有毒有害的原料及中间产品，减少生产过程的各种危险性因素；采用少废、无废的工艺和高效的设备，使用物料的再循环（厂内、厂外），采用简便的操作和控制等。

4. 倡导赞助环保的组织和事业

为很好地推进绿色产品的生产，实施绿色营销，必须呼吁社会尽快成立具有权威性的、与"国际绿十字会"接轨的绿色组织，承担起对有关"绿色知识"的教育培训、宣传推广、监督控制等任务，针对不同对象、采取不同方式进行教育培训，提高全社会的绿色意识，利用各种宣传工具和宣传形式，开展各种保护生态环境的活动，发动全社会的力量来促进企业增强环保意识，监督企业实施"绿色营销"。

（二）环境中心论

这种观点认为，"绿色营销是指企业在市场营销中要保护地球生态环境，反污染以保持生态，充分利用资源以造福后代"。"绿色营销是以环境问题作为推进点而展开的营销实践"。这种观点的着眼点是利用绿色问题来推销产品，而并不是真正意义上帮助解决环境问题。例如，1990年地球日给了那些与环境问题有关的公司发起绿色宣传运动的机会，这些公司并没有真正开发出对改善环境有益的货真价实的产品，而是以功利主义为目的纷纷为自己的产品加上顺应环境保护的标签，以推销产品。

（三）利益中心论

这种观点认为，"绿色营销是实现企业自身利益、消费者需求和环境利益的统一，而对产品和服务的观念、定价、促销和分销的策划和实施过程"。它强调企业在实施绿色营销时，不仅要满足消费者的需求并由此获得利润，而且要符合环境保护的长远利益，正确处理消费者需求、企业利益和环境保护之间的矛盾，把三者利益协调起来，统筹兼顾。

（四）发展中心论

"发展中心论"将绿色营销与企业的永续性经营和人类社会的可持续发展联系起来，认为"绿色营销是一种能辨识、预期及符合消费者与社会需求，并可带来利润及永续性经营的管理过程。

二、绿色营销与传统营销的差异

（一）营销观念的升华

经过近一个世纪的探索和发展，企业的营销观念已从以产品为导向发展到以人类社会的可持续发展为导向，并在此基础上提出了绿色营销观。与传统的营销观念相比较，绿色营销观是在 20 世纪 50 年代由产品导向转向顾客导向的、具有根本性变革的基础上的又一次升华。绿色营销观与传统营销观的差异主要表现在以下几个方面：

1. 绿色营销观是以人类社会的可持续发展为导向的营销观

90 年代以后，由于生态环境的变化，自然资源的短缺，严重影响人类的生存与发展，世界各国开始重视生态环境的保护，企业界则以保护地球生态环境、保证人类社会的可持续发展为宗旨提出了绿色营销。

绿色营销观念认为，企业在营销活动中，要顺应可持续发展战略的要求，注重地球生态环境保护，促进经济与生态协调发展，以实现企业利益、消费者利益、社会利益及生态环境利益的统一。首先，企业在营销中，要以可持续发展为目标，注重经济与生态的协同发展，注重可再生资源的开发利用、减少资源浪费、防止环境污染。其次，绿色营销强调消费者利益、企业利益、社会利益和生态环境利益等四者利益的统一，在传统的社会营销观念强调消费者利益、企业利益与社会利益三者有机结合的基础上，进一步强调生态环境利益，将生态环境利益的保证看作是前三者利益持久地得以保证的关键所在。

2. 绿色营销观念更注重社会效益

企业作为社会的一个组成部分，不仅要注重企业的经济效益，而且要注重整个社会的经济效益和社会效益。

绿色营销观要求企业注重以社会效益为中心，以全社会的长远利益为重点，要求企业在营销中不仅要考虑消费者欲望和需求的满足，而且要符合消费者和全社会的最大长远利益，变"以消费者为中心"为"以社会为中心"。企业一方面要搞好市场研究：不仅要调查了解市场的现实需求和潜在需求，而且要了解市场需求的满足情况，以避免重复引进、重复生产带来的社会资源的浪费；另一方面，要注意企业和竞争对手的优劣势分析，以扬长避短、发挥自身的优势，来提高营销的效果，增加全社会的积累。同时，企业要注重选择和发展有益于社会和人民身心健康的业务，放弃那些高能耗、高污染、有损人民身心健康的业务，为促进社会的发展、造福子孙后代作出贡献。

3. 绿色营销观念更注重企业的社会责任和社会道德

绿色营销观要求企业在营销中不仅要考虑消费者利益和企业自身的利益，而且要考虑社会利益和环境利益,将四者利益结合起来,遵循社会的道德规范,实现企业的社会责任。

(1) 注重企业的经济责任。实施绿色营销的企业通过合理安排企业资源,有效利用社会资源和能源,争取以低能耗、低污染、低投入取得符合社会需要的高产出、高效益,在提高企业利润的同时,提高全社会的总体经济效益。

(2) 注重企业的社会责任。企业通过绿色营销的实施,保护地球生态环境,以保证人类社会的可持续发展;通过绿色产品的销售和宣传,在满足消费者绿色消费需求的同时,促进全社会的绿色文明的发展。

(3) 注重企业的法律责任。企业实施绿色营销,必须自觉地以目标市场所在地所制定的、包括环境保护在内的有关法律和法规为约束,规范自身的营销行为。

(4) 遵循社会的道德规范。企业实施绿色营销,必须注重社会公德,杜绝以牺牲环境利益(如对能源的无遏制的使用、对生态环境的污染等)来取得企业的经济利益。

(二)经营目标的差异

传统营销,无论是以产品为导向、还是以顾客为导向,企业经营都是以取得利润作为最终目标。传统营销主要考虑的是企业利益,往往忽视了全社会的整体利益和长远利益。其研究焦点是由企业、顾客与竞争者构成的"魔术三角",通过协调三者间的关系来获取利润。传统营销不注意资源的有价性,将生态需要置于人类需求体系之外,视之为可有可无,往往不惜以破坏生态环境利益来获得企业的最大利润。

绿色营销的目标是使经济发展目标同生态发展和社会发展的目标相协调,促进总体可持续发展战略目标的实现。绿色营销不仅考虑企业自身利益,还应考虑全社会的利益。

企业实施绿色营销,往往从产品的设计到材料的选择、包装材料和方式的采用、运输仓储方式的选用,直至产品消费和废弃物的处理等整个过程中,都时刻考虑到对环境的影响,做到节约资源、安全、卫生、无公害,以维护全社会的整体利益和长远利益。

(三)经营手段的差异

传统营销通过产品、价格、渠道、促销的有机组合来实现自己的营销目标。绿色营销强调营销组合中的"绿色"因素;注重绿色消费需求的调查与引导,注重在生产、消费及废弃物回收过程中降低公害、符合绿色标志的绿色产品的开发和经营,并在定价、渠道选择、促销、服务、企业形象树立等营销全过程中都要考虑以保护生态环境为主要内容的绿色因素。

此外，从影响营销的环境因素来比较，传统营销受到人口环境、经济环境、自然环境、技术环境、政治环境、文化环境的制约，而绿色营销除受到以上因素的制约外，还受到环境资源政策及环境资源保护法规的约束。

二、我国企业实施绿色营销的现状

在国内外形势的促动下，我国企业也开始实行绿色营销。主要表现在：

（一）许多企业社会责任意识开始形成

随着营销观念在我国逐步推广，企业日益认识到，作为社会的一分子，企业应当承担社会责任。而当今激烈的竞争现实，使企业也开始关注其在公众心目中形成良好形象。

（二）生产绿色产品已成为部分企业的宗旨

由于我国不少企业已具有环境意识，同时，由于许多消费者要求提供健康、无害的产品，因而许多企业已将生产绿色产品作为企业经营的宗旨和竞争的法宝。

（三）一些企业已按环境标准实行清洁生产

例如海尔集团，于 1996 年建立起环境管理体系，并于 1997 年 6 月获得 ISO 14001 标准认证。

（四）我国绿色标志进入实施阶段

（五）营销技术绿色化成为越来越多企业的选择

近年来我国已有越来越多的企业在营销中采用绿色营销技术开展营销活动。从中央电视台的各种公益广告的迅猛增加可以看出我国企业营销技术绿色化已有一定的发展。

三、我国企业实施绿色营销中存在的问题

尽管我国企业绿色营销已取得良好开端，但从整体而言，就我国大多数企业而言，还不具备绿色营销意识。我国企业营销绿化方面存在的问题主要有：

（一）企业营销目标停留在刺激消费、追求消费数量增加的阶段

目前，我国大多数企业在营销中工作的重点仍是刺激或激励消费者更多地消费产品，甚至是超越实际的过度消费，可见我国企业营销的绿色化尚有待进一步努力提高。

（二）资源保护尚未成为各类企业的营销原则、环境成本意识不强

由于我国长期实行粗放式经营，许多企业至今仍未树立正确的资源观。为了追求利润，一些大量消耗资源，吃子孙饭的产业仍在大力发展，企业内部绿色审计制度也未建立起来。

（三）绿色产品尚未成为消费者的首选产品

绿色产品由于相对而言成本高，从而价格较高，但在许多国家，绿色产品自然成为最好销的产品，成为消费者的首选产品。然而在我国，由于收入的原因和环保观念的淡薄，大多数消费者，尤其是中小城镇与广大农村地区的消费者仍愿意购买便宜的非绿色产品。

（四）绿色标志制度尚未引起大多数企业的重视

由于绿色标志制度的非强制性，因而大多数企业对获取绿色标志兴趣不大。

（五）企业营销手段上尚未有效地引入绿色思维方式

以上问题，说明我国企业在绿色营销方面存在的严重问题，我国企业绿色营销任重而道远。

四、企业实施绿色营销的内容与步骤

（一）搜集绿色信息。分析绿色需求

绿色信息包括如下内容：绿色消费信息、绿色科技信息、绿色资源和产品开发信息、绿色法规信息、绿色组织信息、绿色竞争信息、绿色市场规模信息等等。在此基础上，分析绿色消费需求所在，及其需求量的大小，为绿色营销战略的制定提供依据。

（二）制定绿色营销战略计划。树立良好的绿色企业形象

企业为了适应全球可持续发展战略的要求，实现绿色营销的战略目标，求得自身

的持续发展，就必须使自己向着绿色企业方向发展。为达到此目的，企业必须制定相应的战略计划。

1. 绿色营销战略计划

在生产经营活动之前，制定一个全盘的总的计划——绿色营销战略计划，包括清洁生产计划、绿色产品开发计划、环保投资计划、绿色教育计划、绿色营销计划等等。

2. 绿色企业形象塑造战略

导入企业形象识别系统 CIS，制定绿色企业形象战略，对于统一绿色产品标志形象识别，加强绿色产品标志管理，提高经营绿色产品企业自身保护能力，增强企业竞争意识，拓展市场，促进销售等均十分重要。

（三）开发绿色资源和绿色产品

全球可持续发展战略要求实现资源的永续利用，企业要适应该战略要求，利用新科技，开发新能源、节能节源、综合利用。绿色资源开发的着眼点可放在：无公害新型能源、资源的开发，如风能、水能和太阳能以及各种新型替代资源等；节省能源和资源的途径及工艺，采用新科技、新设备、提高能源和资源的利用率；废弃物的回收和综合利用。

绿色产品的开发，是企业实施绿色营销的支撑点。开发绿色产品，要从设计开始，包括材料的选择，产品结构、功能、制造过程的确定，包装与运输方式，产品的使用至产品废弃物的回收处理等都要考虑对生态环境的影响。

（四）制定绿色价格

在制定绿色产品的价格时，首先要摆脱以前投资环保是白花钱的思想，树立"污染者付费"、"环境有偿使用"的新观念，把企业用于环保方面的支出计入成本，从而成为价格构成的一部分。其次，注意绿色产品在消费者心目中的形象，利用人们的求新、求异，崇尚自然的心理，采用消费者心目中的"觉察价值"来定价，提高效益。

（五）选择绿色渠道

选择恰当的绿色销售渠道是拓展销售市场，提高绿色产品市场占有率，扩大绿色产品销售量，成功实施绿色营销的关键，企业可以通过创建绿色产品销售中心，建立绿色产品连锁商店，设立一批绿色产品专柜、专营店或直销点，来拓展绿色产品的经营。

（六）开展绿色产品的促销活动

运用绿色产品的广告战略，宣传绿色消费。绿色产品已进入中国消费品市场，运用绿色营销观念，指导企业的市场营销实践已成为必然趋势，其中重要的一环是要推行绿色广告。绿色广告是宣传绿色消费的锐利武器，是站在维护人类生存利益的基础上推销产品的广告，它的功能在于强化和提高人们的环保意识，使消费者将消费和个人生存危机及人类生存危机联系起来，使消费者认识到错误的消费影响到人类的生存并最终落实到个体身上，这样消费者就会选择有利于个人健康和人类生态平衡的包括绿色食品在内的绿色产品。运用绿色广告可以迎合现代消费者的绿色消费心理，对绿色产品的宣传，容易引起消费者的共鸣，从而达到促销的目的。目前在我国，绿色广告作为一种市场营销战略还未引起广大绿色产品生产经营者的普遍重视，因此，绿色产品企业应该利用各种广告媒体，推行和运用绿色广告，引导绿色消费。

通过绿色公共关系，开展促销活动。绿色公关是树立企业及产品绿色形象的重要传播途径。绿色公关能帮助企业更直接更广泛地将绿色信息传到广告无法达到的细分市场，给企业带来竞争优势。绿色公关的主要对象是：客户、环保集团成员；法律团体；一般性团体以及企业内部人员。绿色公关的方式多样，可通过一定的大众媒体开展，诸如通过演讲、文章、环境保护教材及资料、有声音像材料、信息服务中心等。还可通过某些有关的公关活动来宣传企业的绿色形象，诸如通过绿色赞助活动及慈善活动等开展与环境有关的有价值的公关活动。

进行绿色人员推销和销售推广。人员推销是工业企业主要的促销通道。要有效地实施绿色营销策略，推销人员必须了解消费者绿色消费的兴趣，回答消费者所关心的环保问题，掌握企业产品的绿色表现及企业在经营过程中的绿色表现。绿色销售推广是企业用来传递绿色信息的促销的补充形式。通过免费试用样品、竞赛、赠送礼品、产品保证等形式来鼓励消费者试用新的绿色产品，提高企业知名度。

（七）实施绿色管理

所谓"绿色管理"，就是融环境保护的观念于企业的经营管理之中的一种管理方式。一方面，通过建立企业环境管理新体系，将强制企业搞好环境保护工作变成企业自觉搞好环保工作。另一方面，通过全员环境教育，提高企业的环境能动性。实施绿色营销，涉及到企业生产经营活动过程的每一方面，需要企业全体人员的积极参与。公司决策者通过学习，了解本国和它国有关规定以及有法律约束力的国际环境协议的内容，以便对公司的发展项目和产品生产作出决定；技术专家需要不断学习新的环境技术以设计废物处理装置和污染控制设备，以及重新设计工业过程，不断减少污染和污物产量，提高生态效率；对生产第一线的员工进行教育和培训，使其掌握清洁生产的技术和绿色营销的方法。

五、绿色营销和可持续发展

营销环境的变化,给企业既创造营销机会,又带来威胁。可持续发展从五个方面寻求实现途径:人口、环境、资源、技术进步和制度。这五个因素既是可持续发展的影响因素,又是企业营销环境中的重要因素。可持续发展已成为全球关注的战略问题,国际组织、政府、公众、消费者等有关组织和人员都在行动。毫无疑问,随着可持续发展战略的实施,人们的生产方式、消费方式、价值观念都会发生很大变化,企业在营销活动中,必须顺应可持续发展的要求,注重地球生态环境保护,促进经济与生态协调发展,以实施企业利益、消费者利益、社会利益及生态环境利益的统一。

(一)可持续发展的人口战略与绿色营销

人口统计因素是影响和制约市场营销活动的重要因素。可持续发展的人口战略包括控制人口规模,提高人口素质,引导可持续消费等内容。绿色营销必须对人口统计因素进行研究,探索如何寻找市场机会和适应可持续发展的人口战略。

1. 控制人口规模与绿色营销

实现可持续发展要求控制人口规模,使人口与资源、环境和社会可承受力相协调,即保持最适度人口(Optimum Population)。控制人口规模的政策的实施,会改变人口结构,改变人口分布(人口增长最快的地方是那些最缺乏能力养活过多人口的国家和地区),从而要改变消费结构、消费的区域特征。绿色营销应该适应这种变化,而且还要研究人口的长期趋势,为持续营销提供理论依据。

2. 提高人口素质与绿色营销

可持续发展要求提高人口素质,一要提高人口的科学教育水平和创新能力,二要加强可持续发展伦理、道德观念的宣传教育,提高民众的环境意识、资源意识。为配合可持续发展战略,绿色营销应适应人口素质政策,向人们提供安全、健康、无污染的产品,并向营养、保健、医疗、教育等方面投资,寻找市场机会,全面提高人的身体素质和文化素质,倡导绿色文化,关注人的价值,全面提高人的生活质量。

3. 引导可持续消费

消费习惯和消费方式在某种程度上制约和引导企业的生产活动。消费者需求是原生需求,企业对生产资料的需求是派生需求。因此,消费习惯、消费观念决定了各种产品的具体形式和比例(即消费结构),从而拉动供应链,启动分销、加工制造、对各种资源的采集。人类的消费模式对环境和资源这两个可持续发展的生态因素产生重大影响。重建人类消费观是实现可持续发展的主要途径。

营销是生产和消费的中介。生产和消费是互动的关系,而营销在其中应发挥协调作用，促进生产和消费方式适应可持续发展的要求。从目前看，可持续消费要求降低对资源依赖性较强的低层次消费，增加对人类劳动依赖性较强的高层次消费，减少对环境不利的产品的生产和消费。

（二）可持续发展的环境战略与绿色营销

环境问题的提出和环境问题的解决对市场营销提出了新的课题，绿色营销正是在环保时代背景下孕育产生的。环境因素是可持续发展的重要组成部分，必须纳入经济发展的体系之中。可持续发展的环境战略对企业营销活动将产生深刻影响，要求企业进入绿色营销时代。

环境问题的产生要求企业进行绿色营销。首先，随着环境问题的恶化，消费者环保意识的增强，越来越多的消费者趋于追求绿色产品，追求产品的安全性、健康性、无害性，这要求企业生产和销售绿色产品。其次，环境问题要求企业改变生产技术，采用无废工艺、减少对环境的污染，在生产和消费过程中，减少对环境的干扰，例如西尔斯公司就研制一种不含磷的洗衣粉，百事可乐公司研制了一种一次使用的塑料软饮料瓶，这种瓶子在处理时，可应用生物催化分解，美国石油公司率先推出无铅汽油及低铅汽油。第三，环境问题对企业的成本将产生影响，在环境导向下，企业需要或必须采用新工艺、新设备、新材料、寻找替代资源、研制和开发新技术，这些都会增加企业投入和成本。同时，企业经营过程中，引起对环境的污染，即使环境可以吸纳和自净，但企业也必须付费，这也会增加企业经营成本。第四，环境问题也会给企业带来市场机会。由于消费者绿色意识增强，注重环保问题的企业会获得竞争优势，例如英国14家最大的绿色公司平均税前利润达31%，远远超过非绿色企业的水平；国家和政府对环境问题的解决也可能给企业带来市场投资机会，如环保产业、医疗卫生等产业会产生新的市场机会；由于人们对环境的关心，使全球废物处理行业在80年代年均增长率达40%。消费者环保意识的增强产生了高层次的需求，给企业提供了新的生产领域和市场机会。例如，由于水污染的日益加重，人们对水的质量日益关心，使饮用水产业包括矿泉水、蒸馏水、纯净水等得到了发展，据统计，20世纪80年代世界饮用水生产年均增长率达20%以上。

可持续发展的环境战略的思路包括市场机制和国家干预。市场机制有两种具体思路：一种是强调市场机制的作用，认为环境污染所产生的外部性，可以通过征税形式使之内部化；一种是产权管理思路，强调在环境问题上通过界定产权，使外部性内部化，从而控制污染。国家干预思路则是从非市场途径对环境问题进行干预。可持续发展的环境战略对企业的经营活动提出的要求，要求企业把环境问题作为企业重要的决策变量（无论是通过市场机制使环境问题内部化，还是国家从外部进行强制干预），对整个供应链（Supply-Chain）进行改造，使之适合可持续发展的环境要求。

（三）可持续发展的资源战略与绿色营销

可持续发展的资源战略要求企业进行绿色营销，树立新的资源观。可持续发展要求企业在进行经营活动时，加强对资源的养护，加强对资源的综合利用，在资源的开发利用中实行节约，建立资源节约型的生产、运输和消费体系，发展资源替代，用相对丰裕的资源替代相对稀缺的资源，在绿色营销中，企业要特别注意引导消费观念、倡导和建立科学合理的消费模式，实现消费中的替代，即以某种产品替代另一种产品，如果不影响消费需求的满足、降低生活质量，则可由消费模式的改变，调整产品结构，进而改变产业结构，减少资源依赖性产业，从而节约资源。

可持续发展的资源战略要通过国家的一定政策措施提供保证，如要加强立法与执法，把资源开发利用纳入法制轨道；推进资源价格的合理化，发挥市场对自然资源的配置作用；通过调整产业结构，建立节约型的社会经济体系；实行资源核算。这些政策的实施，都会改变企业营销环境，例如，提高企业资源成本、有些资源反会受到限制，有些资源耗竭产业的发展要受到抑制等。这一切都要求企业进行绿色营销、树立新的资源观，为可持续发展建立资源永续利用的基础。

（四）可持续发展的技术战略与绿色营销

为实现可持续发展战略，企业经营活动必须在绿色营销观念指导下，进行技术创新，向高新技术产业以及与可持续发展的相关的产业进行投资，增加产品附加价值，培育和开拓高新技术市场，推行清洁生产，开发环境友好产品。技术开发的导向应从生产中减少资源（自然资源），生活过程无污染或少污染，生产出来的产品在使用和最终报废处理过程中不对环境造成损害。

（五）可持续发展的制度安排与绿色营销

实施可持续发展的制度安排包括征收环境费制度、环境税制度、财政刺激制度、排污权交易制度以及环境损害责任保险制度等。这些制度安排，都迫使企业必须进行绿色营销，减少对环境、资源的损害，同时减少成本（各种制度安排，都会增加对环境产生污染的企业的经营成本，从而减少其竞争力），提高竞争力。

综上所述，可持续发展战略要求企业把人口、资源、环境、技术和制度等因素纳入到企业决策和管理体系之中，进行绿色营销，协调好需求、环境、资源和企业经营目标之间的关系，以实现生态、社会、经济持续发展和企业持续经营的双重目标。可见，绿色营销是可持续发展的要求，可持续发展是绿色营销的理论基础，可持续性是绿色营销的核心概念。

第四节 知识营销研究

20世纪70年代以来，伴随着世界高新科技革命，尤其是计算机、信息技术及其产业化革命的浪潮，这种新型的经济形态—知识经济开始迅速发展。在一些发达国家，如美国，知识经济已经开始替代工业经济成为一种新的社会文明。《商业周刊》在1997年底发表文章认为美国目前已经开始新经济"即知识经济，自1993年以来，美国经济的7%是由知识信息产业带动的，21世纪人类将进入知识经济时代，知识经济新文明将来临。

知识经济是和农业经济、工业经济相对应的概念，信息化和网络化是其两大特点。知识经济是基于知识资源的开发和利用的一种新型经济形态，知识成为关键性的战略资源和经济增长的重要动力。知识作为一种经济资源不同于一般的物质资源，它有这样的特点：一是非消耗性，运用越多，成本越低；二是共享性，不受时空的局限，不具排他性；三是非稀缺性，可以无损耗使用而产生更多；四是易操作性，易于传播和处理。

一、知识营销是"创新"营销

在知识经济中，技术创新、制度创新、+观念创新、产品服务的创新成为企业生存和发展的根本。丰富多彩，不断发展的个性化消费需求诱发着生产技术的日新月异，产品和技术的生命周期迅速缩短。激烈的竞争环境和全球化市场要求企业为顺应社会飞速发展的要求，不断创新，从创新中求生存，在创新中求发展。应用知识，添加创意不仅用于企业的生产，同时也应用于企业的营销战略之中。不断地创造新的营销方法和营销策略，做到出奇制胜，是21世纪企业营销的灵魂。

创新营销主要包括营销观念创新、营销产品创新、营销组织创新、营销方式和渠道的创新等几个方面。而其中观念的创新是根本，企业的营销观念、指导思想跟上时代潮流其营销才有可能成功。20世纪90年代出现的权力营销观念、关系营销观念、整合营销观念都是营销观念创新的成功案例。产品的创新是创新的起点，新产品创造新市场b组织创新是营销创新的制度基础；渠道的创新是实现营销创新的中间环节。

二、知识营销是"合作"营销

和平、合作与共存是21世纪的大主题。知识经济条件下的合作型竞争要求企业在进行营销活动时特别注重同行及客户，供应商等的合作。知识具有共享性，大家在共享知识的同时，共同合作，又能创造更多的知识，"三个臭皮匠，胜过个诸葛亮"。大家在合作中共同开发市场，创造良好的营销条件。而不是像过去互相拆墙，互相攻击。

近期，《华盛顿季刊》载文"一个新公司形式的兴起"，文章核心内容是论述知识经济时代高科技企业的发展战略，强调高科技企业要发展，就必须培育新的商业生态系统，所谓商业生态系统就是由客户，供应商，主要生产厂家以及其他有关人员相互合作配合组成的群体，这个群体还应包括融资机构，行业协会，政府，工会和其他中介机构。像生物生态系统一样，商业生态系统内各成员的能力是共同进化的，一每个成员在自我改善与改造的同时，都必须对群体内其他成员予以关注和配合。

创新和合作是知识经济时代企业的思维方式。高度发达的信息系统和 Internet 网已经为这种合作提供了良好的物质技术基础。企业进行营销特别注重借助这些高科技手段主动与客户交流。真正做到对客户关怀备至，企业营销管理才能适应时代发展的要求。

在合作营销中，企业与消费者的关系已经突破了传统营销的主动和被动关系，，二者通过 Internet。网络可直接交互式交流，实现完全信息共享。企业建立消费者信息档案，根据消费者需求来生产，实行"定制销售"和"零库存销售"，即满足了消费者的需求，又节约了社会资源。因此，合作营销是实现社会资源优化配置的必然要求，是 21 世纪营销的主题。

三、知识营销是"学习"营销

西方学者认为知识经济时代人类进入学习社会（Learning Society），即学习意识普通化和学习行为社会化的社会，人类将由此跨入知识普及和创新的时代。学习社会的到来，知识和信息的大爆炸决定了知识经济时代的营销是"学习营销"。学习营销主要包括两个层面的内容：

一是企业向消费者和社会宣传其智能产品和服务，推广普及新技术。由于知识型产品技术含量高、专业性强、功能复杂，消费者不可能具备足够的百科知识来识别自己的需求，从而难于购买和消费。在这种情况下，企业就必须进行"学习营销"，实现产品知识信息的共享，消除顾客的消费障碍，从而扩大市场需求，"把蛋糕做大"。中国联想在这方面颇有成就：联想开办了许多各种各样的电脑培训班，同时让培训班面对面、手把手的教导，使更多的中国消费者掌握电脑知识和技术，扩大了市场，同时提高了联想的知名度和信誉，为联想作了无形广告，联想最终也坐上了中国电脑业的头把交椅。

学习营销的第二层面是企业向消费者、同行和社会学习。企业在进行营销的过程中不断地向客户及其他伙伴学习，发现自己的不足，吸取好的经验方法，补充和完善自己的营销管理过程。因此，"学习营销"是一个双向过程，互相学习、互相完善，最终达成整体的和谐。

四、知识营销是"网络营销"

随着互联网络 internet 及万维网 www 的盛行，利用无国界、无域界的 internet 来销售商品和服务已成新潮，发展速度飞快。根据 Forester Research 市场研究公司的数据，1996 年单在互联网络上的商品销售总额达 50 多亿美元，估计 2000 年将达 66 亿美元。在美国，网上服务 ISP（Intemet Service Provider）约有 1200 家。美国《财富》杂志评出的全美 500 家最大的公司已有半数开展网上业务，中小企业不计其数。

互联网络作为跨时空传输的"超导体"媒体，可以为世界各地的消费者提供及时的服务，同时互联网络的交互性更加有利于供求的适时平衡，因此互联网络可以说是最富魅力的营销工具。网络营销主要是通过在 internet 上建立虚拟商店和虚拟商业街来实现的。虚拟商店有称为电子空间商店，它不同于传统的商店，不需要店面、货架、服务人员，只要拥有一个网址连通 intemet，就可以向全世界进行营销活动。它具有成本低廉、无存货样品、全天候服务和无国界区域界限的特点。

另外，在网络上进行广告促销和市场调查以及收集信息等都是网络营销的范围。internet 为企业和客户间建立了一个即时反映交互式的信息交流系统，拉近了企业与消费者之间的距离，带来了市场营销的一场革命。网上贸易具有快捷、准确、主动，生动丰富和直接等优点，具有很好的发展前景。

五、知识营销是"绿色营销"

因为知识资源的特殊性，消费的日益健康化、自然化，知识经济将创造人类新型的生态文明，知识经济时代人类更加重视生态文化。各国政府将更加注重保护自然资源和生态环境，实现可持续发展。wto 及国际标准化组织等国际机构更加注重"绿色贸易"法规标准的制定。

国际标准化组织制定的国际环境管理系列认证标准 ISO 14000 和绿色标志，将成为企业下个世纪市场营销的通行证。所以，企业在进行知识营销时应特别注视"绿色"概念，开发绿色型产品，实施绿色营销组合策略，比如在定价时加入生态环境成本核算，树立绿色产品优质的形象。同时在营销策略上注重"绿色"情怀，关心生态，健康营销，这样，才会得到社会的肯定和顾客的信任，企业营销也就将取得良好的社会效益和经济效益。另外，企业应该积极申请 ISO 14000 和绿色标志认证，取得 21 世纪绿色营销的"合格证"。

六、知识营销是"全球营销"

知识经济时代将是全球一体化的时代，高度发达的信息技术通讯网络将全球各地联成一体。同时知识经济的发展将逐步消除国与国间的经济和文化障碍，推动世界经贸一体化。如果说21世纪全球市场还处在初级阶段的话，那么21世纪将出现真正的全球市场、全球企业、全球营销。世界将是一个大村庄，所有的企业都将在这个村庄中进行生产和营销活动，即使不参与国际竞争，也会受到外来企业的竞争和挑战，因此，此时的营销应该有全球概念，注意区别国际文化差别，把握全球经济动向，做到高屋建瓴，从一开始策划就以全球市场为导向和目标，只有这种企业营销战略才能适应知识经济浪潮的挑战。

第五节 关系营销研究

传统的市场营销理论认为，企业营销理论的实质是企业利用和组合内部可控因素（产品、价格、渠道和促销等），对外部不可控因素及时做出积极反应，从而达到服务顾客、促进产品销售的目的。20世纪90年代以来，西方国家许多产业领域广泛采用一种全新的营销概念和方法——关系营销。而基于企业生存和发展的事业生态系统思想与顾客、供应商、分销商及其他伙伴群体的共同利益建立起来的一种长期有效的交换关系便是关系营销的理论基础之一。

一、关系营销的概念

"关系营销"的概念最初在20世纪80年代被提出。最早的定义是伦纳德·贝瑞（Leonard Berry，1985）提出的："关系营销是吸引、维护和增进与顾客的关系"。关系营销理论最早应用于工业市场上，其最重要的理论基础是社会交换理论、企业间行为理论和技术交换理论，同时，吸取了系统论、协同论、传播学等相关学科的重要思想。后来被广泛的应用在工业、商业等多个产业领域。

关系营销，以系统的思想来分析企业的营销活动，认为企业营销活动是企业与消费者、竞争对手、供应商、分销商、政府机构和社会组织相互作用的过程，市场营销的核心是正确处理企业与这些个人和组织的关系。采用关系营销的企业进行营销活动，其重点不是在创造购买，而在建立各种关系。关系营销是创造买卖双方相互长期依存关系的方法和艺术。

关系营销具有以双向沟通为原则的信息交流，以协同合作为基础的战略运行，以互利互惠为目标构营销推广，以反馈协调为职能的管理方针的本质特征，着眼点放在卖方如何稳定顾客资源，提高企业和品牌的忠诚度，以期取得长期的盈利和发现创新的需求。关系营销更好地抓住了现代营销的实质，是对市场营销的发展和深化。

美国学者莫葛和霍特界定了企业的四组共十种合作关系，即供应商合伙关系（产品供应商，服务供应商）i 隐性合伙关系（竞争者，非赢利组织、政府）、购买者合伙关系（最终顾客，一直接顾客）、内部合伙关系（职能部门，员工业务单位，事业部）。端典学者古姆松把企业面临的关系分为市场和非市场关系两大类共 30 种关系。科特勒提出全面营销概念并识别出环境中的 10 个重要营销对象，包括直接环境中的供应商、分销商、最终用户和员工；间接环境中的金融机构、政府、媒体、联盟者、竞争者和公众。英国学者马丁-克里斯托弗等，将上述错综复杂的关系概括为六大市场模式，即客户市场、内部市场、影响者市场、推荐市场、雇员市场、供应商市场。如建立在信息技术基础之上的顾客关系管理（CRM）方案已被引入了企业的经营实践中。如：1999 年，全球 CRM 市场有 76 亿美元，预计到 2j304 年达到 670 亿美元。另外，建立在制造商与供应商合作关系之上的供应链管理系统（sF瞰）也投入到实际运营中，产生了良好的经济和社会效益。

二、营销制胜——用关系营销的思想整合企业的营销

关系营销的作用就在于用一个宽广的视野谋求相关群体的长久支持，这种思路对于面临着不确定性的企业营销来讲具有重大的实用价值，具体表现在以下几个方面。

（一）关系营销可以促进企业营销大整合

关系营销所强调的宽视野正是将企业放在一个关系复杂的企业生态链中，全面考查企业的营销环境与营销客体，并努力探讨企业的营销措施如何影响与改变整个企业生态链的结构与效率，进而协调各种关系，以期求得企业所能调动资源的效率的最大化。企业在供货商市场中寻求原材料、半成品、劳动力、技术、信息等资源的合理配置；在分销商市场中寻求合理资源配置并取得市场基础的强力支持；在内部员工市场，寻求员工的协作以实现在资源转换过程中的最大化；在竞争者市场寻求资源共享和优势互补；在影响者市场寻求无形资源对企业市场终端的强力推动这些努力最终将增强企业的竞争实力获得顾客资源。

另外，从顾客价值的角度来看，企业的相关市场也参与了顾客价值的创造与传递过程。这种描述进一步扩展了顾客价值创造的空间，将传统的企业内部的价值创造跃升为全部关系方都参与的过程。

关系营销群体的价值传递系统包括：选择顾客细分市场进行价值定位、选择合作供应商、选择合作竞争者、选择产业基础、选择培训激励员工、选择合作供销商、产品,(联合)开发、产品定价、分销服务、支持性活动扶助、信息沟通、服务开发、人员推销、业务推广、广告、合作分销商推介、产业基础推介等。

（二）关系营销提高信息获取能力，降低企业经营风险

关系营销强调信息的双向流动与反馈。一方面企业将信息传递给相关群体；另一方面相关群体也有企业建立的相关渠道向企业反馈信息。通畅的信息交流与反馈渠道是增强关系的纽带。同样，良好的关系进一步增强了信息与情感的交流。这种良好的关系拓展了企业的边界，将相关群体纳入到企业的经营中来，增强了企业在风云变换的高技术市场中获得真实的市场数据，及时做出反馈有利于企业有效把握机会，规避风险。同时，良好的信息交流与反馈机制也可以造就良好的顾客关系，良好的顾客关系也可以长久地留住顾客，获取顾客的终生价值，同样，也可以获得相关群体的长久支持，获得相关群体的长久价值。

（三）关系营销追求多赢策略，可增强企业竞争能力

传统的观念中，企业处在一个敌对的环境中。企业与供应商，企业与经销商，企业与竞争者，企业与内部员工，甚至企业与顾客都是敌对的。关系双方为了获得自身的最大利益，努力挤压对手的利益空间。这种思路在企业的高强度竞争中就有点不合时宜了。由于高技术的特性，使得单个企业往往无法独自完成某项技术创新。成本高昂或贻误时机都会给企业带来毁灭性的打击；而且在制定行业标准时，单个企业也往往无能为力，必须得到多个关系方的支持。因此，企业摒弃狭隘的竞争策略，逐渐采纳了竞合的观念——既竞争又合作：在竞争中求合作，在合作中有竞争。

企业与供应商、经销商结成战略同盟，一荣俱荣，一损俱损；企业与竞争对手合作研发降低成本，合作渠道开发市场，互惠互利；企业与内部员工形成新的契约关系，可以更好地吸引和留住稀缺资源人才；企业与顾客保持长久关系赢得顾客终生价值；企业与政府合作争取政府的政策支持，企业有此形成自己稳固的网络关系，增强了开拓市场、抵御风险的能力。竞合的目的在于使参与方都获得收益，达到多赢。

（四）关系营销整合营销资源，可扩展企业营销思路

传统产品的营销因其技术性并不复杂，营销对策中对消费者的说理教育，地位是次要的，往往通过强有力的广告和花样繁多的推销手段就能打开市场，这种策略称为"市场推销"；而消费者普遍存在对产品特别是高技术产品 FUD 疑虑（Fear、Uncertain、Doubt），而产生滞后效应不能仅凭常规的方式就能成功，这里要采用"市场推动"的营销，多方整合与消费者相接触的资源，分析市场结构，开发出强有力的产品，与产业基础建立牢固的战略地位。

这里所指的产业基础就是指与企业有关的销售链（供应商、代理商、批发商、零售商）、风险投资者、金融家、新闻记者、报刊评论员、经济分析员、律师、产业界

知名人士、控制该产业的信息流(学会协会等组织内部定期或不定期的专业信息资料)、高等学府、科研院所的理论权威、、政府职能部门的主管官员,以及广大用户等。这些人士组成强大的产业基础,企业决策者应该与他们中的关键人物建立良好的战略关系。通过产业信息流的介绍、新闻媒体的宣传、老用户的推荐、行业权威的评论以及职能部门的引导,可以取得千金难买的信誉与市场重视,而这些都是广告手段所买不到的。一家公司的产业基础愈宽,与产业基础的关系愈密切,它的产品便越能被消费者所接受。

三、营销客户管理

在开展关系营销时,需要有强大的信息和互动的能力,仅靠人工服务是难以信任的。20 世纪 90 年代初,美国的许多企业为了满足日益激烈的市场竞争的需要,开发了销售力量自动化系统(SFA),随后又着力发展客户服务系统(css)。90 年代后期,一些公司开始把 SFA 和 CSS 两个系统合并,再加上营销策划、现场服务和集成计算机电话集成技术(CTI)形成集营销和服务于一体的呼叫中心(Call center),在此基础上产生了客户关系管理(CRM,Customer Relationship Management)系统。从营销角度考察,也称为营销客户管理。

CRM 是一种使用先进的信息技术来帮助管理部门实现业务功能运作和提高效率的原则,以优化顾客关系,从而获取、保持和增加顾客的关系营销过程。其核心内容是通过不断改善企业营销管理,顾客服务和支持等与顾客关系有关的业务流程,提高各个环节的自动化程度,以缩短销售周期、降低销售成本、扩大销售量、增加收入与盈利、抬高市场份额、寻求新的市场机会,最终从根本上提高企业的核心竞争力。

CRM 借用 Interact 的交流渠道及电子商务技术,简化了营销、销售、洽谈、服务、支持等各类与顾客相关联的业务流程,将企业的注意力集中于满足顾客的需要上,将传统的面对面、电话及 web 访问等交流渠道融合为一体,企业可以按顾客的个性化喜好使用适当的渠道及沟通方式与之进行交流,从根本上提高了营销者与顾客或潜在顾客进行交流的有效性,提高了企业对顾客的反应能力,有助于企业对顾客个性化需求的全面了解。

第六节 全球营销研究

经济全球化是当今世界经济发展的最重要趋势,现代化大生产本身的客观规律必然要求实现全球化分工。在这一经济规律的驱动下,各国企业和产品纷纷走出国门,在世界范围内寻求发展机会，许多产品都已成为全球产品，许多支柱产业也已成为国际支柱产业，而不是某一国的产品或产业。特别是实力雄厚的跨国公司，早已把全球市场置于自己的营销范围内，以一种全球营销观念来指导公司的营销活动。如可口可乐公司在世界几十个国家布有生产据点和一百多个国家拥有市场，成为一个总部设在美国的全球公司；空中汽车公司早已不是法国公司而是欧洲公司，并把营销触角伸向各国市场。这些公司都是把，眼光放在世界地图上开展全球营销活动。

海尔是我国企业界较早具有这一意识的公司，他们明确提出要实现"海尔的国际化和国际化的海尔"。所谓"海尔的国际化"就是通过大规模出口和在境外设厂让海尔迅速走向世界各国。1998年，在我国出口严重滑坡的情况下，海尔出创口汇同比增长36%，2003年1~3月份，猛增131%。所谓"国际化的海尔"就是让海尔在世界各国本土化。海尔已首先在知识经济最发达的美国迈出这一步，美国化（即设计中心、营销中心、生产中心都在美国＞原则成立的本土化海尔，而不是单纯的中国海尔，其设计中心设在波士顿，营销中心设在纽约，生产制造中心设在南卡罗林那州，让美国人来经营美国海尔，让美国资源来"养育"美国海尔。

为了应对经济全球化这一趋势，与世界各国特别是发达国家在同一市场条件下竞争，中国企业必须站在国际市场营销的起点重新调整、审视和制定市场营销的体制、观念和战略，培养全球化的营销方式以及战略实施组织体系。

一、全球营销的定义

知识经济和信息社会将全球融合为一个巨大的没有时空差异的统一市场，社会的发展客观上把现代企业营销置于个国际化的环境之中。全球营销指企业通过全球布局与协调，：使其在世界各地的营销活动一体化，以便获取全球性竞争优势。全球营销有三个重要特征：全球运作、全球协调和全球竞争。

根据企业投资于国际市场的特性与程度及其国外营销活动的协调与一体化程度，可将各种营销归纳为七种类型，见表5-1。

全球化营销是企业国际化的高级阶段，其核心内容在于"全球协调"和"营销一体化"。全球营销可细分为初级阶段和高级阶段。初级阶段的全球营销则一般只在个别职能，如采购或生产方面实现了全球化；高级阶段的全球化营销则差不多所有的营销环节都实现了全球化，建立了全球营销网络，在全世界范围内进行采购、生产、研发、信息扫描、人力资源等重要职能分工、各自相对专业化，彼此又高度相互依赖。

表 5-1 各种营销比较

类型	核心
国内营销	在本国开展营销活动
比较营销	各个国家营销的异同点
出口营销	出口战略与出口管理
对外营销	在国外市场开展营销
国际营销	跨越几个国家的营销活动
多国营销	多国协调与营销一体化
全球营销	全球协调与营销一体化

全球化营销面临最常见的问题之一，是标准化与差异化的两难选择。在全球营销实践中，全球营销者更重视各国消费者需求的共性，也许他们会对各市场的需求特点，对营销组合做适当的调整，但是全球营销公司会要求在部分的营销组合要素上保持绝对的统一。如麦当劳的金色拱门，可口可乐的配方，柯达的商标和颜色等。这些标准和环节都由总公司统一设计并控制实施。

奥米将全球营销哲学的发展分为三个阶段。初始阶段为多国扩张阶段，即通过渐进的方式进占外国市场。第二阶段多国扩张阶段让位于以竞争为中心的全球化方法，即竞争者驱动阶段：公司为对付激烈的市场竞争而不得不采取全球战略。第三阶段是顾客驱动阶段，企业必须迈向全球化的原因在于顾客的需求与偏好已经全球化了。奥米认为，将价值传递给顾客，而不是首先考虑避开竞争，这才是全球化的真正原因所在。

并不是所有的产业都适合全球化，有些产业，依然保持国别，甚至于是地区性的产业。确定是否是全球化的产业主要应考虑三方面的条件，即该产业的需求特点、供给特点及其所处的经济环境。适宜于全球化的产业，在需求要素方面：用户对产品有相同的工作要求；技术统一；消费需求相同等如机床、家用电器、小汽车等。要供给方面：在研发、采购、制造和分销等具有规模经济、资源获得优势等。经济环境方面，较低的关税；允许资本自由流动等。

二、全球营销战略

企业的全球营销战略包括四个主要方面：确定全球营销任务、全球市场细分战略、竞争定位及营销组合战略。

全球营销任务的内容是确定主要目标市场，市场细分原则及各个市场的竞争定位。全球营销对于企业获取其全球性战略目标有着重要的作用，所以，企业的全球战略应与其总体战略相适应。

全球细分战略，主要有三种战略可供选择：

（一）全球市场细分战略

此战略重在找出不同国家的消费者在需求上的共性。如人口的统计指标，购买偏好、习惯等。

（二）国别性市场细分战略

此战略强调不同国家之间文化或品位上的差异性，市场细分主要以地理位置和国别为基准。

（三）混合型市场细分战略

大体上是前两种战略的结合型战略，某些国家市场规模很大可是存在个别化，而另一些较小的国别市场则可组合成一个共同的细分市场。如营销区域化是一种重要的混合型市场细分战略。

竞争定位战略，企业有四种主要的竞争定位战略，即市场领导者、市场挑战者、市场追随者和小市场份额占有者。如果公司在所有外市场采取同样的竞争定位战略，则称为全球性竞争定位战略。反之，公在不同的国别市场采取不同的市场定位，则称为混合型竞争定位战略。

营销组合战略，根据企业的全球市场细分战略和竞争定位战略，营销组合战略制定可以有四种主要类型选择。见表5-2。

表 5-2 全球营销战略体系

产品战略	全球	混合Ⅰ型营销战略	理想的全球营销战略
	国别	理想的国别营销战略	混合Ⅱ型营销战略

理想的全球营销战略指采取统一的营销计划，在一个全球性细分市场上营销一种标准化产品；理想的国别营销战略则是要求对营销组合进行专门的调整，以满足各个国别市场的需要；混合Ⅰ型营销战略虽然采用标准化产品，但需要调整其他营销组合要素，以便支持其产品战略；混合Ⅱ型营销战略则是指营销组合中的某一关键要素标准化，其余要素做适当调整。

第七节 互联网营销研究

网络营销，说通俗点就是通过网络来宣传自己的企业，推广自己的产品或服务。在被称为"e时代"的今天，互联网正在彻底改变着我们的生活。据统计，目前中国的网民已经达到一亿人，而且这个数字还在不断激增。企业在竞争中求生存，求发展，

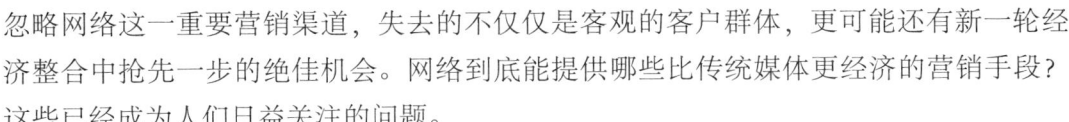

忽略网络这一重要营销渠道，失去的不仅仅是客观的客户群体，更可能还有新一轮经济整合中抢先一步的绝佳机会。网络到底能提供哪些比传统媒体更经济的营销手段？这些已经成为人们日益关注的问题。

一、网络营销的概念

（一）网络营销的定义

网络营销的实质是以计算机互联网络技术为基础，通过与顾客在网上直接接触的形式，向顾客提供良好的产品和服务的营销活动。可以再进一步定义为：网络营销是企业整体营销战略的一个组成部分，是建立在互联网基础之上，借助于互联网特性来实现一定营销目标的营销手段。网络营销具有跨时空、多媒体、快捷、经济等优势的整合新方式。

由于互联网不受时间和空间的限制进行信息交换，使该企业与顾客之间更自由地达成交易成为可能，企业可以在24小时随时随地向全球提供营销服务。互联网被设计成可以传输多媒体的文字、声音、图像等各种信息，使得达成交易的信息交换可以多种形式进行，可以充分发挥营销人员的能动性和创新性，在网络上企业可以随时更新营销服务的内容，使企业营销随时富有变化性，通过变化来吸引顾客。

网络营销不仅仅是一种技术手段的革命，同时还包含了更深层次的观念革命，它是目标营销、直接营销、分散营销、顾客导向营销、双向互动营销、远程或全程营销、虚拟营销、.无纸化交易、顾客参与式营销的综合。同时我们还要认识到，网络营销不是网上销售，网上销售是网络营销发展到一定阶段产生的结果。网络营销的效果是多方面的，如发布信息、沟通顾客、提升品牌等，实现网上销售目的是网络营销的一项基本活动而已。网络营销建立在传统营销理论基础之上，因为网络营销是企业整体营销战略的一个组成部分，网络营销活动不可能脱离一般营销环境而独立存在，网络营销理论是传统理论在互联网环境中的应用和发展。

（二）网络营销的优势

相对于传统营销模式，网络营销具有许多无可比拟的优势，这些优势来源于互联网络本身的特性：互动性、虚拟性、私人性、全球性和永恒发展性。

1. 网络营销可提供多种销售服务，以满足顾客购物方便快捷的需要

在销售前，商家可以通过网络向顾客提供丰富的商品售前技术支持，比如对产品的质量认定，专家的品评和用户意见等。这些技术有助于顾客不受干扰地环境下，理智地对比、选择做出正确的购买决策。在购买过程中，顾客无须花费时间和精力亲临店铺完成购买行为，只需访问该商家的网页，进行网上订购，并以电子货币支付结算，就可坐等商品送货上门。购买后，顾客可随时在网上进行双方交流、反馈，得到来自商家及时的有效技术指导和服务。

2. 网络营销具有极强的互动性，有助于商家实现全程营销目标

商家在网络营销过程中，利用电子公告栏（BBS）、线上讨论广场（On—Line Discussion Areas）和电子邮件（E-Mail）等方式，以极低的成本，全程与消费者进行即时的信息交流。消费者则有机会就产品从构思、创意、定价、服务等一系列问题与企业交换意见。

3. 网络营销可以节约促销流通费用。降低企业成本

运用网络营销可以降低采购成本，企业通过计算机与互联网络技术加强了与各供应商之间的协作关系，将原材料的采购与产品的制造有机地结合起来，形成一体化的信息传递和信息处理体系。

据调查，一些大型企业建立一体化的电子采购系统，可为企业节省10%的成本，同时与供应商建立了稳定的合作。运用网络营销可以降低促销成本。通过强大的企业管理信息系统（MIS）结合网络营销系统和互联网技术，降低了材料费用，企业简介、特征等信息均可直接在线更新。节省了广告费用，有资料表明在互联网发布广告费用仅为传统媒体的3%。也明显地降低了市场调查费用。

4. 网络营销有利于企业增加产品销量，提高市场占有率

商家在网络上可以全天候地提供广告宣传和服务，并不需要增加费用。能把广告与订购连在一起，促成购买意愿，成交率大增。同时通过互联网可以在全世界范围内展开营销活动，消除市场壁垒，提高销售量和市场占有率。

二、网络营销的内容

互联网循环商业系统由网络和网络内容、用户和商业访问、流行三个因素构成，每一个因素从另一个因素获得支持而对接第三者。该系统的核心是用户的迷恋。用户迷恋这种新技术，各种自由媒体在，网上传播大量的各类信息，引起广大消费者的强烈兴趣，导致消费者的访问、使用、在线内容等迅速地增长。

现代企业建立互联网络分三个主要阶段：信息发布，数据链检索和个性化互动。第一阶段，互联网络向所有人发布同样的信息,用户只需要点击链接就能获得信息材料。第二阶段，互联网将第一阶段的信息发布与响应用户要求的信息检索能力结合在一起，这种响应被动态的转换成互联网网页或电子邮件,使互动和对话已经开始了。第三阶段，互联网络为投合某一特定的个人兴趣而动态地创造出一个网页，它超越了互动过程而

进入对话,并且可以预见到用户的选择以及可供选择的提议。用户输入表格发出请求或者通过点击一个图像作出选择,对此网站作出反应。当网站迎合了用户的需求并且变到互相交流时,用户就戏剧性地增加了对网站的使用。

任何产品和服务项目可以在网络上进行在线营销,网络营销主要包括以下的主题。

(一)客户支持和在线质量

互联网的力量主要是用于增进服务质量和消费者的满意程度,这是通过改进产品,通过几个消费过程中对客户更好地支持,理解达成的。要赢得客户的支持,首先要降低成本。网络营销过程更容易控制对客户提供服务支持上的成本。降低成本和增加利润可以使企业为改善服务质量和增进客户满意提供动力。

提高在线质量可以通过客户满意来衡量。客户是否满意,一是取决于在线技术支持,即客户网络通讯的速度和便捷程度;二是取决于网络信息的深度与广度;三是取决于产品和服务;四是取决于企业营销措施。

(二)提供个性化的顾客服务

个性化反映了市场营销的基本思想,顾客希望需要得到最符合他的需求的产品和服务。个性化是产品和服务的一种特殊形式,它将标准化的产品和服务转化为个人的专门化解决方案,使得产品设计变成决定什么样的功能可以最好地满足特定个人的一种过程,将个人化和创新的经济方式结合更好地满足消费者需求。互联网作为一种媒体,可以发现并发送个人信息和个人化产品;同时网站可以做一个选择协助系统,帮助消费者发现自己的喜好,再提供有价值的选择协助以帮助消费者作出明智的选择。

(三)新产品开发

研究发现,如果一个企业能够比他的竞争对手提早 6 个月把一个新产品推向市场,那么他就能把这种优势转化为大于 3 倍的生存期利润 0 可是如果比竞争对手晚 6 个月推出产品,那么利润损失是惨重的。网络营销可以加快这一进程,网络营销的一个重要的目标就是促进迅速变化和新产品开发。运用网络开发新产品有三个基本的理念,弹性、模块化和快速反馈。弹性是在新产品的研发过程中允许迅速地对变化的市场条件作出有效的反应。模块化,使得各协作单位能够独立地和非时序地工作。改进的沟通和用户的反馈使得企业得到用户更高质量的信息来得更早。

通过网络营销,使得新产品快速上市,把产品销售周期的时间损失造成的危害降得更低。为了加快网络营销的推销速度,企业可以建立一套信息加快系统,该系统把用户置于一个虚拟的购物情境中,为用户提供在作出购买决定时所能获得的各种信息

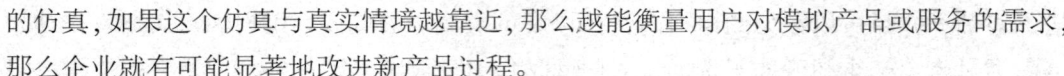

的仿真,如果这个仿真与真实情境越靠近,那么越能衡量用户对模拟产品或服务的需求,那么企业就有可能显著地改进新产品过程。

(四) 创建品牌

网络营销面临最大挑战之一,就是让访问者浏览他们的网站。网络营销的主要手段有两种:第一是主动出击型——企业为什么要做广告?因为你不知道你的客户在哪里,只好端起机关枪一阵扫射,所谓"宁肯错杀一千,不可放走一个"。但是这样兴师动众往往耗资不菲,而且网络媒体特有的互动性也常常使广告主颇为无奈:消费者对满屏乱窜的活动窗口以及源源不断的垃圾邮件已经不胜其烦,鼠标一动一概关掉删掉,你也无可奈何。第二种方式是守株待兔型——建一个网站或做一个网页,让消费者浏览、点击。这样的方式对消费者的影响更有针对通过网络营销,使得新产品快速上市,把产品销售周期的时间损失造成的危害降得更低。为了加快网络营销的推销速度,企业可以建立一套信息加快系统,该系统把用户置于一个虚拟的购物情境中,为用户提供在作出购买决定时所能获得的各种信息的仿真,如果这个仿真与真实情境越靠近,那么越能衡量用户对模拟产品或服务的需求,那么企业就有可能显著地改进新产品过程。

(四) 创建品牌

网络营销面临最大挑战之一,就是让访问者浏览他们的网站。网络营销的主要手段有两种:第一是主动出击型——企业为什么要做广告?因为你不知道你的客户在哪里,只好端起机关枪一阵扫射,所谓"宁肯错杀一千,不可放走一个"。但是这样兴师动众往往耗资不菲,而且网络媒体特有的互动性也常常使广告主颇为无奈:消费者对满屏乱窜的活动窗口以及源源不断的垃圾邮件已经不胜其烦,鼠标一动一概关掉删掉,你也无可奈何。第二种方式是守株待兔型——建一个网站或做一个网页,让消费者浏览、点击。这样的方式对消费者的影响更有针对性,然后茫茫网络中信息如此浩繁,客户在寻到你的网站之前很可能已经被对手吸引或者被垃圾信息淹没。那么,怎样在网络中既避免盲目的主动,又不用只是消极等待?e时代的营销早已不再只是单方面的鼓吹和推销,更重要的是双方的互动:当消费者在寻找你时,你也需要及时地加以引导,满足他们的需要。创建网站品牌形象,以吸引更多的客户访问是必然选择。

创建品牌网站,第一步是确定用户能够很轻易地找到你的网站。这需要你十分重视你的域名战略,同时要将你的网站列到主要目录和搜索引擎上,并且还要注意你的网站在传统营销文学中的宣传,即门户形象设计。设计门户形象设计时要选择恰当的关键词、描述词和目录将网站信息进行分类。第二步是联盟和付费广告。新用户到能被互联网上的条幅广告和被赞助站上的按钮所吸引。联盟就是与外部网站结为联盟,互为链接。

据统计，82.2%的网民通过搜索引擎寻找自己需要的产品信息。搜索引擎在网站网址推广方面的作用是毋庸置疑的。在美国，搜索引擎目前为止已经最为成熟的一种网络营销方法。当客户输入关键字时，实际上是在主动告知相关产品销售者自己的需求。消费行为调查显示，一般用户会点击搜索结果前50名的链接。实践证明9排名位置的不同对搜索营销效果的影响非常大。在成千上万条搜索结果中，你的网站出现的位置直接关系着客户接收到你产品信息的概率，搜索排名的广告价值由此产生。企业要综合考虑这些情况，作出适当的反应。

（五）在线社区

在线社区是网民相互沟通交流的网上社交场所，在在线社区里的留言板、聊天室、即时信息、虚拟世界等网页成为密友间、熟人间以及陌生人之间新的沟通形式。这种新的社交形式，可以是简单的信息张贴，也可以是深入的敏感话题或个人化主体的实时讨论，且不受地域、时间、性别、年龄、身份的限制，吸引了大量的网民每天花上几个小时间集聚在这里。

企业营销者如果能够建立在线社区，作为产生忠诚成员，消费者关注以及恢复客户流量的一种途径，必定能带来忠诚、快速发展和高收益。在线社区的核心是沟通工具，主要的工具分为两类，包括电子邮件列表、在线寻呼、群体游戏和模拟等的沟通链环和包括新闻用户组、公告栏、聊天室、虚拟世界、网站等的内容树。

（六）在线定价

不管是怎么样的营销手段，价格在竞争中的主导地位是不可动摇的。价格是企业利益的载体，合理性的价格是达成交易的重要条件。定价策略是企业竞争策略的重要组成部分。网络营销应重视产品的定价策略。

网络销售的产品价格有透明度高、灵敏度高的特点。网络无机密，消费者可以查阅商品的各种信息，同类商品不同品牌的价格可以通过价格监视（Price Watch）网站迅速收集。正如此，网络销售具有高价格弹性的特点。因此，网络营销者在制定产品价格时，应把握以下几点：

（1）利用网络了解顾客对产品价格的理解和接受程度，根据顾客对产生的理解，对价格的接受程度来确定自己产品的价格。

（2）利用网络与顾客沟通，为顾客提供自己产品价格的各项依据和说明，以提高顾客对产品及价格的理解程度。

（3）寻找产品的独特价值，独特的功能和好处会降低顾客对价格的敏感程度，并且会提高消费者的购买欲望。

(4) 分析产品的市场寿命周期，根据产品的供求特点来制定产品的价格。

（七）电子商务

电子商务是利用信息技术进行经济和贸易活动的总称，是一种对传统商务活动进行革命性的改造。企业管理人员，利用电子商务可随时得到企业即时的收入、毛利、订单、成本消耗等数据，若采用传统方法，需要几天、几个星期甚至于更长的时间才能获得。电子商务在国外发展非常迅速，在美国通过电子商务完成的销售量已超过总销售量的70%以上。电子商务的兴起对社会经济、人们日常生活带来重大的影响。

电子商务对比传统的销售方式有自己很独特的优势。电子商务利用互联网联结世界。利用电子商务，企业产品销售不受地域、时间的限制，实现非人员接触式的销售和无货币结算，交易费用极低，从而降低了经营成本，赢得竞争优势。

电子商务的销售要注意完成以下步骤：

第一步，要做好交易前的准备工作。卖方首先要建立自己的网站和网页，利用网络全面收集信息，对市场进行调查分析，制定营销策略和销售方式，发布网络信息和网络广告宣传，理顺与金融机构、保险机构、物流公司、税务系统、海关、商检等部门的关系，为电子商务做好准备。

第二步，交易谈判和签订合同。买卖双方利用现代电子通信和网络技术，就交易的对象进行认真的谈判和磋商，达成一致意见后，将双方在交易中的权利、义务、责任及交易对象的品种、数量、价格、质量、规格、交货时间、地点、交易方式、运输方式、违约和索赔等合同条款。以电子交易合同的形式作出全面详细的规定，合同双方可以EDI（电子数据交换）形式进行签约。

第三步，办理交易相关的手续。凡是在交易中要涉及到的金融、保险、物流、税务、海关、商检等部门，买卖双方利用EDI与有关各方进行各种电子票据和电子单证的交换。

第四步，交易合同的履行和索赔，这与传统的商务活动没有什么两样。

第五步，售后服务。这在电子商务活动是十分重要，作为卖者要利用网络经常与用户进行沟通、交流，了解用户在使用产品或服务中的状态，随时为用户解决使用过程中的各种问题和相关事宜，尽可能使顾客满意，增强与顾客的感情，树立品牌形象。

第六章 企业质量管理创新研究

9月1日，2022年全国"质量月"活动拉开帷幕。李克强同志作出重要批示。批示指出：质量是立业之本、强国之基，事关民生福祉。各地区、各有关部门要以习近平新时代中国特色社会主义思想为指导，认真贯彻党中央、国务院决策部署，牢固树立质量第一意识，推动经济发展不断提高质量效益。要加强政策引导，深入推进全面质量管理，优化产业链供应链质量管理。引导企业弘扬工匠精神，落实主体责任，走以质量取胜的路子，着力依靠创新推进质量攻关，打造集质量、标准、技术、品牌等于一体的高品质产品和服务，在市场竞争中锻就中国质量、培育中国精品。

第一节 全面质量管理面临的挑战及发展趋势

一、全面质量管理面临挑战

（一）全面质量管理在我国推行的情况

90年代初，国家引进ISO 9000质量管理系列标准贯标认证机制，促进企业质量管理系统化、规范化并与国际接轨。1991年，中国第一张ISO 9001认证证书在深圳诞生，其后的10年间形成了质量管理体系贯标认证的热潮。中国质协是最早在中国普及质量管理体系概念的质量组织，也是我国第一批参与ISO 9000质量管理体系贯标、认证的机构之一。据统计，截止2021年8月份，国内通过ISO 9001认证的企业超过68万家，经中质协质量保证中心认证的企业近万家，累计发放ISO 9001认证证书4万余张。

随着行政推动力量的减弱，ISO 9000系列标准的引进、宣贯，尤其是改革、改制、改组力度的加大，企业对推行全面质量管理的积极性、主动性大大降低了。又由于全面质量管理是一项艰苦细致的系统工程，需要少则二三年，多则五六年才能见到成效。对于相当一部分经营困难，甚至负债度日的国有大中型企业，全面质量管理"远水解不了近渴"。再说全面质量管理主要是个实践问题,需要全体员工特别是企业最高经营层的质量意识、坚定信念、奉献精神和踏实苦干。而长期处在计划经济体制下的人们,既缺乏必要的动力,又对面临或即将到来的市场竞争压力,不是缺乏准备便是反应迟钝甚至无动于衷。与此同时,一些对 ISO 9000 系列标准的宣传、介绍不够全面、准确,使人产生一种错觉,好像 ISO 9000 系列标准是继全面质量管理之后的一项新发展,全面质量管理似乎已经开始走下坡路,或者是"过时了"。原本宣贯 ISO 9000 将有助于我国推行全面质量管理的健康发展,但遗憾的是,由于这种把二者割裂开来,甚至对立起来的偏颇,纵然短暂而局部,却无异于对已经步履蹒跚的全面质量管理进程"雪上加霜"。

全面质量管理在我国没有取得其应有的效果,这是铁的事实,不能回避。据国家质量技术监督局抽样调查,产品质量平均合格率自 1991 年以来出现了严重的质量滑坡,下降约 10 个百分点,此外,经济增长的质量也不佳。不仅远低于日本、韩国而且在东南亚欠发达国家中也属中等水平。特别是国家投入巨额资金建设的部分大型基础设施高速公路、水利工程、大型桥梁、防洪堤坝暴露出的严重的质量问题,成为"王八蛋工程","豆腐渣工程"更说明了我国质量管理的劣化。再好的理论不切合实际无异于空想,再好的管理技术手段不能正确运用,不会产生好的效果。质量文化,人员素质,特别是经营者的质量意识、经营作风等的差距,所有这些是全面质量管理在我国收效欠佳的组织内因。至于经济体制、经营机制和监督约束机制的不适合,则是其主要外因。

(二)全面质量管理并非完美无缺

正如否定一切是错误的一样,肯定一切也是不对的。当全面质量管理在日本取得重大成就,西方发达国家对其刮目相看,大声疾呼"日本能为什么我们不能",并以空前的热情投入全面质量管理的时候,对全面质量管理寄予了过高的评价和期望。诚然,要想做好一件事,首先自己要有信心。但是,即使是科学,是真理,也总是有限度的,是相对的,是有其"边界条件"的。正如世界上没有包治百病的灵丹妙药一样,世界上也"没有能够永远取得胜利的企业管理方法",而全面质量管理也并非完美无缺。全面质量管理本身也是自美国发生,由日本经过几十年的艰苦实践,从全过程的质量控制,到全员参与的质量改进,再到全面满足顾客需要及其他四方面受益都需要的全面质量管理。无论从参与全面质量管理的层次,问题的复杂性和艰巨性,以及参与的人数,都是一步一个台阶地逐步向前发展过来的。这就充分说明全面质量管理永远不能充分满足客观现实的需要,从来不是完美无缺的,否则它就不会、也不必这样发展了。其不足之处主要表现在:

1. 全面质量管理重管理，轻经营

全面质量管理是一种管理思想、观念、理论和一套质量管理技术、手段。它的初衷是控制产品实物质量，而后发展到通过不断改进来提高质量，再进一步是从控制、改进过程和整个质量体系来确保、提高全面质量。但全面质量管理毕竟是一种管理思想和方法，主要是用于企业内部的管理而不是外向的经营，但是，经营决定总方针（是战略问题）比管理（属于战术问题）层次更高、更重要，尤其是在复杂、多变、竞争加剧的全球经济一体化的社会。

2. 全面质量管理重改进，轻变革

从本质上讲，全面质量管理属于渐进式的"改良"而不是彻底从头做起的"革命"（一种重大变革）。在这加速变化的世界和加剧变化的市场竞争压力下，要使顾客满意，单靠按部就班渐进式地改进其产品和服务是无济于事的。也就是说，这种情况下全面质量管理就显得无能为力了。它需要重新设计、建立新的过程，甚至对现有的组织机构重新评估，精简整顿，撤消合并，裁减人员等等建立新的体系。这就是 90 年代以来在美国兴起的企业（或经营）过程重建（Business, Process Reengineering），简称重建工程（BPR）。对此我们不难理解，正如我国当前的改制、改组、改造显然不是全面质量管理可以包办代替一样。

3. 全面质量管理注重技术，缺少战略

全面质量管理只是企业管理中的一部分，而不是全部。它是企业系统的一个子系统，它必须围绕全局最优这一整体展开工作。也就是说它要服从、服务于企业的质量总方针、总目标。遗憾的是在全面质量管理中缺少了重要的一环——战略策划。许多企业在实施全面质量管理时之所以未能取得实质性的进展，其中很重要的一条是由于全面质量管理没有完全结合到企业的整个方针、策略和目标中去，以及全面质量管理未能结合到整个经营活动中去。说得通俗点，全面质量管理往往与其他企业管理不是"各自为政"，便是没有水乳交融的"两张皮"。而要解决这个关键问题，必须从战略策划一开始就使其结合好。

这种"两张皮"的现象最明显、最通常的表现是在战略目标（往往是利润）和质量目标的不一致上。即使是字面上不矛盾，但实际做法上从经营层到操作层，最关心的通常是收益（企业的利润，员工的报酬），最容易考核的也是与经济性有关的诸如成本、利税等指标。因此，在经济、财务目标和质量目标，满足顾客需要和完成利税任务之间存在着矛盾。往往顾此失彼，操作起来相当困难。

全面质量管理涉及整个企业的全部过程，需要全员参与，是一种有别于传统的部门管理（属纵向管理）的综合性横向—纵向混合式管理。全面质量管理又是一种难度相当大，而且短时间内不容易见到明显成效的"精工细活"，需要各级管理人员特别

是最高管理层投入相当大的精力和时间。但是由于全面质量管理没有结合到质量战略策划中，全面质量管理也不作战略策划，它就不可能被视为中心工作去贯彻落实。经营管理层的精力和时间主要用到了生产技术、销售、财务方面，这就是当前大多数企业的现实。

以上三方面，几乎都与企业质量文化有关。要有效地实施全面质量管理，必须重视质量战略，重塑质量文化。因为单靠全面质量管理本身是无法解决这些问题的，只有在战略策划中加入质量文化的内容，并使其与全面质量管理及战略方针相结合，才能使变革企业文化成为可能。

全面质量管理的不足不是其思想、理论有缺陷，而主要是客观现实变化太快，太剧烈，市场竞争的压力空前增大，因此在经营管理方面提出了越来越高的要求的情况下，反衬出全面质量管理在其技术和方法层面上有待改进和发展；以及作为企业中的一个子系统，如何更好地与其他子系统协调一致，从而弥补整个系统的全局最优方面的欠缺。

全面质量管理是一种管理模式，是手段而不是目的，全面质量管理的实施应该而且必须追随目的而变。现在正面临着一场质量经营革命，由产品导向、生产导向、销售导向转变成更深层次的顾客满意的市场导向、社会导向及整体效益的成本导向、人本导向。也就是偏重于内向型管理全面质量管理要转变成适合于外向型经营管理的更系统化的质量经营。根据管理学的新原理，"结构应追随策略"，即一个企业的质量体系应追随它的方针、目标和相应的策略而作调整。这是一种发展趋势，全面质量管理和质量体系必须而且必然在质量经营革命中得到发展。

二、全面质量管理的发展趋势

著名质量管理专家 J·M·朱兰博士对全面质量管理的发展趋势作了预测，大致可归纳为以下几个方面。

（一）系统化的思想和技术以及规范化、标准化将在全面质量管理的应用中得到加强

ISOP 000 系列标准的推广，继日本之后，欧共体和美国纷纷设立国家质量奖，并颁布相应的，高于 ISOP 000 的评奖标准，就充分说明了这一点。所有这些标准，已经并将有利于全面质量管理在科学方法论的帮助下，得到更深入的发展，更广泛的实施，并产生更巨大的社会效益和企业经济效益。

（二）全面质量管理的应用领域将迅速扩大

由于有越来越多的人，特别是政治、经济、社会、产业界的高层领导人，越来越

清楚的意识到质量的重要性，以及全面质量管理的普遍适用性和有效性，全面质量管理不仅在第二产业得到公认，并且很快扩展到了服务、金融、交通、邮电等第三产业，以及诸如医院、学校等事业领域。甚至在一些政府行政管理组织中也取得了可喜的成绩。全面质量管理正在渗透到全国各个领域。

（三）高层领导（从高层经理到行政首长）亲自挂帅

随着市场竞争的进一步加剧，质量战略地位的确立，在全面质量管理中高层领导的作用和责任空前提高，因此，高层领导必须亲自挂帅，否则就无法"以质量为中心"，"以顾客满意为中心"。对此必须有充分的认识并做好准备，认真对待。

（四）全面质量管理与财务成本管理的结合

全面质量管理的历史足以说明从其他管理学科学习、借鉴，吸收了许多有益的制度、技术和方法，其中最明显的是学习财务成本管理，其财务成本管理中的会计制度等规章，经过了几个世纪的实施和提炼，远比只有几十年历史的全面质量管理的规章制度成熟得多，其中包括一些很有效的做法。朱兰博士将其归纳为：

（1）整个项目包括若干个独立的过程，如总成本会计、质量成本管理、质量效益审计等。

（2）已创立了很多使活动折算成钱的概念，如质量损失、质量费用和质量损益。

（3）关键词和术语都作了精确定义，这些定义大都已标准化。

（3）创造了许多适用的、标准化的工具，如帐户一览表，复式分录簿记和空白表格程序等。

所有上述制度化、标准化、规范化的精确计算、严格审核、不断改进、资格确认等等做法，无疑已经并将更进一步被全面质量管理所借鉴、吸收。财务成本管理与质量管理将会更紧密、更有机地结合起来。事实上 ISO 9000 标准中强调的审核过程，就是向财务管理学习、借鉴的结果。

（五）重建工程（BPR）

美国麻省理工学院（MIT）教授哈默，于 1989 年在《哈佛商业评论》杂志上发表了一篇题为《重建工程工作》的论文，提出了一种新颖的经营思想方法。

重建工程是在市场竞争进一步加剧，组织的生存发展更多地取决于对加速度变化的市场和顾客需求的应变能力和满足能力，即表现在质量、成本、反应速度（或最短时间提供产品）以及服务四个方面的综合竞争力。

哈默认为："真正能够重建成功的企业，或者说能够不断成功的企业，就是能够为了未来舍得放弃过去获得成功的企业"。这是一种"超越自我"的进取型、革命性思想。它有别于一般维持现状或不断改进的防守型管理思想和做法。正因为如此，在一些人心目中，BPR 是一次新突破，是将取代全面质量管理的新经营管理模式。其实这种以自我为竞争对手，敢于否定自己，打倒自己，重塑自我而不断创新的思想和做法，早在 20 世纪前就已经出现。当时担任美国贝尔电话公司总裁的费尔（Theodore Vail），曾经作出过四项具有深远意义，多少有点离经叛道的重大决策，其中建立贝尔研究所就是第一个有意促使"今天"变成"落伍"的研究机构的划时代的有效决策。费尔认为作为一个生于垄断地位的民营企业，虽然当时没有外部的竞争对手，但是不能因此而丧失自己的竞争力，否则将很快僵化，而不能成长和创新。因此，贝尔研究所的目的是摧毁"今天"，创造一个不同的"明天"，即不断否定自我，变防守为进攻。贝尔研究所在理论上和新技术、新产品的开发上，都为世界做出了重大贡献。

哈默对重建工程作了以下定义：

重建工程，是指为了将成本、质量、服务、速度等按现代的性能作为基准做出显著的改进，对企业、过程作出根本性的重新考虑，对他们进行彻底的重新设计。用一句话概括，就是"从头重新做起"。

重建工程的出发点是追求顾客满意，它是顺应当前企业价值观革命的需要而产生的。重建工程之有别于全面质量管理，主要是在满足顾客的需要上更深了一步。BPR 是完全的顾客导向、外向型管理，而全面质量管理则或多或少是质量导向、内向型管理；BPR 除了重视质量外，突出"速度"的重要性，同时兼顾成本和服务。而全面质量管理的重点是质量。同时在做法上，如果把全面质量管理看作是以"维持"和"改进"质量来满足顾客需要的话，那么重建工程是"显著地"，"彻底地"、"从头重新做起"的"改革"。为了最能得到顾客的支持和使顾客满意，不惜"推倒重来"，研究和设计一个新的结构，或过程，改变管理方式和行为，调整薪酬分配制度，以及与顾客，供方外部合伙人的关系等，并实行这样的"改革"。

全面质量管理从"质量为中心"的过程导向的内向型管理转向以"顾客满意为中心"的结果和过程相结合导向的外向型经营管理，已是大势所趋+

（六）战略策划与全面质量管理的结合

在全面质量管理中缺少了质量战略策划这——重要的一环，其结果将影响质量体系和全面质量管理实施的有效性。如果说全面质量管理"把事做正确"的话，那么质量战略策划是"做正确的事"。前者是个方法问题，技术、战术问题，后者是个方向问题，战略问题。方向错了，战略不正确，那么方法和技术、战术再好也是徒劳。我国推行全面质量管理，有的企业成绩显著，多数企业表现平平，还有不少基本上收效甚微，其中一个重要的原因就是没有把全面质量放在战略高度来考察整个企业的经营管理，也就是没有自始至终将全面质量管理与企业经营战略及其质量策划有机地结合起来。企业往往将战略目标定在生产增长和利润指标上，而全面质量管理的实施是通过全面质量去满足顾客的需要，从而获得相应的利润。显然，在具体实施过程中是会产生矛盾、不协调。可能为了单纯追求利润而忽视甚至削弱全面质量管理，所以必须按照全面质量管理的原理重新考虑和安排质量战略策划，真正将全面质量放在首位，以顾客满意为中心。

质量战略及其策划和全面质量管理结合，可使整个企业的各个子系统围绕着全面质量管理体系协调一致地展开工作，从而求得全局最优的整体效应。

只有质量战略和全面质量管理的结合，才能确定改进活动的方向，安排出轻重缓急的计划，并且在"全员参与"的情况下集思广益。不仅使质量战略决策更正确，而且可以得到广泛的认同和支持，避免资源浪费，提高工作效率和效果。

质量文化的重塑对全面质量管理实施至关重要，但全面质量管理本身很难解决这个问题。只有质量战略策划对此做出安排，才有可能使整个企业的传统文化转变到现代质量文化上来。

总之，全面质量管理需要质量战略策划的支持，而质量战略策划有赖于全面质量管理的介入，二者相辅相成，相得益彰。

（七）ISO 9000 与 ISO 14000 标准的结合

在激烈的国际市场竞争以及全球环境保护意识不断高涨的今天，要求将质量管理与环境管理统筹策划，有机结合的呼声日益高涨。无论是社会、顾客或组织，都希望在获得全面产品质量的同时，保护好生存的环境，避免污染和公害对人身安全、生活质量带来负面影响，同时尽可能降低环境管理以及相应审核和认证的费用。为此 ISO 专门成立了一个新的技术委员会，ISO /TC 207 委员会，负责起草 ISO 14000 系列通用环境管理标准。

1992 年，世界环境与发展大会上，确立了可持续发展的全球战略，为了更好地协调环境与经济之间的关系，从宏观战略上指导和协调全球环境标准化工作向纵深发展。国际标准化组织（ISO）于 1992 年设立了"环境战略咨询组（SAGE）"，又于 1993 年 10 月成立了 ISO/TC 207 环境管理技术委员会，正式开展环境管理体系和措施方面的标准化工作，以规范企业和社会团体等所有组织的活动、产品和服务的环境行为，支持全球的环境保护工作。该组织负责制定环境管理领域中的系列标准，即 ISO 14000 系列环境管理标准。

ISO 14000 是一个国际环境管理系列标准，其主要内容有：环境管理体系、环境审计、环境标志、环境行为评价、寿命周期评定及术语和定义等。ISO 14000 要求首先在企业内部建立和保持一个符合要求的环境管理体系，通过不断地审核、评价（评定）活动，推动这个体系的有效运行。这个体系由环境义务和政策、规划、实施、测量和评价、评审和改进等 5 个基本要素构成。这 5 个基本要素描述了环境管理体系建立后通过有计划地评审和持续改进的循环，保持企业内部环境管理体系的完善和提高。这个环境管理体系的目的是提高企业环境管理能力和水平的系统保障，对企业环境系统认证和评估，有利于企业实现环境优化。通过实现 ISO 14000 环境系列标准，让企业自身主动地制定环境方针、环境目标和环境计划，并通过第三方认证的审核制度，建立企业环境行为的有效约束机制。

为了促进企业建立环境管理体系的自觉性，ISO 14000 实行环境标志制度。通过环境标志对企业的环境行为加以确认，通过标志图形，说明标签等形式，向市场展示标志产品与非标志产品环境行为的差别，推荐有利于保护生态环境的产品，提高消费者的环境意识，形成强大的市场压力与社会压力，以达到影响企业环境决策的目的。

为了从根本上解决环境污染和资源浪费问题，ISO 14000 还要求实施从产品开发设计、加工制造、流通、使用、报废处理到再生利用的全过程的产品生命周期评定制度，以对这个过程中每一个环节的活动进行资源分析和环境影响评价，这使得对企业环境行为的评价越出了企业的边界，包括了企业产品在社会上流转的全过程，从而发展了企业评价的完整性。

ISO 14000 系列标准与过去的标准有所不同，过去的标准，总是把某种物质或产品的外形、成分、强度等用数值来统一进行评价，而 ISO 14000 是一个管理标准，这一点同 ISO 9（O 系列很相似，1987 年，ISO 公布的品质管理和品质保证国际标准（1SO 9（11）系列），为标准化增加了新的概念。这就是为了保证产品的质量，不仅要对产品本身进行标准化评价，而且还要对生产这些产品的企业进行标准化评价。ISO 14000 系列有很多内容与 ISO 9000 系列相似，它没有绝对量的设置，而是以各国的法律法规要求为基准。整个标准没有对环境因素提出任何数据化要求，它强调了体系的运行以达到设定的目标和指标，并强调法律的符合性，即要求实施这一标准的企业，必须承诺符合各国的法律、法规要求。

同 ISO 9000 一样，ISO 14000 是一个不带任何强制性的自愿性标准。企业建立环境管理体系，申请认证完全是自愿的，是企业出于市场竞争、企业形象、市场份额的需要。而在企业内部实施 ISO 14000 系列标准，并以此向外界展示实力和对环境保护的态度，它的实施是以消费者的行为为根本动力的。以往的环境保护工作都是由政府推动的，依靠制订法规、法令来强制企业执行。而 ISO 14000 所用的是非行政手段，是用市场和公众对环境问题的共同认识来达到促进生产者改进其环境行为的目的。环境意识的普遍提高，使消费已超过法律，成为环境保护的第一动因。

ISO 14000 强调的是管理体系，特别注重体系的完整性，要求采用结构化、程序化、文件化的管理手段，强调管理和环境问题的可追溯性，体现出整体优化的特色。该标准还强调了生命周期思想的应用，对产品进行从"摇篮"到"坟墓"的分析，较全面的覆盖了当代的环境问题，该标准从产品设计入手，从根本上解决由于人类不当的生产方式和消费方式所引起的环境问题。

ISO 14000 系列标准还强调持续改进和污染预防，它要求企业实施全面管理，尽可能地把污染消除在产品设计和生产过程之中，并且要求企业注重进一步改进提高，使环境行为逐年改进。

ISO 14000 标准有 50 个标准号和 51 个备用标准号，50 个标准号从 ISO 14000——14049，备用标准号从 ISO 14050——ISO 14100。目前，已有《ISO 14001：环境管理体系——规范及使用指南》，《ISO 14004：环境管理体系——原则、体系和支撑技术通用指南；《ISO 14010：环境审核指南——通用原则》；《ISO 14011：环境审核指南——审核程序——环境管理体系审核》；《ISO 14012：环境审核指南——环境审核员资格要求》；《ISO 14040：生命周期评估——原则和框架》等 6 个标准公布，其余标准将于今后 3—5 年内陆续推出。

ISO 14001 标准的主要内容有：

在 ISO 14000 环境管理系列标准中，ISO 14001 是最为重要的，因为它是企业建立环境管理体系以及审核认证的准则，是一系列随后标准的基础。

ISO 14001 环境管理标准由 5 大部分、17 个核心要素构成，它们相互作用，共同保证整个体系的有效建立和实施。其中包括：

1. 环境方针

环境方针是建立环境管理体系的基本工作之一。环境方针反映企业的环境发展方向及其总目标，并具有对持续改进和污染预防以及对符合环境保护法律法规和其他要求两项基本承诺。环境方针为企业制定具体的目标指标提供了一个框架。

2. 环境管理体系规划

(1) 确定重大环境因素。企业在建立环境管理体系之初，应首先全面系统地调查和评审本企业的总体环境状况，识别出能够控制和可以施加影响的环境因素。并在此基础上对其评价，确定出重大环境因素，作为设立目标指标的依据。

(2) 识别法律法规和其他要求。要符合所在国家和地区的法律法规是 ISO 14001 的基础要求，并确保这些要求在体系的运行过程中被遵守和保持。

(3) 设立环境目标指标和管理方案。应根据法律法规的要求，技术可选能力，财政经营情况，相关方的要求等各方面状况，设立有关层次的环境目标指标。为了完成每一项目标指标，应有详细的实施方案予以支持，包括规定相应的职责，采用的方法、步骤、时间进度等。

3. 实施与运行

内容包括：

（1）确立组织机构和明确组织分工是建立成功的环境管理体系的关键之一，是使企业全体人员都积极参与并承担相应的责任，使所有人员明确他们对实现环境方针和目标所能做出的贡献，应担负什么环境责任，以及拥有什么权力。环境专职机构的设置和职能分工应与其他管理体系相一致。

（2）开展必要的培训，以提高全体员工的环境意识并使他们具有担负相应环境职责的能力。

（3）建立通畅的内部和外部信息沟通渠道，以便一方面能把内部活动统一起来；另一方面使企业与外部环境协调一致。

（4）建立文件化的体系并采取必要的文件控制措施。文件化是环境管理体系的特点之一。它有助于维持企业活动的长期一致性和连贯性，同时也是进行体系审核和评审的重要依据。

（5）对关键活动进行控制。这是保证环境方针和目标指标实现的重要一环。

（6）建立应急措施和反应程序。环境管理体系特别要求设立专门的程序确定潜在的事故和紧急情况，一方面要尽量防止事故的发生；另一方面如果事故发生了，也能够及时、有效地采取控制措施，使环境影响减至最小。

4. 检查与纠正措施，内容包括：

（1）对组织日常运行和活动的监控、测量，需由专门的内审员来实施。

（2）由内审员按照规定的程序对体系整体的符合性和有效性进行体系内部审核。

（3）对于监测、测量或体系内审所发现的问题，按规定的程序及时采取适当的纠正和预防措施。

（4）体系运行的有关活动应予以记录，作为进行审核评审的依据。

5. 管理评审和持续改进

管理评审，是指企业的最高管理者在内审的基础上对体系的持续适用性、充分性和有效性进行评价。通过管理评审组织可确定其环境管理体系中存在的主要问题和有可能进行改进的领域，并以此作为环境管理体系下一次循环进行持续改进的基础。

（八）ISO 14000 与 ISO 9000 的关系

ISO 14000 基本上是按 ISO 9000 的思路和模式进行的，两者都是以优化管理为目的，都使用相同的管理体系原则，在体系中都有方针、目标、计划、组织结构、培训、文件控制、程序、检测、记录、审核、评审等项要素。而且，两者都是服务于国际贸易，意在消除贸易壁垒。

但是这两个标准从其内涵到施用对象都有较大的不同。

1. 二者承诺的对象不同

ISO 9000 标准的承诺对象是产品的使用者、消费者，而 ISO 14000 系列标准是向相关方的承诺，受益者将是整个社会，是人类的生存环境和人类自身，它的对象是不确定的，与各个国家和具体地区的人们环境意识和要求相关。

2. 二者的承诺内容不同

ISO 9000 系列标准要求保证产品质量；而 ISO 14000 标准则要求实施组织承诺遵守法律、法规及其他要求，并对污染进行预防和持续改进。

3. 两个体系的构成模式不同

ISO 9000 的质量管理体系的管理模式是封闭的，而 ISO 14000 环境管理体系则是螺旋上升的，要求体系每年有所改进和提高。

4. 两个标准的审核认证依据不同

ISO 9000 标准就是质量体系的根本依据，而 ISO 14000 系列标准则必须结合各国的环境法律、法规及相关标准，实施组织的环境行为不能满足国家要求的，也难以通过体系的认证。

5. 两个标准对审核人员资格的要求不同

对从事 ISO 9000 认证的工作人员并没有特别的专业背景要求，而从事 ISO 14000 认证工作的人员则必须具备相应的环境知识和环境管理经验，否则难以对现场存在的环境问题作出判断。

根据 ISO/TC 207 及 ISO/TC 176 的工作计划，ISO/TC 149 制订的 ISO 9000 系列标准（质量管理、质量保证体系及认证）将逐步和 ISO 14000 系列标准统一，至 2003 年，成为一个统一的 ISO 标准，将对达到这两个标准的企业给予统一认证。

ISO 9000 "质量管理和质量认证系列标准"，已转化为我国的国家标准 GB/T 19000 系列标准，并已在我国一些企业中推行贯彻。同样，在当今全世界的目光都在注视着环境问题的严峻形势之下，国际标准化组织推出了 ISO 14000 环境管理系列标准，实施环境管理审核制度，我国的企业家们也应以积极的态度，采取相应的对策，迎头赶上。

几年前，当 ISO 9000 质量管理标准刚刚在我国起步时，一些企业出现了争先恐后达标的局面。虽然 ISO 9000 也是一个自愿性的标准，但是企业家们敏锐地认识到，这是一个不可避免的发展趋势，ISO 9000 使一些企业尝到了甜头。现在，ISO 14000 又出现在我们面前，又是考验企业家们眼力的时候了。

第二节 质量创新与发展

质量工作面临着新技术、新工艺、新市场、新需求等的挑战，这些挑战的要求就是质量必须不断地创新。

时代的一切要求集中反映在"品质"这两个最为显眼的字上。"企业靠产品、产品靠质量、质量靠形象、形象靠创新"，国际国内市场的竞争，使企业尝到了各种酸甜苦辣的滋味，提高质量已经被企业和员工所认识，提高质量已经被提到重大的基本国策来认识。

一、质量创新是质量发展的新阶段

从产品满足人们需要的角度，质量可认为已经经过了"产品"和"商品"两个时代，正在向"用品"时代迈进。具体讲，在"样品"时代，只要能制造出来就认为是有了质量了，这时生产量很少，少到仅仅只有少数几件，往往是作为贡品或展品，因为把消费看成是浪费，而将质量作为样品放置在那儿。随着生产力的发展、人们需求的提高、生产能力的提高、机器和机器体系的出现，"样品"可以大规模地生产了，这就是进入了"产品"时代，这是大批量的生产决定了消费，再不是样品了，别人有的我也能有，因此，不仅要有而且要好，所以要保证"产品"时期的质量，人们对大批生产进行了多种形式质量的控制，从质量检验、到质量的抽样和统计分析、以至提出全面质量控制。这一切的目的是围绕着保证质量在"产品"时期能做到多中求好，多中求快，多中求省。近几十年来，由于科学技术的突飞猛进，人类进入到了一个新的时代，美国未来学家托夫勒称其为信息社会，奈斯比特称其为后工业社会，我们称其为知识经济社会。由于社会高度的信息化，带来了现代生产方式可能出现分散性，生产的分散化又促进人类生产的分散，分散的人类生活又加上生产条件的电脑化，出现人类消费的个性化。个性表现在对质量要求的更高适用性上，不同的消费者：企业、集团、家庭、个人，由于地理位置、气候条件、使用时间、生活方式、性格等等的不同，要求能真正符合他们或他本人需要的质量，这就是用户要求的"用品"。"用品"时代的质量突出了个性的适用，再不是"产品"时代那样要求改变自己的个性，去适应强求一致的产品。在这个时期，个人所用的质量并不一定是别人希望的，个人所用的质量也不希望别人用，人们的消费由此从被动转向了主动，消费控制了生产，高度的适用表现了对质量的求奇、求高、求新。突出了一个"新"字，这就是现在人们常说的"企业靠产品，产品靠质量，质量靠创新"。

创新是现代科学技术发展的需要，也是现代科学技术发展所带来的必然结果。新的技术、新的发明不断地涌现，不断地转化到生产中，它既促进质量的快速更新，又促使要求新的质量来配套和适应。因此创新质量已经成为一种时代的必然趋势，并且这种趋势将随着知识经济时代的到来而不断加速。

质量创新是企业参加竞争、开拓国内和国防市场的需要。市场经济必然引进了竞争机制，企业要开拓国内和国际市场，其实质就是要在激烈的竞争中经风雨，见世面。现今的市场竞争已从数量的竞争转到了品种竞争，只有品种才能决定数量，可以认为，没有新的品种，新的质量根本无法占领市场，更难以占领变化多端的国际市场。尤为突出的是，在市场上的品种质量创新周期，已随着技术创新、知识创新的发展，人们生活质量水平的提高，正在不断缩短，必将面临着一年一小变、三年一大变、不变被淘汰的严峻现实。

因此，质量创新是当前我国企业所面临的紧迫任务，它既是企业决策的前提，也是企业成功的必由之路。创新是我们时代的精神，没有创造性的思想和行动，就没有人类的历史，也不会有人类的未来；没有伟大的创造精神，就不可能建立起一个具有高度物质文明和精神文明的新中国。创新是不断进步的灵魂，是一个国家和一个企业的生命。同样质量离不开创新，中国质量的腾飞也离不开质量的创新。

二、质量创新的概念和特征

质量创新，是指人们（包括现实的个人、群体、企业）综合各方面的信息，形成一定的目标，产生有社会价值的新的质量成果的经营活动过程。

创新活动是各种各样的，发明创造是创新，模仿、移植改造也是创新，把别人的经验根据自己的条件加以成功地实施，这也是创新。从程度上来看，大改大革是创新，小改小革也是一种创新。总之，质量创新并不神秘，采取正确的措施和科学方法，就可以提高人们对质量的创新能力。

质量创新的特征主要表现为：①创新质量的高度概括性。②创新质量的特别主动性。③创新质量的非常新颖性。④创新质量的极为深刻性。⑤创新结果的实用性。质量创新建立在人的思维上，而这种思维最本质的特征可归纳为两个字——突破，也叫创造和开拓，人们常把这种突破称做"冲破想当然的框框"。

质量创新的特征既然是"突破",而"突破"本身又依靠着两个条件和六个基本因素。两个条件是:①质量意识和质量意识活动的存在是质量创新最重要的条件。②质量创新是在一般性思维活力的基础上形成的,但又有所不同,它必须突破已有的质量经验和知识的限制,以想象、借鉴、猜测等思维活动为基础,尤其是创造性的想象,对不合逻辑的地方发现新的途径。

质量创新突破特征的六个基本要素可归结为:①积极的求异性。②敏锐的洞察力。③创造性的想象。④独特的知识结构。⑤活跃的灵感。⑥新颖的表述。

三、质量创新的趋势

研究质量创新,必须认清质量创新的趋势。

质量创新的动因涉及人们对商品和服务的要求随之带来的对商品和服务质量的需要。

经济的发展,社会的进步,人类生活质量的提高,不断为人们带来了新的需求,这些需求表现为:

1. 要求一切能节约时间

人们从事经济活动的方式寓劳动时间之中,一切财富的创造都与时间有关,要获取信息需要时间,要学习技术需要时间,投资要讲究时间价值,经营的市场信息要讲迅速准确,过了时的信息不如一堆垃圾,供货要讲对路足量及时,一切都离开不了时间,因此"时间就是金钱,时间就是财富"。省时成了当今时代质量需要的主要特征。

2. 要求一切能节约脑力劳动

知识经济时代的劳动主要表现在人们处理大量的信息和运用大量高知识密集的技术。信息量和知识量已经使人脑无法接纳,然而创造财富又离不开信息和知识,因此,人们一方面需要一些能提高自己智能的产品;另一方面又需在生活中、工作中节省脑力。省脑成了当今时代质量需要的另一主要特征。

3. 要求一切能适用个性特征

有了时间使人们能更多地创造财富,社会财富的不断增加又促使人们生活的富裕和满足,所谓满足其实质是具有更高度的适用性。过去生产力不发达时,所谓的适用是让消费者的个性服从于生产质量的共性(统一性),现在生产力不断提高,这时的适用表现生产质量的个性来适用消费者的个性,事实上没有完全一样的消费者,如同世上没有完全一样的双胞胎儿。消费者的差异要求产品质量的差异,多品种、小批量的质量趋势将会越来越显著和突出,高度适用的个性化特征也必然成为当今时代质量需要的又一个重要特征。

围绕省时、省脑和个性化的质量特征，构成了一个十分复杂的质量创新系统，这系统象征着人类需求质量的高级化和个性化。

第三节 质量战略管理创新

一、产品功能战略

每一种产品都具有其特定的功能。功能，是指某一种产品所起的作用和所负担的职能。在一定意义上讲，产品质量是通过产品功能表现出来的，产品质量低劣就无法达到产品功能的要求。用户购买某种商品，就是为了获得它的功能，产品以它的特定功能为用户服务或给用户带来利益。试想一块走时不准的手表、一台不能制冷的冰箱，又有谁愿花钱购买呢？

（一）产品多功能战略

从一定角度来划分，有单一功能产品和多功能产品。仍以手表为例，多功能手表除能报时外，还可以显示星期、日期、报时、断续测时、累计计时等等。随着科学技术的日益发展，生产工艺的革新和社会需求的增长，多功能产品的生产不仅可能而且必要。

多功能产品有着很多的优点，从用户方面来分析：

多功能产品可给用户带来方便。

多功能产品可以减少占用空间。

多功能产品可以提高产品性能。

多功能产品可以相对节约开支。

从生产企业来分析，其优点也是明显的：

1. 企业开发多功能产品，符合消费者的需求趋势，因而可提高产品的竞争能力

随着现代社会技术密集型技术的发展和人们消费习惯的改变，多功能产品越来越受到消费者的欢迎。

2. 企业生产多功能产品，无异是实现内含扩大再生产

因为一件产品具有几种功能，就类似多生产几种产品，其生产规模和投资并不一定成倍数增加，所以也就相当于提高了固定资本的利用率。

3. 生产多功能的产品

可以相对节约能源、原材料、减少资本投入、使单位产品成本相对降低，从而提高企业的经济效益。

由于多功能产品有以上诸多优点，因此企业应把开发和生产多功能产品作为长远的产品发展方向，从战略的高度来考虑这一问题。

企业在制定多功能战略时要着重考虑这样几个因素：

（1）某一产品所增加的功能是否符合市场和用户的实际需要，是否是本产品的具体发展方向。

（2）增加产品功能在技术上的可行性如何。

（3）增加产品功能能否相对节约资源、降低成本。

（4）增加产品功能后对成本价格的影响。

如增加产品功能导致成本大幅度增加，致使价格上升，要考虑用户能否接受，以及能否给企业带来长期的收益。

企业在采取多功能战略时，要综合考虑上述各因素，权衡利弊，慎重决策。

（二）增加单项功能战略和功能组合战略

任何产品按其功能的重要程度划分，具有基本功能和辅助功能；按功能特点划分，大多数产品都具有使用功能和美学功能。因此企业应详细剖析现有的产品，决定采取相应的战略。

1. 单项功能战略

即针对产品某一项功能采取战略性措施，以求改善局部功能，从而提高产品质量。例如暖水瓶其基本功能是保持热水温度，但用户的要求并不止于此，还要求安全、使用方便和美观。生产厂家就可以根据用户的要求，细致的分析现有产品，针对某些功能加以改进。

2. 功能组合战略

即对本企业产品所具有的各项功能进行综合性功能分析，按照功能系统的要求，采取多项（或全部）改进功能措施的战略。这是比单项功能更为复杂的综合性战略，因此必须对产品功能系统全面分析，确定重点、兼顾其他，务求产品各项功能的全面改善和整体效果。

无论采用哪种功能战略，都必须从消费者需求出发，找出本企业产品存在的缺陷，确定战略重点，系统加以改进。但要十分注意既要弥补功能不足，又要防止功能过剩。

二、产品性能战略

产品性能是产品各项质量特性中最基本的和首要的特性。产品性能，是指产品满足使用目的所具备的技术特性。产品技术特性优劣是产品质量优劣的决定性因素，因此它是制定产品质量战略中重要的内容之一。

产品性能与现代科技发展有着密切的关系。一般来说，随着现代科技发展、技术进步和新技术的开发，推动着产品性能的提高，反过来它又对产品性能提出了更高的要求。但具体到某一企业或某一种产品则要根据企业或产品的具体情况分别采取不同的战略。

（一）高性能战略

采用高技术从根本上提高产品性能，赶上、超过或接近当代世界先进水平，从而大大提高产品质量的战略。这种战略大多用于技术密集型产品，往往是我国技术水平的标志。例如，航空、航天工业，电子工业等。在飞机制造业采用先进的电子技术、新材料、新工艺、新能源等等，大大提高了飞机的续航能力、飞机半径、飞机高度、适应气候变化能力。

（二）适用性能战略

适用性能战略。即采用适用技术对现有产品进行改造，使产品质量特性得到改善，以适应我国（或某一地区）在一定时期内的质量需求。

适用技术，是指一个国家、地区或企业为了达到一定的目的，在可能采用的多种技术中，最符合本国、本地区、本企业实际情况，经济效益和社会效益最好的一种技术。采用适用技术提高产品适用性能的战略，最适合我国国情，对于大多数企业和产品来说是一项长期的改善产品质量特性的战略。采用任何一项技术都要受到人、财、物等资本以及自然条件、经济条件、社会条件、技术基础的限制，因而在尚不具备采用先进技术的条件下，采用适用技术能够更有效的改进产品性能，使之发挥更好的经济效益和社会效益。例如我国纺织工业的技术装备总的来说是比较落后的，80年代初曾引进全自动的纺织机械，结果由于投资大、耗电多，虽然提高了纺织品的质量和劳动生产率，但对于我国资金短缺、能源紧张的状况，就很不适合。上海中国纺织机械厂、天津纺织机械厂等一些企业，采用了适用技术提高纺织机械产品的适用性能的长期战略方针，推出一批耗电省、工人操作方便、降低劳动强度、精度较高的产品，很适合当前我国纺织企业的需要。有的纱机和布机装上电子"单板机"能够自动监控纺织品质量与数量，成本低、效益好，既保证了纺织产品的质量，又减少停机时间，是一举数得的好措施。

（三）产品可靠性战略

产品可靠性是指在规定的时间内、规定的条件下，完成规定功能的能力。从一定意义上讲，产品性能的完全实现必须由可靠性来保证，它是产品性能的延伸和实现条件。产品质量的优劣不仅要看它的技术特性，还要看它的可靠性如何。因此，企业在制定产品性能战略时必须包括可靠性的内容。具体来说，主要包括以下几项内容：

1. 提高产品在规定的时间和规定的条件下完成规定功能的概率

这对于一些高科技产品和工作母机尤为重要，如发动机、现代通讯设备等等。往往因不能完成其规定的功能，常常造成巨大的损失。

2. 降低故障（失效）率和平均修复时间

如日本的小松制作所生产的推土机，其故障率、无故障工作时间和修复时间曾高于美国生产的同类优质产品，该所瞄准美国产品，制定低于美国产品故障率的战略目标，在本企业推行"A作战"计划，对购得的美国样机进行详细的拆解剖析，逐一进行研究改进，同时实行了全面质量管理。经过几年努力平均无故障工作时间由800-1000小时，提高到2000小时以上，终于达到了既定目标。使该所在强大的竞争对手面前立于不败之地。小天鹅洗衣机瞄准日本松下洗衣机标准，研制开发出5000次无故障洗衣机受到消费者青睐朱镕基总理的赞扬。

除以上战略措施外，各企业还可根据不同产品的具体质量要求，在维修度、有效度等方面采取相应的策略，以保证产品可靠性的提高。

第四节 质量创新思想与实践

人类的进步需要新生事物来推动，人类需要创新。；被誉为"百万富翁创造者"的拿破仑，希尔曾经说过一句话："创新就是力量、自由及幸福的源泉。"创新，是指不满足人类已有的知识经验，努力探索客观世界中尚未被认识的事物的规律，为人们的实践活动开辟新领域、打开新局面。对一个企业来说，创新意味着生命、发展和成功，如果把企业的技术创新看作是企业不竭的源泉，那么企业的质量创新则是质量腾飞的支点。

不断树立新的质量经营思想，不断改进企业质量管理的制度和方式，在质量管理上勇于创新，提高企业质量管理的水平，是现代企业面临的永恒主题。

一、建立质量保证体系，规范质量管理

质量管理是企业管理的中心环节，确立以质量为核心的经营管理是科学管理的重要原则。质量管理是通过建立完善有效的质量保证体系来满足用户的需要和期望，也保证和扩大企业的利益。

长期以来，由于闭关锁国，我国企业对国际上质量管理的动态和发展不了解，更不深究，加上计划经济体制的弊端，企业的质量管理缺乏系统性、严密性、规范化和制度化，无模式可言。虽然从1979年开始我国引进了源于美国、成于日本的全面质量管理（TQC），但一般企业都局限于群众性活动，总体成效不尽人意，没有真正成为企业管理的模式或主要方式。

由世界上100多个国家的标准化团体组成的国际标准化组织（ISO）于1987年发布了ISO 9000系列标准，1994年7月1日出版了第一个修订版本。这个系列标准为企业质量管理创造了一个规范的科学的模式。该标准系统地总结了国际上多年来质量管理和保证的理论研究和成果，也是国际上多年来质量管理和保证的实际经验，是现代人类社会生产力水平和国际贸易飞跃发展的科技成果及国际通用的质量管理模式和标准。该标准的贯彻实施已发展成为一种国际潮流和国际惯例。目前世界上已有99个国家一字不漏地直接采用该系列标准，其中包括欧盟和欧洲自由贸易联盟各国以及美国和日本。西欧有80%左右的公司熟悉这套标准。欧洲37个国家的9.26万多个企业取得了质量体系认证证书。我国于1988年等效采用该系列标准，1992年又等同采用、发布了GB/T 19000—ISO 9000系列标准，1994年又根据ISO组织第一次修订版本，发布了GB/T 19000—idt ISO 9000系列标准的1994年版本。目前，中国已有2000多家企业通过了第三方审核认证机构的认证。

通过贯标，许多国家和企业都十分深刻地认识到，ISO 9000系列标准为企业质量管理提供了一套极好的模式；建立和健全质量体系是企业持续健康发展的重要基础；实施体系认证是提高企业质量信誉，增强产品市场竞争能力的有力手段。特别是在市场经济体制下，要赢得市场，首先要赢得用户信任。由于每个企业都称自己的产品如何优良，价格如何低廉，服务如何周到，这就使经第三方审核认证机构认证的企业更能得到用户的信任，显然在竞争中占优势。

二、持续开展质量改进

许多年来，群众性的技术革新和小改小革活动，一直在不少企业不断地开展，但作为企业有组织、有计划、系统、全面、持续地开展旨在提质降耗，满足消费者和企业双方利益需要的质量改进活动，却没有在真正意义上展开。贯标工作的实践告诉我们，产品实物质量既反映管理水平，又反映技术水准。质量体系是通过一系列有效的

控制程序对产品质量形成的全过程进行控制和管理,以保证产品稳定地达到设计目标,但它不可能解决产品本身的技术问题和设计缺陷,管理的科学化不能代替技术的改进。

ISO 9000 系列标准的理论为我们组织真正意义上的质量改进提供了依据和思路:质量改进是指为了本企业和顾客双方的利益,在企业内和整个质量环中,系统地、持续地采用各种方法去改进过程,提高为顾客增值的效益和过程的增值效率;企业领导应在整个企业内部建立质量改进的目标,并且与经营目标紧密结合,并着眼于增加顾客的满意程度及过程的效果和效率,质量改进工作应经常主动寻求改进的机会;质量改进不仅是改造客观世界,也包括企业中的每个人持续地改进自己的工作过程。质量改进的内涵、目标和方式又一次革新和充实了我们的质量管理思路。

三、适应技改和市场变化,改善质量控制

社会发展的普遍规律告诉我们:生产力在生产方式中是最革命最活跃的要素,生产力的发展决定着生产关系的变革,要求生产关系与其相适应;落后的生产关系必然会阻碍生产力的发展。企业的发展印证了这一规律。随着现代先进技术装备的引进,落后的管理思想和方法已无法适应先进的技术、装备对管理的要求。生产的现实客观地要求企业的管理者要以创新的管理思想和方法去适应新的变化,去进行真正现代意义上的质量管理。

"七五"至"九五"期间,烟草行业引起了大量先进的制丝、卷接包设备。这些设备先进的结构和灵敏有效的自动控制检测系统,为提高卷烟产品质量创造了硬环境条件。如何去利用并用好先进设备上的这些价值占整机 1/3 的自控和检测系统,发挥其对卷烟质量特性的全数检测功能,转变检测控制方法,这作为一个课题摆在了中国烟草人面前。烟草企业提出了建立和推广质量受控样板机组的过程质量空制新思路。1993 年,烟草企业开展了"质量受控机台"活动,制定了"质量受控手册"等过程控制文件,并对质量受控状况定期进行鉴定、验收、复查和评比考核。由于设备对卷烟的一些质量特性值如重量、直径、空松、漏气及小包标签、缺支、空头、小包衬纸、商标纸等有自动检测或剔斥功能,促使我们把人工自检和专检的重点转移到对设备自动控制和检测系统的检查上来,转移到设备无法自动检测和控制的卷烟其他质量特性值,如爆口、切口、产品标识等上来。因此,我们将"质量受控机组"控制方式,作为烟支卷接和包装等关键过程的控制模式,在程序文件中予以明确规定。同时,在加强对在线自动控制、检测系统的有效性和灵敏性进行校验、点检和巡检基础上,把检验工和操作工的专检和自检的重点放在卷烟产品的外观质量上,使有限的人力和时间得到更有效的利用。

市场经济体制的建立,改变了人们过去仅以"符合性"质量作为衡量产品质量的

唯一性标志的观念，引导烟草企业必须把质量问题置于质量营销的背景下加以研究和考察，这就使卷烟产品的质量具有了市场属性，即质量的市场认同性。经济学理论告诉我们：商品具有两重性，即价值和使用价值。产品质量就是产品的使用价值。要使产品成为商品，不仅要使价值与使用价值统一起来，而且必须十分注重产品交换的实现问题。在市场上无人问津的产品，其质量水平只能说是低劣的，尽管这些产品的"符合性质量""水平很高"或相当"稳定"。美国质量管理学家 J，M·朱兰指出："对用户来说，质量就是适用性，而不是规格符合性，最终的用户很少知道规格到底是什么。"菲利普·莫里斯公司的经验，也使我们感到，他们注重卷烟产品质量，但更注重消费者重视的质量，对此加以严格控制，如对卷烟的设计质量、卷烟的内在品质、风格、含水率、焦油量和烟虫滋生以及卷烟、包装的外观缺陷把关很严，而对一些消费者并不十分关注的卷烟的有些质量特性值，如圆周、长度等，检测和控制相对较淡化，仅仅作为过程保证能力的一种验证。这就使检测和控制项目的结构比较合理，消除了不必要的质量过剩，降低了卷烟质量成本。根据质量市场属性和菲利普·莫里斯公司的经验，烟草企业在确定卷烟产品检测控制项目和规则上，在制定的质量标准中，结合企业的实际和市场消费者的需求，严格控制消费者注重的质量特性，而对一些长期以来检测结果比较稳定的，消费者并不关心的质量特性，相对减少其抽样检查数量和检测频次，或定期进行过程能力指数验证。这样既使检测的针对性更强，又使专项控制力度增力口。

　　古希腊伟大的科学家阿基米德曾经说过，如果给他一个支点，他就能把整个地球举起来。如果我们的企业始终依托管理创新这个支点，同时又有质量创新这一不竭的源泉，那么我们的企业必定有大发展，我们的产品必定有大市场，我们的事业必定有大作为。质量管理创新是永无止境的。

第七章 企业人力资源管理创新研究

随着社会与时代的不断发展，现代企业面临的竞争越来越大，而人力资源的重要性日益突显。为了适应形势发展的需要，吸引更多高质量人才的加入，现代企业人力资源管理也要不断创新发展，为企业在当今世界抓住机遇、迎接挑战提供保障。

第一节 现代企业人力资源管理人员的角色转变

人力资源管理关系到企业的生存和发展，而要充分发挥其作用，要建立一个科学的人力资源管理体系，还要对人力资源管理在企业中的角色有清晰的认识和定位。

一、人力资源管理在现代企业中的角色定位

人力资源是企业中最重要的资源，尤其是在知识经济时代的当今，企业要在发展中占得先机，离不开人力资源的作用。人力资源作用的日益突显使对其的管理工作也发生了变化。企业的人力资源管理由传统的强调专业职能角色转变为强调战略性。要顺利实现这种转变，要进行理论、技术和方法方面的研究，更要对人力资源管理在现代企业中的定位进行更新。

目前，对于人力资源管理在现代企业中的角色转变，国内外主要有以下观点。

（一）雷蒙德 A·诺伊等的四角色论

在《人力资源管理：赢得竞争优势》一书中，雷蒙德·A·诺伊等对人力资源管理在现代企业中的角色进行了研究，并总结了这四种具体角色。这四种角色为战略伙伴、行政专家、员工激励者和变革推动者。

（二）IPMA 的四角色论

对于人力资源管理在现代企业中的角色，美国国际公共人力资源管理协会（IPMA）

提出了自己的看法。其将人力资源管理的角色定位为四种：人事管理专家、业务伙伴、领导者和变革推动者。

（三）华夏基石六角色论

华夏基石管理咨询公司是国内知名的公司，它对我国的人力资源管理进行了研究。通过研究，发现要发挥人力资源管理在现代企业中的作用，为企业发展奠定人才基础，人力资源管理在现在企业中必须扮演关键的角色。

它把人力资源管理的角色总结为六个，分别为专家、战略伙伴、业务伙伴、变革推动者、知识管理者与员工服务者。

(1) 专家角色。在现代企业中，人力资源管理者要扮演专家角色，也就是说人力资源管理者既要是"工程师"，也要是"销售员"。

(2) 战略伙伴角色。在现代企业中，人力资源管理者扮演着战略伙伴的角色，也就是说人力资源管理者要具有很强的专业性，对企业的战略和业务非常熟悉，能够为企业和员工提供服务。具体来说体现在四个方面。第一，人力资源管理者要能解读和理解企业的战略，能够思考其对自身提出的要求；要有通过各种方式对企业战略意图的领悟能力。第二，要成为企业战略伙伴就必须熟悉业务，必须了解企业的员工，甚至了解客户。这就对人力资源管理者提出了一定的要求，要求其具有开放性思维，能够从多个角度对人力资源管理问题进行思考。第三，人力资源管理者的专业能力要强，要具有人力资源专业管理能力，能够做好人力资源规划，为企业的战略发展服务。第四，人力资源管理要成为战略伙伴就必须基于客户价值导向，提供人力资源的系统解决方案，既要为高层提供人力资源解决方案，去提高人力资源管理在企业战略体系中的地位，为员工提供人力资源产品与服务。

(3) 业务伙伴角色。人力资源管理者在现代企业中要扮演业务伙伴的角色，也就是说人力资源管理者要善于跟业务部门进行沟通，将人力资源管理的工作与其他业务相结合，通过自己的工作为其他业务部门解决问题提供方法，从而最终提高业务部门的工作绩效，提高整个企业的生产效率。

(4) 变革推动者角色。人力资源管理者还要在现代企业中扮演变革推动者角色，也就是说人力资源管理者要能够主动地推动企业进行变革。企业是需要不断变革的，这是时代的要求，是市场环境变化的要求，也是企业不断发展的要求。企业的变革最根本的是人与文化的变革，人力资源管理者要通过创新机制和体制，改变企业人员的思维和行为，这样才能对企业的变革起到推动作用。

(5) 知识管理者角色。在现代企业中，人力资源管理者还是知识管理者。知识对企业是非常重要的，尤其是在知识经济时代，知识可以说是企业最大的财富。企业要善于运用知识，要进行知识创新，这是现代企业发展的关键。而企业对知识的运用与创新，依靠的是人，从这层面上来看，人力资源管理要做好人的工作，从而做好知识管理，为企业的发展提高整体竞争力。

(6) 员工服务者角色。人力资源管理不仅要为企业服务，还要为员工服务，只有做好两者利益的统一，才能实现人力资源管理的最大价值。具体来说：第一人力资源管理要从企业管理者的角度出发，为企业人力资源问题的解决提供方案，处理员工与企业之间的矛盾冲突；第二，人力资源管理还要从员工的角度考虑，维护员工的应用利益，为员工提供人性化支持与服务，帮助其实现自我价值。

二、人力资源管理的职责分担

现代企业对人力资源管理作用的认识越来越深入，对其重视程度也越来越高。但是人力资源管理不只是一个部门的事情，因为其涉及整个企业各个部门的人力资源工作，因此需要各个部门的全力配合。因为涉及的管理者较多，在进行人力资源管理时，需要明确各相关管理者的具体职责，进行明确的分工和定位，从而协调配合做好企业的人力资源管理工作，充分发挥人力资源管理在现代企业的作用。

第二节 网络环境下的现代企业人力资源系统管理

人力资源是企业最重要的资源，关系着企业的生死存亡。尤其是在竞争日益激烈的现代，各个企业都非常重视人力资源，并为争夺人力资源不惜付出一切代价。作为对人力资源进行管理的人力资源管理工作，需要为企业选出高质量的能胜任的人才，需要统一和协调企业与员工的共同利益，还要适应无时无刻不在变化的环境，从而不断进行调整和变革。如何做好人力资源管理工作，已经成为我国企业急需思考和解决的问题。随着计算机技术及网络技术的发展与应用，现代企业面临着人力资源管理的新形势和新变化，现代企业应该顺应时代潮流和形势发展，利用信息技术，做好网络环境下的人力资源系统管理。

一、人力资源管理系统的内涵

通过前面的论述，我们对人力资源以及人力资源管理的内涵已经有了一定的了解和认识。那么人力资源管理系统就是进行人力资源管理工作的信息处理系统，这一系统能够收集和加工人力资源信息，并凭借这种信息规划与预测人力资源，从而对企业的人力资源开发管理及相应决策的做出给予一定的帮助。

二、人力资源管理系统发展的历史

人力资源管理系统的发展有一定的发展历史，到目前为止主要经历了四个阶段的发展。

1. 人事管理阶段

在这个阶段，"人"被看作档案来管理；人事部门仅仅是一个"办手续"的部门，呈个琐碎次要的部门；工作内容包括日常考勤、工资发放、办理离职、退休、离休等手续。

2. 人力资源管理阶段

此阶段强调以"工作"为核心，其目标更看重如何使个人能够完成工作。此时人力资源管理的各个模块开始建立，例如：招聘、培训、薪酬、绩效等，但各个模块之间的关系呈现相互独立状态。在中国，1993 年，人民大学劳动人事学院率先将人事管理专业改为人力资源管理专业，中国开始从人事管理转向人力资源管理，并经历了一个快速的发展、创新和变革期。

3. 战略人力资源管理阶段

在这一阶段，人力资源副总裁等角色开始出现，人力资源部逐渐成为业务部门的战略合作伙伴，其目标是支撑公司战略的实现。人力资源管理工作的业务范畴增加至组织设计、招聘管理等，并成为提升员工满意度与敬业度的中心部门。

4. 人才管理阶段

人力资源管理被看作是一个整体，而不再被割裂成模块。其目标是实现公司发展过程中持续的人才供应，人力资源部门的业务重心转向吸引、招募、发展、管理和留任人才，更加强化人力资源的战略地位。

三、人力资源管理系统开发的客观需求

有需求才会有生产，企业开发人力资源管理系统不是心血来潮，也不是无缘无故的，这是由企业的需求推动的。企业开发人力资源管理系统有三大客观需求，引进先进人力资源管理思想及方法、加速建立现代人力资源管理模式以及提高管理效率，降低管理成本。

（一）引进先进人力资源管理思想及方法

企业要发展需要做好各项工作的管理，要做好管理工作，需要有先进的管理思想

和方法。企业有学习先进管理思想及方法的需求，尤其是在关系生死存亡的人力资源管理方面。人力资源管理系统是一种科学的管理系统，拥有着先进的管理思想和方法，企业开发这一系统，可以实现管理思想和方法的更新与应用，能够更好地发挥人才资源的作用，也能更好地做出决策。

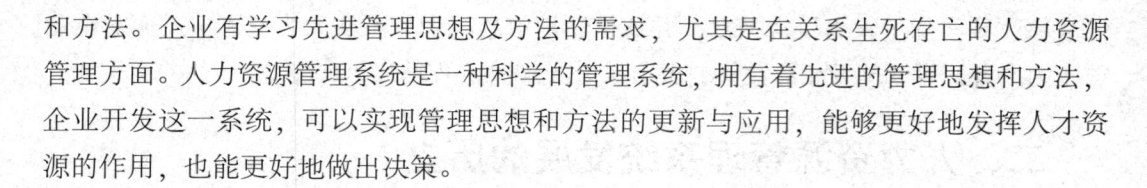

（二）建立现代人力资源管理模式

企业的管理经过了从实物到资本再到知识的发展。在知识经济时代，信息与知识成为企业的重要资源之一。企业在新的时代背景和形势下，要想获得可持续发展，必须重视知识，做好知识管理。而人力资源管理系统作为一种信息处理系统，在这一方面具有得天独厚的优势。另外，通过开发人力资源管理系统，可以构建现代人力资源管理模式，使企业内部各部门的沟通与信息传递变得更加方便和便捷，提高了企业的工作效率和反应能力，满足了企业构建现代人力资源管理模式的需求。

（三）提高管理效率，降低管理成本

对于现代企业来说，经济效益是其最根本的追求，也是企业最终的战略目标。企业要追求最大的效益，就要想尽一切办法来提高效率、降低成本，这是企业自身发展的需要。而人力资源管理系统的开发，能够给企业提供即时的相关信息，并能使企业的各项指令快速地向下传达，能够提高企业的管理效率，增强企业面对市场变化的反应能力，能够帮助企业迅速做出决策和进行发展战略的调整。而且，人力资源管理系统作为一种先进的软件系统，为企业节省了一些实物方面的消耗，降低了成本。

四、网络环境下的企业人力资源管理系统的构建

（一）建设思路

在网络环境下，构建企业的人力资源管理系统应该有一定的建设思路，也就是要考虑这一系统应该具备什么功能，能够满足哪些要求。具体来说，现代企业人力资源管理系统的构建思路为：具有高效收集和处理信息的能力、具有易访问和易查询的信息库支持、有利于实现内部招聘的科学管理、尽可能以提高管理水平为主要工作目标。

（1）具有高效收集和处理信息的能力，可以用集中的数据库将与人力资源管理相关的信息全面、有机地联系起来，有效地减少信息更新和查找中的重复劳动，保证信息的相容性，从而大大提高工作效率，还能提供相关的分析报告。

（2）具有易访问和易查询的信息库支持。实施人力资源管理信息系统，可将依赖于人的过程改为依赖于计算机的过程，企业管理人员只要获取了相应的权限，就可

以随时进入系统，直接查阅相应的信息。

（3）有利于实现内部招聘的科学管理，人才流失提高了企业的运作成本，如果将技能输入人力资源管理信息系统，在某个岗位需要人时，先搜索企业内部是否有适合人选，则可以提供内部招聘的效率。

（4）尽可能以提高管理水平为主要工作目标，经过整合，筛选的信息不仅可以使企业高层领导对企业人力资源现状有一个比较全面的认识，也可以生成综合的分析报表供企业领导在决策时参考。

（二）基本模块

根据现代企业人力资源管理系统的构建思路，综合现代企业人力资源管理的理论研究和实践经验，可以将人力资源管理系统的职能模块总结如下中的十大系统。

1. 战略规划系统.

战略规划对，人力资源管理工作非常重要，能够指导人力资源管理工作的进行。因此，对于人类资源管理系统来说，战略规划也非常重要。具体来说，在人力资源管理系统中设置战略规划系统，有两个方面的考虑。第一，通过战略规划系统，可以实现人力资源与现代企业战略规划的衔接，有助于在人力资源管理中实现企业战略。第二，有了战略规划，人力资源管理有了前进的方向，才能为企业的发展及时甚至提前做好人力资源的准备，为企业的未来发展奠定人力基础。

2. 职位管理系统

职位管理系统是人力资源管理系统构建的双轮驱动要素之一，对其他各人力资源模块都具有十分重要的支撑作用。不过，这一观点和传统的"人力资源管理基础是职位"有所不同。传统意义的"人力资源管理基础是职位"是说整个人力资源管理基础体系建立在职位上，但是其主要内容是通过职位分析形成岗位说明书，进而为人力资源管理奠定基础。随着现代企业的不断发展，单一的岗位分析已经不能满足企业人力资源管理的需要，同时，岗位说明书对很多企业也已不适用。在这种情况下，企业要从关注单一的岗位到建立职位管理系统，对职位体系进行整体规划、合理分类，形成职位管理系统。

职位管理系统主要包括三个方面的内容：第一，对企业业务结构、组织结构与流程的深刻认识与理解；第二，设计和构建职能、职类、职种体系；第三，设计和构建职位体系。

3. 胜任能力系统

胜任能力系统成为人力资源管理系统构建双轮驱动要素中的另一个要素。胜任能力系统为人员的招聘、甄选提供了用人方面的素质要求；为人力资源配置提供了人员配置的标准和依据；为薪酬体系设计提供了最基础的标准、依据和框架。

胜任能力系统不同于传统意义上的胜任力模型，传统的胜任力模型关注的是单一岗位的胜任能力，而胜任能力系统则关注的是企业的全面胜任能力建设。其主要包括五个方面的内容：第一，全员核心胜任能力建设；第二，领导者胜任能力建设；第三，专业胜任能力建设；第四，关键岗位胜任能力建设；第五，团队结构胜任能力建设。

4. 招募和配置系统

今天，组织的成功越来越多地取决于其服务质量指标的高低以及开发新产品和服务能力的大小，区别于传统的产业经济，在这一竞争环境中，如何获取适合组织发展的人力资源变得越来越重要。因此，招募和配置系统成为企业人力资源管理系统中重要的一个组成部分，关系到企业是否能够招聘到合适的人员并把他们进行合理的配置。

人力资源的招募与配置的内容如图7-9所示。不论是哪一内容，最终都要实现人员甄选的目的，因此职位管理系统和胜任能力系统是这一系统的基础，通过职位管理系统和胜任能力系统，最终选择合适的人力资源。

5. 绩效管理系统

绩效管理是人力资源管理的重要内容，因此人力资源管理系统中应设置绩效管理系统。绩效管理是一个过程，做好这一工作首先需要对企业的目标和计划有清晰的认识，并要确定一定的标准或指标，通过管理者与员工的沟通交流，将目标传递下去，并根据员工工作完成的情况进行奖惩。企业通过绩效管理可以有效激励员工，也可以有效管理员工，为了完成绩效管理，就需要建立绩效管理系统。通过绩效管理，可以促进企业战略的实施，可以持续改进企业绩效，更可以提升人力资源管理乃至整个管理水平。

6. 薪酬管理系统

一个企业的薪酬是员工最为关心的问题，只有做好薪酬管理工作，才能吸引高水平的人才，也才能对现有员工起到激励作用，也才能留住人才。对薪酬进行管理，是对企业战略目标的推动和支持，能够给企业带来优势；对薪酬进行管理可以满足员工的需求，将其潜能激发出来，开发其能力；通过薪酬管理，还能够解决企业和员工的矛盾，维护社会公平，有利于构建和谐社会。

7. 培训与开发系统

进入新经济时代，企业生存的环境变得更加纷繁复杂与快速多变，企业经历着前所未有的挑战和冲击，这对人力资源培训与开发提出了新的需求。例如，组织持续学习的需求、员工核心专长于技能形成的需求、员工素质能力提升的需求、企业领导领导力提升的需求，这些需求要求企业要以全球化的视野、从支撑企业核心竞争力的角度去思考和构建企业的人力资源培训与开发体系。同时，有效的培训开发可以传授给员工与工作相关的知识和技能，提高了员工的终生就业能力，从而为企业吸引和保留人才提供支持。

8. 再配置与退出系统

企业中的人员并不是一成不变的，总是会有员工的退出和更新，这是事物发展的必然性决定的。人员的退出有员工个人的原因，也有公司的决定原因，不管是何种原因，这些都是企业人员新陈代谢、持续发展的需要。人力资源管理系统中设置再配置与退出系统就是从这一工作出发考虑的。再配置与退出系统，有利于激活人力资源的活力，增强在职人员的危机与竞争意识，也有利于企业员工结构的优化。

9. 员工关系管理系统

企业的发展离不开融洽的员工关系，因此员工关系管理也是人力资源管理的重要内容。员工关系就是在人力资源管理的各种制度发挥作用的前提下，营造良好的员工关系，为组织的健康发展与绩效提升提供保障。营造良好的员工关系，可以增加企业对优秀人才的吸引力，提高企业人力资源整体水平，还可以增强在职员工的凝聚力和集体观念，激发员工的主动性，有利于提高企业的整体效益。

10. 知识与信息管理系统

当今是知识经济时代，人力资源管理要实现其目标必须依靠信息化，企业要想在激烈的市场竞争中处于不败之地，必须做好知识管理。因此，人力资源管理系统必须包含知识与信息管理系统。

第三节 现代企业人力资源管理的信息化

一、人力资源管理信息化概述

人力资源管理信息化，又称为"电子化人力资源管理"，其英文是 electronic-Human Resource，简称 e-HR。所谓的人力资源管理信息化其实就是实现人力资源管理流程的电子化，是指在人力资源管理中运用互联网技术，依靠强大的软件和硬件，以集中式的信息库为支撑，处理信息，达到提高效率、降低成本、改进服务的目的的过程。

任何事物都是在不断发展之中的，人力资源管理信息化的概念也是动态的。目前对它的理解主要包括四个方面。

（1）人力资源管理信息化可以提供更好的服务。通过人力资源管理信息化系统，信息的收集更加快速有效，信息的沟通更加便捷，它能为不同用户提供所需要的信息，为他们的决策提供依据。

（2）人力资源管理信息化可以降低成本。人力资源管理是一项十分复杂的工作，涉及的人员和信息众多，在没有信息化系统的时候，所花费的人力和时间非常多，为企业增加了不少成本，而信息化系统的使用，使信息的收集传递速度大大提高，而且花费的人力物力都很少，降低了企业的成本。

（3）人力资源管理信息化可以革新管理理念。人力资源管理信息化是一种管理方式的改进，通过管理方式的改进达到革新管理理念的目的，从而实现人力资源的优化。

（4）人力资源管理信息化是先进技术的运用。人力资源管理信息化过程中运用了计算机和互联网技术，还有赖于强大的软件和硬件，并涉及数据库的使用，这些都是先进的技术，都有利于做好人力资源工作，提高企业的工作效率，也是企业进步的重要体现。①

二、人力资源管理信息化的意义

（一）促进人力资源管理理念变革

人力资源管理信息化不仅能为企业进行人力资源管理带来诸多便利，还能带来先进的管理理念和思想。

1. 人力资源管理信息化转变了人力资源管理理念

人力资源管理信息化在管理方面是开放性的，这对企业以往封闭式的管理是一种革新，最终对人力资源也是一种优化。人力资源管理信息化使人力资源管理逐渐走向互动、专业和全面，提高了人类资源管理在现代企业中的地位。

2. 人力资源管理信息化转变了管理角色

在以往的企业中，人力资源管理只是简单地提供人力资源信息，人力资源管理信息化的实现，增强了人力资源管理的战略性，使其对企业的意义和价值也更加重要，通过信息化，可以为企业管理者做出决策提供依据，也能为人力资源管理各项工作提供方法和经验。

（二）有效衔接了人力资源管理与主流管理系统

企业中包含着许多的信息，人力资源的相关信息只是其中一部分，因此人力资源管理信息化也只是企业整体信息化的组成之一。通过人力资源管理信息化，可以与企业其他管理系统衔接，实现人力资源管理的信息与其他信息的融合交流，其他信息可以为人力资源管理工作提供支持，而人力资源管理信息也可以为其他部门的信息提供依据，从而促进企业各部门信息的互通互联，有利于企业整体的发展。

（三）优化了管理结构与信息渠道

市场竞争日益激烈，企业要想在不断变化的环境中及时决策、获得持续发展，离不开企业内部之间的全方位沟通。而企业规模越大，这种沟通的实现就越困难。由于企业存在不同的部门、大量的员工，还涉及外部企业的联系，不论是在时间上还是在空间上都有着沟通的限制。人力资源管理信息化可以成为部门、员工，甚至企业间的纽带，摆脱时空的限制，促进沟通与交流。除此之外，还可以实现信息与知识的共享，提高企业的综合竞争力。

（四）使管理方式更加人性化

人力资源管理信息化的实现，为员工与企业的沟通提供了便捷的方式和渠道，通过这一系统，可以实现管理的实时化，有利于员工与企业利益的互动和统一。人力资源管理信息化是管理与信息技术的融合，带来了先进的管理理念，也使人力资源管理工作更加职业和专业，满足了企业和员工的需求，使管理方式更加人性化。

（五）提高人力资源管理的效率

人力资源管理工作涉及的内容庞杂，如人员的招聘和培训、薪酬的设置、绩效的评估，这些工作都有着一定的程序，需要花费大量的时间和人力物力。人力资源管理信息化的实现，为员工提供了自助服务以及信息共享等，还有助于无纸化办公的实施，节省了时间和成本，也使人力资源管理的效率大大提升。

（六）更好地适应员工自主发展的需要

员工是具有能动性的，为了生存与生活，他们为企业劳动，创造效益，同时员工也有自己的想法，有着自主发展的需要，他们对薪酬福利、职业生涯等企业的决策都有着自己的意见和建议。人力资源管理信息化，为员工表达相关的意见和看法提供了渠道，有利于他们参与企业的决策，同时通过人力资源信息化，企业可以对员工针对性地安排工作、学习，有利于员工的自我管理以及自主发展。

（七）有力促进企业电子商务的发展

人力资源管理信息化有力地促进了企业电子商务的发展。人力资源管理信息化就是电子化人力资源管理，人力资源管理的各项工作都借由这一系统实现了电子化，因而更加高效。同时，这也为企业建立虚拟组织、实现虚拟化管理创造了有利条件。

（八）提高企业人力资源管理水平，加快企业人力资源的开发

人力资源管理信息化，最直接的效果就是提高了人力资源管理工作的效率，使其更加科学、合理，更加公正、透明，各种政策的制定也更加民主和可行，大大提高了人力资源管理的水平，对于企业人力资源的开发有着积极的意义。

三、我国企业人力资源信息化管理的现实需要

从人力资源信息化管理的定义上来看，人力资源信息化的管理包含了多重的内容，在实际作用的发挥上，人力资源信息化管理同样也具备复杂的系统性特征。目前，我国的大部分企业已经逐渐具备了人力资源信息化管理的理论基础和硬件条件，然而在实际的运用和操作中，其信息化管理和内容以及相关的建设及其性能尚不全面，企业利用信息化管理的思维尚且不足。下面对我国当下大部分企业对人力资源信息化管理存在的现实需求进行具体分析。

（一）企业发展战略需求

现代化信息社会的部分基本要求已经逐渐延伸到经济社会的各个角落，实际企业对于人力资源管理的信息化需求已经表现得十分明显。此处需要注意的是，企业发展的战略需求所指的并不是单纯的政策调整以及管理模式的对应改变。换言之，企业的战略需求是从实际的需求和对于未来的管理模式进行精密的预测之后所得到的。

人力资源信息化的管理对于正在逐步发展的企业的好处可以简单地分为以下几点。

（1）企业可以依靠逐渐发展的人力资源信息化管理发展出独特的管理特色，依据当前企业所面对的问题和市场的独特需求做出一定的规划。

（2）企业在面对技术管理接轨的时候，其相对的技术接轨成本更低。尤其是对于员工的信息化转换成本也更少。

（3）能够满足员工的潜在发展需求，在员工所能得到的信息反馈上能够满足要求，员工利用信息化要求的转换，获得更高层次水平的反馈和信息总结。

（二）管理水平以及管理层次的需求

当下企业管理之中常常出现管理水平和管理层次上的一系列变革，利用人力资源信息化的趋势，能够有效地针对管理中出现的一系列问题做出及时的调整。在当前的信息化管理之中，利用适当的信息管理可以做到在员工信息、员工考核、绩效考核、总体管理等一系列的综合信息的罗列和展示。对于出现跨地区、员工工种和素质不一样的管理，信息化的管理方式可以提供全局观。综合利用信息化的管理促使整体的改

良和发挥。换言之，使在不同时空条件的员工在计算机的核算上有总体的安排规划，对于目前企业的人力资源等都有综合的体现，可以有效地对企业的现状进行管理，适时安排员工的工作，并且针对员工的特殊情况主动性地对综合管理的情况进行调整。

（三）员工的反馈需要

传统的管理方式对于员工的需求反馈有一定的延迟性，而信息化管理在其取代传统的管理方式的同时，还提供了相对直接的员工信息反馈的渠道，为员工改善工作方式方法起到了一定效力。从总体需求来说，企业要求从一般的任务完成开始和出现对于员工态度以及情感上的需求改善，方式方法上获得陆续的发展和潜在需求之中的表现，员工能够及时地利用信息化管理系统，查找相关的企业要求的条理和准则，对于企业变更的要求以及相关信息有良好的把握能力，同时可以依靠当下的信息反馈系统，利用其主要职能了解自我工作状态和相关反馈，对于考核也能够有比较直观和透明的把握。

信息化的管理需求同时还可以表现在其对于个人需求的尊重之上，每个员工都可以借助信息化管理系统了解到当下规程，甚至是提出自己针对规程的一部分意见。综合来说，对于企业的效力的反馈也有比较好的体现。

四、人力资源管理信息化的实施程序

企业进行人力资源管理信息化要按照一定的程序进行，一般来说，大致分为六个阶段，分别为：总体规划、系统分析、系统设计、选择解决方案、成立项目小组、正式运行。

（1）总体规划，主要工作包括对当前应用系统进行初步调查、系统开发条件分析分析与确定用户需求和系统目标、拟订预算等。

（2）系统分析，在调查研究的基础上对新系统的各种方案和设想进行分析、研究、比较和判断的过程目的是获得有关合理的新系统的逻辑模型，包括了详细调查和提出新系统的逻辑模型等步骤。

（3）系统设计，依据系统的逻辑模型设计出满足用户要求的高质量系统，包括总体设计和子系统设计两个步骤。总体设计即模块设计，子系统设计是设计各模块业务流程图以及分析各模块的功能需求。

（4）选择解决方案，考虑是自行开发还是选择供应商或二者相结合，扬长避短。需要企业制定正确的选型策略，遵循规范的选型流程以及设计完善的评价指标体系。

（5）成立项目小组，为保障项目的顺利实施，企业有必要成立专门的项目小组。小组成员一般应包括人力资源职能部门、办公室、项目主管、供应商、企业部门。

（6）正式运行，在实施时有必要在总体规划的基础上，对各个模块的优先秩序进行分析，明确各个模块发展的具体日程，有步骤地推进整个进程。

五、我国企业人力资源管理信息化存在的主要问题

目前大多数企业虽然已经开始利用企业人力资源信息化管理，但是从各个方面来说都存在着一定的局限性和不足，依据其不足进行分类，大致可以分为主观投入不足和客观支持力度不足两方面。

（一）主观投入方面主要存在的问题

1. 企业对于人力资源信息化的客观需求认识不足

虽然当下已经进入信息化的时代，但是依旧存在不少企业仍旧沿用传统的人力资源管理方式，该类企业多为小型企业，规模不大，对于员工的综合管理素质要求也不高。针对这类企业所暴露的问题也可以看出当下的部分企业对于人力资源信息化的客观需求认识不足。此类企业将人力资源管理限制在一个较小的区域，对于当前的人力资源管理的信息化水平比较局限，甚至总体上对于信息化的认知较为排斥。在未来的竞争中，该类企业的劣势也同样较为明显。

2. 资金投入和相对管理方式迟滞

企业对于人力资源信息化认识不足，同期的缺陷还表现在资金投入少和相对的管理方式迟滞上。

我国企业进行人力资源管理信息化的过程中都会面临资金的问题。其实，企业进行人力资源管理信息化的目的是提高工作效率，进而降低成本，而要保障人力资源管理信息化的实现首先需要投入资金。人力资源管理信息化系统有自主开发和购买产品两种方式，自主开发费时费力，一般的企业难以承受，而购买相关产品也需要花费较多的资金。首先，购买人力资源管理系统成本会较高；其次，支付人员培训费用、系统维护和升级费用等这对企业来说都将会是一笔不菲的费用。由于将员工信息实行全面的信息化，网络化管理，初期需要投入一部分人力资源，特别是企业需要相关的人力资源管理人才进行辅助建设，在资金投入上需要投入一部分进行建设，然而企业对于该项没有直接盈利的建设项目兴趣往往不大，建设的需求表现出的状况也不明显，常常延误企业改革的需求和继续发展的潜力。

管理方式上出现了部分企业虽然将员工信息进行了信息化处理，但是综合上没有投入的现象。在一部分信息的发布上依旧依靠传统的模式进行。人力资源管理的信息化系统上针对性和实时性的特性都没有利用，使其整体的人力资源信息化管理都成了空架子，仅仅起到了企业装点门面的作用，此类缺陷同样也是对人力资源管理的信息

化系统的浪费。

3. 人力资源管理者缺乏应用的能力

企业人力资源管理人员的素质水平影响着人力资源管理信息化的实施。人力资源管理信息化涉及互联网等信息技术的应用,这就要求人力资源管理者具备相应的能力,这也是实施人力资源管理信息化的前提。但是现实情况是,我国企业的人力资源管理者普遍不具备信息技术能力,这种能力的缺乏导致人力资源管理信息化在现代企业中的实施受挫。

4. 人力资源管理信息化的内容主要集中于事务处理

现代企业中不少都实施了人力资源管理信息化,但是对其的使用方面存在一定的问题。企业实施人力资源管理信息化,主要还是用来处理有关人力资源管理的一些事务性问题,如招聘、考勤、绩效评估等。其实人力资源管理信息化还包括进行人力资源规划、工作分析、自助服务等功能,但这些功能往往是目前企业中所不重视的,也是很少涉及的,因此对于人力资源管理信息化的进一步使用还有待深入。

(二)客观投入方面主要存在的问题

1. 国内大环境下信息化基础薄弱

我国目前已经全面进入信息化社会,然而我国的信息化技术发展与国外相比较而言,基础相对薄弱,部分技术依旧依靠国外的技术支持,没有自己的解决方案,在部分的人力资源信息化处理上的能力以及其综合管理能力尚且表现出一部分不完善的方面。而我国目前的人力资源方面相关的人才较为缺乏,虽然大专院校对于人力资源专业的学生培养较为全面,但是在人力资源信息化建设的专业性和使用程度上来说,人才依旧较为稀缺。

2. 国家尚无相关法律法规规范和保障

目前,我国对于企业的人力资源信息化管理没有进行一定的规范,针对目前不少企业中存在的管理乱象的治理能力不足,各个企业内部的信息化管理常常出现各自为政的现象,平台、代码之间没有统一的标准,对于整体的企业内部的人力资源信息化建设的优势关注不足。

我国同样在人力资源信息化法律效力之上的保障力度不足,信息化管理面临的一大难题就是信息的保密以及信息安全的处理,在此基础之上,国家在人力资源信息等网络信息安全的保护立法上常常表现出无力态势。法律规范的不完善,法律制裁的不到位。种种因素也是企业在实现人力资源信息化管理时的顾虑之一。

3. 缺乏专业的人力资源管理人员

企业人力资源管理的发展经历了从人事管理到人类资源管理再到人力资源开发与经营的过程。对于我国的人力资源管理发展来说,其中一个重要的原因就是外企的涌入。我国的人力资源管理与开发还处于初级阶段,对于很多企业,也只是从称呼上把人事管理部门改为人力资源管理部门,其实质并未发生多大改变。这主要是因为我国企业管理者观念较为传统,有的没有相关的人力资源管理专业知识,对于人力资源管理的内容与流程也不是很掌握,还有的对人力资源管理信息化的重要性和必要性认识不足。

4. 缺乏突出的人力资源管理软件产品和厂商

人力资源管理信息化涉及人力资源管理软件产品的使用。对于我国来说,企业虽然有相关需求,但我国人力资源管理信息化服务市场并不成熟,许多软件的开发还很低级,产品混杂,也不规范,这些软件产品被企业购买采用以后,难以真正发挥人力资源管理信息化的作用,也存在不符合现代企业现实需求的情况,这在一定程度上会影响企业管理者对人力资源管理信息化的态度,也会对现代企业实施人力资源管理信息化带来一定的阻碍。

六、我国人力资源管理信息化建设的发展方向

随着我国经济的发展,企业内部人力资源管理的信息化建设的必要性日益凸显。在我国人力资源管理的信息化建设的未来发展方向上应该注重以下内容。

(一)综合性

由于企业内部常常出现人力资源网络交错的状况,其部门在具体的管理上对人力资源管理的信息化要求有不同的属性,在此方面的建设适当地应该予以避免,转而针对网络化、体系化的人力资源管理结构进行综合的调整,趋向于扩大化和综合化。同时在建立相关的企业内人力资源信息化建设的同时,还应当建立相应的评估机制和反馈机制,提出适当的评估和反馈的标准,作为标准化的参照,提供给员工作为基础的改善意见。

(二)适用性

在经济发展的今天,中国当下正处在复杂的经济局面中,针对其适用性应当服从现实的需求,我国的人力资源信息化的发展起步比较晚,相对企业对其认识也存在一定的不足,这也就要求在未来企业的信息化建设的发展方向应该趋向于企业的实际条件进行适应,避免人力资源管理的信息化发展在中国企业的水土不服,根据我国的实

际情况，进行管理的方针和规定条款的制定，优化整体的管理结构，避免隔靴搔痒的情况出现。

（三）安全性

针对目前我国网络信息安全立法的不完善以及相关法律执行的效率有限，这种环境加强了我国对于人力资源信息化安全性能的要求。其建设应当遵循安全性原则，在利用新的管理模式为企业的综合发展提供保障的同时，也应该有力避免公司可能面对的隐形损失，防止员工信息被盗用、泄密等不良影响。

七、我国企业人力资源管理信息化发展对策

（一）电子化数据方面的对策

在人力资源管理的过程中，涉及许多数据，进行人力资源管理信息化，就要对这些数据进行电子化处理。因为数据庞大，进行电子化数据处理时一定要注意相关问题，做好这一工作。具体来说，在进行人力资源管理信息化数据电子化过程中要做到以下方面。

1. 分析电子化数据特点，对症下药

电子化数据的特点是用户多、影响广、规范化难度高，而且要求准确、实时和统一。根据电子数据化的这些特点，就应该采取针对性的措施。如专人负责、规划整理、统一规范。在电子数据化即将完成时，要保证最新数据的更新，避免数据混乱的出现。

2. 评估电子化数据工作，做好人员安排

电子化数据的庞杂性和分散性，决定了这一工作的费时费力。在电子化数据时，一定要提前对电子化数据工作的工作量和工作难度进行明确，并对涉及这一工作的各部门进行分工，并做好相关工作人员的培训工作，保证电子化数据工作的效率和质量。

3. 高层参与，同时项目团队成员步调一致

在现代企业中，任何工作的开展，都离不开领导的支持。在电子化数据工作中，也要及时向领导汇报和沟通，不仅了解领导的要求，还要向领导反映工作的进展与困难，借助领导的力量，使企业各部门给予协调配合，保证电子化数据工作的有序开展。

电子数据化工作内容繁杂，涉及的工作人员众多，在工作过程中一定要做好及时沟通，将电子数据化的工作进行情况及时传递给团队成员，使各团队成员的思想得到统一，工作步调保持一致，在工作中形成合力，使电子数据化工作向着正确的方向前进。

（二）认真分析企业是否适合导入人力资源管理信息化

人力资源管理信息化是现代企业人力资源管理的趋势，也是顺应时代发展的要求。于是，有人认为，只要企业具有实力，就应该实施人力资源管理信息化。其实，这种看法存在一定的不合理性的。尤其是在我国，企业的性质多种多样，而且内部存在着许多复杂的关系，并且所处的发展阶段和采用的管理方式都存在差异。因此，在考虑人力资源管理信息化时，一定要对企业的情况进行评估，看看实施人力资源管理信息化是否可行。

其实，并不是所有的企业都能够实施人力资源管理信息化并取得理想的效果，人力资源管理信息化对企业也有着一定的要求。

第一，企业要有稳定的人事基础管理体系。如果企业的人事管理政策朝令夕改，即便实施了人力资源管理信息化，也难以保证系统能够根据实际情况及时调整，也就难以发挥其价值，甚至会阻碍企业的变革。

第二，企业的人事管理要权责明确。在人力资源管理信息化系统中，针对不同的用户，设置有不同的权限，如果企业的权责不明确，甚至混乱，就难以保证人力资源管理信息化系统数据的准确性和及时性。

第三，人力资源管理信息化要求人事管理人员具有相当的水平。人力资源管理信息化的作用是毋庸置疑的，它对企业的变革也是全面的，其中就包括对人工作习惯的改变。操作人力资源管理信息化系统，要按照规范进行，并保证数据正确，这样才能保证人力资源管理系统得出的结果正确，否则，就会导致人力资源管理信息化的效果大打折扣。

以上三点只是对企业是否适合实施人力资源管理信息化的基本判断。即使具备上述三个条件，也不意味着任何人力资源管理信息化系统都能适用。要选择与自身条件相符的人力资源管理信息化系统，一定要对自己企业的现状进行准确的分析，可以借鉴一些与自己企业情况类似的企业的相关经验，这更有利于做出正确决策。

（三）正确处理好标准化与客制化的关系

在实施人力资源管理信息化的过程中，一定要注意标准化和客制化的关系。所谓的"客制化"就是定制化的意思；人力资源管理信息化系统客制化，就是根据企业的现实情况，调整人力资源管理信息化系统。虽然客制化更能使人力资源管理信息化系统与企业相符合，但是否进行客制化，还是需要认真考量的，这就是要处理好标准化与客制化的关系。对于有些企业来说，其管理方式尚存在许多不合理的地方，人力资源管理信息化系统的客制化虽然适合了企业的需要，但也会让这些不合理规范延续下来，以后就会难以调整，会影响管理的效果。而对于一些企业来说，引入的人力资源

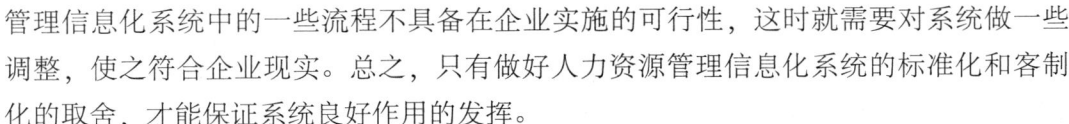

管理信息化系统中的一些流程不具备在企业实施的可行性，这时就需要对系统做一些调整，使之符合企业现实。总之，只有做好人力资源管理信息化系统的标准化和客制化的取舍，才能保证系统良好作用的发挥。

（四）实施中的对策

1. 增强员工的信息化意识

人力资源管理涉及企业的所有部门，人力资源管理信息化也是一样，它与每一名员工的利益都密切相关。因此，企业实施人力资源管理信息化，需要增强员工的信息化意识，一方面，有利于人力资源管理信息化建设的进行，另一方面也有利于员工竞争意识的增强与个人技能的提高。

2. 选择合适的软件

人力资源管理信息化需要软件的支持，在选择软件时，要做好与自身条件相符。有实力的企业，可以自主开发相关软件，这样能保证与自身特点相符，而不具备相应能力的企业则要考虑购买软件，这时就要全面分析自身的情况，并考察软件的情况，有必要时，可以定制人力资源管理信息化系统软件。

3. 保证资金投入

实施人力资源管理信息化，一个前提条件就是有足够的资金支持。人力资源管理信息化不是一个简单的过程，涉及多种因素，多个部门、大量数据。组织必须给予一定的资金投入，但是也要对自己的经济情况有了解，有步骤、有计划的进行，选择合适的人力资源管理信息化系统。

4. 加强人本管理

人力资源管理，是对人的管理，因此一定要注重人本思想，做到"以人为本"。人力资源管理信息化系统依靠软件进行人力资源管理，但软件是死的，人是灵活的，在人力资源管理中，一定要在依靠软件管理的同时，做好人性管理，保证人力资源管理信息化的顺利实现以及工作效率的提高。

5. 提高人力资源管理者的应用能力

人力资源管理信息化不是简单的引入相关软件对人力资源进行管理就完了，还涉及人力资源管理的优化与更新。这对人力资源管理者的应用能力提出了要求，人力资源管理者要具备先进的管理理念，对人力资源管理信息化有深刻的理解，还要具备运用这一系统的技术能力。只有不断提高人力资源管理者的应用能力，才能将人力资源管理信息化的效果发挥得更好。

6. 注重信息化建设的"本土化"

发达国家在人力资源管理方面处于先进水平，积累了相当丰富的经验。我国要向发达国家学习，借鉴其管理经验，吸收人力资源管理，尤其是人力资源管理信息化建设中的良好做法，做好人力资源管理信息化的本土化改造。我国的人力资源管理信息化建设应该从企业的实际需要和所处阶段出发，从整体上进行设计，统筹进行安排，有步骤、有计划地进行。

第八章 企业文化创新研究

在管理理论的"丛林时代",孔茨(HaroldKonz)的组织文化思想,让我们初次感受到文化的魅力;80年代,《日本企业管理艺术》、《企业文化》、《寻求优势——美国最成功企业的经验》等著作的相继问世,引发了企业管理思想的又一场革命,企业文化成为现代企业管理的成功之道,文化管理成为大势所趋。中外企业管理实践和理论研究的成果表明:企业文化在企业活动中发挥着重要作用,是企业的灵魂,是企业创新与活力的内在源泉和动力。把企业文化与企业管理结合起来进行研究和探讨,避免文化与管理脱节,对于提高我国企业文化建设水平、促进管理的优化与提升、增强企业国际竞争能力有着深远意义。

我国创新文化的研究起步较晚,1998年中国科学院院长路甬祥首次提出了创新文化的概念,国务院2006年编制的《国家中长期科学和技术发展规划纲要(2006—2020)》首次将"创新文化与科学普及研究"作为一个独立专题。目前学术界关于企业创新文化存在的主要问题是学术界在创新文化的定义上尚未达成共识,现有的创新型文化研究重定性研究轻定量研究,现有的创新型文化研究缺乏集成而显得过于孤立。

研究企业创新文化的根本目的是为了提升企业竞争力,增强企业生存发展能力。随着竞争环境的不断变化,企业虽然认识到企业文化是创新的重要影响因素,但对于如何管理企业内的创新文化却无从下手,甚至不是很清楚究竟什么是创新文化、创新文化的内涵。在这样的情况下,很多企业虽然清楚文化既能成为共享或重新使用知识和创新的推动者,也能成为其障碍,但对于哪些企业内的文化有助于创新哪些阻碍创新没有一个清晰的概念。因此笔者希望通过深入的理论研究与探讨,梳理和总结中国企业创新文化,找到创新能力建设的科学规律和有效途径,树立科学和理性的创新思维、创新理念、创新素养和创新习惯,建立以文化为指导的企业创新体系。

第一节 企业文化的相关理论

21世纪是一个文化制胜的新时代。只有到了这个时代，人们才能更多地领略到文化的存在、文化的力量，可以说从物质到精神，从存在到意识，从生存到发展……，人与社会的方方面面，都无一例外地打上了一定文化的烙印，受制于一定文化的影响，也得益于先进文化力量的推动。文化能从深深渗透于人与社会发展的诸个层面走到时代发展的前台，主要是因为文化建设日益与人类的生存和发展息息相关，文化与当代经济和政治相互交融以及文化在综合国力竞争中的地位和作用日益突出，这也决定了文化的力量已成为熔铸民族精神、企业精神、人的精神的一种重要力量。

从文化力量的视角看，企业文化现象从20世纪70年代引起企业界的关注，到80年代末引入我国，成为企业界和理论界研讨的对象，再到21世纪企业文化建设成为企业家关注的焦点，无不印证了在决定企业成败的种种因素中，唯有优异的企业文化才是成功企业之所以成功的最为核心的关键因素。

在新世纪伊始，美国福氏咨询公司在对《财富>>500强评选总结中，已明确指出："公司出类拔萃的关键在于文化"。我国著名经济学家于光远在"中外管理恳谈会"上也明确指出：国家的繁荣在于经济，经济的发展在于企业，企业的兴衰取决于企业家，那么企业家的活力来自他创造的企业文化，而文化的核心是价值观。沿时代脚步走进中国企业文化，我们不妨把上述企业文化理念背景下的2002年，称之为"中国企业文化建设元年"。2002年9月，第16届国际企业文化年会在瑞典首都斯德哥尔摩举行，来自全球58个国家的116名代表出席了会议。会议主题是：探讨社会价值导向对该国企业文化的影响。2002年12月，首届中国企业文化年会在北京召开，来自全国各地企业界、经济理论界、高等院校、新闻媒体等400人出席了会议。会议主题是：竞争力与企业文化建设。透视同年国际、国内两次企业文化年会，不难发现今天的企业文化建设已成为决定企业兴衰和国家经济增长不可缺少的重要因素。正是受制于当代文化与经济、政治相互交融的社会价值导向的影响，21世纪企业成长的质量越来越靠文化的因素来支撑，企业管理的水平越来越需要文化的管理来提高，企业实力的增强越来越靠文化的力量来打造。

一、文化的概念

文化可能是最难说清楚的概念之一。似乎世界上的一切都可以称为文化，或者说与文化相关。深奥的如禅文化，淡雅的如茶文化，浓烈的如酒文化，……，如此等等，不一而足。各个民族、各个时期的学者也都给文化下了定义，或者谈到了文化。西汉刘向的《说苑·指武》中有"圣人之治天下也。先文德后武力。凡武之兴，为不服也，文化不致，然后加诛。"南齐王融的《曲水诗序》中有"设神理以景俗，敷文化以柔远。"这两处"文化"的内涵都是指"文治教化"，是古之圣人用来治理天下的大道。我们当下所倡导的"以德治国"与此相近。近代给文化下明确定义的，首推英国的人类学家泰勒（E.B.Taylor）。他在 1871 年出版的《原始文化》中指出，"文化是一个复杂的整体。它包括知识、信仰、艺术、伦理道德、法律、风俗和作为一个社会成员的人通过学习而获得的任何其他能力和习惯。"由于泰勒的定义中缺少物质文化内容，其后美国的一些学者将上述定义修正为："文化是复杂体，包括实物、知识、信仰、艺术、法律、道德、风俗以及其成员从社会上学得的能力与习惯。"这样一来，文化成了一个无所不包的概念。

在《中国大百科全书》里，对文化进行了广义和狭义的划分。广义的文化指人类创造的一切物质产品和精神产品的总和，狭义的文化专指语言、文学、艺术及一切意识形态在内的精神产品。罗列这么多定义，是为了总结出一些规律性的东西。考察上述不同时期关于文化的定义。我们可以发现：文化的定义总是在狭义与广义之间徘徊，并且总体上以狭义的定义为主；同时，其由古至今的变化轨迹是狭义——广义——狭义，呈现出一种回归的迹象；此外，还有一种趋势，就是将文化的本质内涵与其载体区分开来。关于最后一点。中国人民大学教授沙莲香也有类似的说法："文化体现在所有的产品中。却不就是产品本身，它只是作为人们的行为方式和思考方式存在于产品中。"本书在提到"文化"时，一般是指狭义的文化；并且倾向于将文化的本质内涵与其载体区分开来。

二、企业文化的定义

企业文化又称公司文化，要比文化的历史晚的多。这个词的出现开始于 20 世纪 80 年代初。一种新的思想和理论在形成过程中，往往会发生百花齐放、众说纷纭的现象，企业文化也不例外。国内外学者对企业文化有着许多不同的认识和表述，对企业文化的解释也是仁者见仁，智者见智。特雷斯·迪尔《企业文化——现代企业精神支柱》一书中指出："企业文化应该有别于企业制度，企业文化有自己的一套要素，即价值观、英雄人物、典礼仪式、文化网络。这四个要素的地位和作用分别是：价值观是企业文化的核心；英雄人物是企业文化的具体体现者；典礼及仪式是传输和强化企业文化的重要形式；文化网络是传播企业文化的通道。美国学者约翰·科特和詹姆斯·赫斯克特在《企业文化与经营业绩》一书中指出："所谓企业文化通常是指一个企业中各个部门，至少是企业高层管理者们所共同拥有的那些企业价值观念和经营实践。同理，所谓部门文化就是指企业中一切分布各个职能部门或地处不同地理环境的部门所拥有的那种共同的文化现象。"在我国，清华大学教授、著名经济学家魏杰在其所著的《企业文化塑造》一书中给企业文化所下的定义是这样的：所谓企业文化，就是企业信奉并付诸实践的价值理念。也就是说，企业信奉和倡导，并在实践中真正实行的价值理念，就是企业文化。

若要回答企业文化的定义，其出发点和所遵循的原则是"服务与企业文化实践，提高可操作性"。在这一原则之下，对企业文化的界定，要考虑有利于三个问题的回答：企业文化是什么？企业文化为什么？企业文化怎么做？这三个问题也是企业文化建设中要解决的三个根本性问题。

三、企业文化的作用

关于企业文化的作用。可以分解为三个更小一些的问题来探讨。第一是企业文化对企业的发展有没有作用，第二是有什么作用，第三是如何发挥作用。第一个问题，似乎是不用回答的。因为企业文化的兴起，本身就是缘于美国管理界对20世纪70年代日本企业超越美国企业的原因的探讨。探讨的结果，美国人认为是两国民族文化的不同，导致了企业文化的差异，而日本以集体主义、员工参与、注重情感、终身雇佣为特色的企业文化，在效率改进和成本控制方面，似乎比美国企业更为有效，因而在制造业上超过了美国。例如，美国学者卡尔·佩格尔斯（CarlPegels）在《日本与西方管理比较》一书中就提到。"日本的强大的竞争优势是由于建立在他们文化基础上的管理方法"。许多研究人员和企业界人士，对于企业文化的作用，也发表了自己的观点。这些观点，有的是基于实证研究，有的是基于实践经验，因此，它们应该可以说明企业文化的作用。

企业文化是企业的灵魂，是企业发展的精神内核，失去了它企业就如同"行尸走肉"，缺乏生气和活力。我们可以用水来形容企业文化，它不仅形似，更是神似，形似水是指它的非强制性，但是长期而言，却具有水滴石穿的功效。神似水是指它如水，无处不在，用的时候不觉得珍贵，可一旦失去就无法生存。"水能载舟，亦能覆舟"就很好地形容了企业文化的作用。

企业文化的重要作用和伟大意义不用多说，优秀的企业文化无论是对内还是对外的作用都是不容我们忽视的。对于企业内部的发展而言，好的文化能够起到很好的凝聚作用，使企业内部上下一心，凝聚成一股强大的力量，更好地为企业的发展服务。而对于外部而言，好的文化具有很好的宣传作用，更能够吸引顾客或者是投资者，从而为企业的发展带来生机和动力，也能为企业的发展创造一个良好的外部环境。优秀的文化能够把握现代消费者的文化心理，满足他们的精神需求，从而拉近企业与消费者之间的距离。

随着人们物质生活水平的极大提高，社会已开始由经济型社会向文化型社会过渡，文化渗透到人们生活的各个方面，各种文化现象层出不穷，人们也越来越注重精神等文化需求，丰富与满足人们的精神需求成为当今发展的一个主题。社会发展的这种趋势必然影响到企业的经营理念，消费者越来越看重企业的文化，"产品不再是单纯的产品"，文化的建设在产品中的作用越来越明显。习惯逛商场的人都有这样的经历，有时并非是自己急切需要的产品，但是由于服务员热情的态度以及优雅的购物环境等，我们往往会产生冲动购买的行为。无论是员工的态度还是装修风格等，都是企业文化的一种象征，可以说，这种文化在征服顾客的过程中发挥着不可忽视的作用，尤其是当代产品之间的差异性越来越小，靠技术即质量取胜越来越困难或者说是缺乏效益的时候，文化就是企业竞争的一个出路。当今的顾客越来越注重产品使用价值以外的东西，包括消费环境、服务态度、企业的社会形象、文化宣传等，因此，在一定程度上，"卖产品＝卖文化"，例如，顾客在选择海尔的产品时，海尔文化起到了很大的作用。

从上面的分析中，我们看到文化已经成为企业竞争力的一部分，即在企业的竞争中文化发挥着不容忽视的作用。文化的发展受多种因素的影响，其中最主要的两个因素是企业所在地的区域文化以及企业的历史，因此每个企业都有自己独特的文化，企业在构建自身文化时应该考虑自身的情况，建设具有自己特色的企业文化，以差异化的文化特质来征服消费者。文化本身没有好坏之分，只有适合与不适合的区别。适合自己的文化就是好的文化，相反则不能为企业的发展做出贡献，甚至还会形成一定的阻碍。因此，在企业文化创新中过分的拿来主义往往导致邯郸学步的结局。

第二节 企业文化创新的内涵研究

作为企业重要的无形资产和宝贵的精神财富，企业文化可以说赋予了企业以灵魂和内涵，有助于推动企业良好的形象塑造和健康的发展。企业文化体现在企业生产、经营和管理的方方面面。企业管理对于营造良好的企业经营秩序和促进企业高效有序发展不可或缺。而创新是事物发展的不竭动力，对于企业而言，文化和管理创新对于促进在市场经济高速发展环境下的企业综合竞争力的提升都十分重要，缺一不可。一个优秀的企业往往既有完善的企业文化建设和先进的企业管理制度，而且具有较强的持续创新的能力，使得企业自身得以在激烈的市场环境中不断占领越来越多的市场份额。因此，笔者认为，有必要对企业文化创新进行深入的分析与探讨，以期促进企业管理的创新，营造良好的企业管理氛围，促进企业文化价值和管理水平的提升。

一、知识时代企业文化的创新

知识经济时代最根本的变化，是与资本革命相联系的经济形态的改变。由于资本革命使资金让位于知识，知识作为重要资源和资本的象征，打破了以往不合时宜的陈旧观念，引起了人类社会发展史上又一次深刻的观念变革。与知识经济时代相适应，今天的企业文化建设必须在创新过程中谋求发展。

二、知识经济时代企业文化创新的意义

知识经济时代人类赖以生存的物质基础并未发生根本改变，但物质生产的方式以及生产要素与组合则发生了根本性的变化，这些变化就是企业在创造财富的过程中融入了更多的知识和文化的因素，使知识的价值和文化的力量在引导企业成长和发展中的作用日益重要，同时也决定了创新企业文化成为这个时代的必然要求。

1. 创新企业文化，关键是重塑知识经济时代的核心价值观

企业价值观决定着一个企业的发展方向和战略选择，左右着企业员工共同的发展愿景和行为规范。由于知识经济时代企业的价值追求超越了工业经济时代单一利润指标的狭隘认识，有着超越利润之上的新的价值追求，这就决定了企业必须根据知识经济对企业的发展要求重塑企业价值观，使其融入开拓创新、诚信敬业、尊重人才、服务社会等先进的理念，使企业文化在制度中得到发展和完善。

2. 重塑企业核心价值观，关键是坚持以人为本，目的是提升人的价值

从人本理念出发重塑企业的核心价值观，要求企业必须重新定义知识的价值、劳动的价值、人才的价值、创新的价值等理念，从文化层面上重新构建以人为中心的价值体系。这个价值体系既要能够体现知识经济时代以创新为核心内容的时代特征，又要能够体现重视人的创造、谋求人的价值提升的企业文化建设的根本宗旨，使之成为企业推动发展的基本信念和价值追求。

3. 坚持以人为本，目的是用文化力量提升人的价值

从建设创新型国家到建设创新型企业，与知识经济时代的创新发展要求相契合，需要用创新文化的新思路去提升人的价值，把人的价值提升与企业的价值观、愿景和目标有机地结合起来，在这种社会中"如果一个企业的愿景是引人瞩目的，员工会认为他们的工作是有价值的，并且是快乐的。"在一个鼓励创新的企业文化氛围中，企业的价值观和愿景就会引导员工如何去工作，并在快乐的工作中培育出知识经济时代的企业精神和独特的企业优势。

三、文化创新

文化对于企业而言的重要性我们已经了解，但是要注意的是文化具有时代性，一定时期适应的文化现在不一定还适应企业的发展，即判断企业文化的标准是"合适性"，当环境改变了之后，不再适合的文化只会对企业的发展形成阻碍作用。因此，根据变

化了的实际，文化也需要做出相应的调整，企业需要对自身原有的文化进行创新，使其适应新时代的要求，适应企业现在和长远发展的要求。

当今的知识经济时代已经对文化提出了新的要求，文化不仅仅是企业的一个构成要素和支撑，而已经发展成为企业竞争力的组成部分，成为当今市场竞争的一个重要组成部分，并且在市场竞争中的作用越来越不容忽视。我们可以预见：以后的市场竞争将更多的是企业文化的竞争。因此，企业需要构建自己的文化竞争力。文化竞争力的一个重要体现就是个性，"独树一帜"才能拥有文化竞争力，才能在文化竞争力拥有优势。因而，文化创新是必然的选择，这是企业提升自身竞争力的要求。

同时，在企业的创新体系中，文化创新也占据着重要的位置，它在企业的所有创新中起着基础性作用，没有先进的文化奠基，其他创新的发展将受到很大的制约。因此，在进行创新之前，我们需要看看这时的企业文化是否具有推动作用，至少不应该阻碍其他创新活动。

总之，文化发展的实质就在于文化创新。文化创新，是指企业顺应外部环境变化并结合自身成长的需要，对文化进行更新和再塑造的动态过程，它为文化自身发展提供了动力，同时也是满足企业文化及社会实践发展的要求。

进行企业文化创新是新时代对于企业的要求，对于企业的发展而言具有重要的作用和意义。

（一）企业文化创新是适应时代的需要

当今时代，文化与经济的联系越来越紧密，文化对于经济发展的影响也愈加明显，当今市场上，消费者看重和购买的越来越不是产品本身，而是产品中所体现出的文化。因此，从企业文化入手，对文化进行创新是大势所趋。同时，我们看到当今的文化越来越丰富，如何在文化中找到自己的竞争力对于每个企业而言是一种挑战，进行文化的创新使自己能够独树一帜是应对这种挑战的有效方式。在知识经济时代，企业间的竞争更多的是创新能力的竞争，而创新能力的竞争归根到底又是企业文化的竞争。因此，进行文化创新才能够适应时代的要求。

（二）创新是提升企业竞争力的有效途径，是新世纪企业竞争的核心

在当今时代，企业之间的较量已经从硬件转化为软件，竞争的核心将由20世纪60年代的技术竞争、20世纪70年代的管理竞争、20世纪80年代的营销竞争、20世纪90年代的品牌竞争转向21世纪的企业文化竞争。

当今的世界是"不创新即死亡"的时代，企业的创新意识、创新精神以及相应的

机制都关系到企业在市场中的地位乃至生死存亡，因而，企业必须有支持创新的文化，这种文化氛围对于企业的创新是相当重要的，文化的力量能够深入到每个员工的内心最深处，持续地支持和鼓励员工不断地进行创新。

（三）企业创新在企业创新体系中作用巨大

企业通过进行文化创新，构造良好的创新文化氛围，对于创新体系中的其他创新的成功意义重大。如就管理创新而言，前提是要打破束缚管理创新的价值观、企业理念等为代表的企业文化模式，这就需要进行相应的文化创新才能得以实现。管理上的创新需要企业进行深刻的变革，这对企业深层次方面提出了要求，管理理念等都是根源于企业文化的，可以说，文化的创新是管理创新的基础和前提。

四、文化创新内容

将企业文化按照层次来划分，由外到内依次为物质文化、行为文化、制度文化和精神文化四个层次，因此，企业文化创新的内容也包括这四个方面。

（一）物质文化创新

企业的物质文化是员工创造的产品和各种物质构成的器物文化，它以物质为形态，是企业文化在物质上的表现，处于企业文化的表层。企业物质文化包括两大类：员工创造的产品（包括服务）和企业的内部环境。产品中的设计、样式等都是物质文化的代表，企业的基础设施、生产环境等也是企业物质文化的反映。物质文化的创新是指对产品以及企业的内部环境进行适当的调整与改变使其能够适应发展的要求，同时物质文化的创新是最明显的，员工以及消费者能够从中感受到企业的文化及其变迁。

（二）行为文化创新

企业文化中的行为文化是员工在生产、经营、管理、研究、交际以及娱乐等活动中产生的活动文化。企业的行为文化按照主体的不同可以分为企业家行为文化、模范人物行为文化和一般员工行为文化。

1. 企业家的行为创新是行为文化创新的先导

企业家在文化创新中的作用是明显的，他们的行为是企业的最高指标，是员工们的行为指示灯，也是消费者认识企业文化的重要途径。外界的迅速变迁需要企业家们具有创新精神，从而不断地引领企业进行创新。

2. 模范人物的行为文化创新对于行为文化的创新具有很强的推动作用

企业内部的模范人物的行为是员工们争相模仿的榜样，行为文化的创新能够通过他们的行为很快传达给员工并取得很好的效果。因此，在进行行为文化创新时，企业首先需要获得模范人物的支持和认可，为此，企业可以通过设立模范人物来推崇某种行为。

3. 员工的行为文化创新是行为文化创新的最终实施者，决定着行为文化创新的效果企业中的任何制度与措施、活动等最终都需要员工的执行来体现，同时，员工的文化创新也是企业创新的不竭源泉。因此，企业可以通过培训提升员工的素质，培养和提升他们的创新精神和能力，从而在企业中形成良好的创新氛围。

（三）制度文化创新

企业的制度文化是指企业为了实现自身的目标而对企业和员工的言行进行规范的文化表现，它通过企业的各种规范、规章以及组织结构等体现出来。企业可以通过相应的制度变革来进行制度文化的创新。其中，要注重企业精神的培育，这是制度文化的精神支撑，同时要加强宣传与推广，为制度文化变革提供文化氛围支持。

（四）精神文化创新

企业的精神文化是企业在长期的经营过程当中形成并且共同遵守的共同信条、群体意识和价值观念，它包括企业的价值观、企业精神、经营哲学、企业伦理道德、企业使命以及企业的愿景等内容，精神文化在企业的文化层次中居于核心地位，是文化的内核，其中，占主导的又是价值观，因此，企业精神文化创新主要是指价值观的创新。价值观影响着企业的行为，企业应该摒弃不合时宜的价值观念，与时俱进，使得企业的精神文化能够走在时代的前沿。

五、文化创新中应注意的问题

（一）企业文化创新要建立企业的共同愿景和核心价值理念

企业的愿景是企业的理想与追求，是企业发展的动力与方向。愿景的作用是巨大的，推动着人们不断地围绕它而努力，但在现实企业中，愿景往往只是企业自身或者说是企业家的，员工更多的是为了自身的各种需求而努力，企业和员工之间没有一个共同的目标。因此，企业需要建立上下共享的愿景，使每个人都朝着一个愿景方向努力，将各种力量团结在一起，形成强大的合力。

价值理念指导着个人的活动，存在于他们的潜意识当中，对于他们的态度与行为都有很大的影响。核心价值理念是企业的灵魂，是企业文化中最本质的东西。因此，在企业的文化创新中需要将这种核心的价值理念转变为所有员工的理念，让这种理念为员工所认同和接受，这样，对于企业的各种制度安排、战略选择以及经济管理活动，员工们才能真正地认同并给予支持。

（二）保持谨慎性，稳中求变

文化是企业中变迁最慢的一个因素，尤其是精神层面的文化，企业不能急功近利，不能操之过急，更不能为了创新而创新。有些企业看到竞争对手进行了创新就"害怕落伍"，于是在自己的企业中间进行"轰轰烈烈"的文化创新。没有结合自身需要的创新，可想而知其结果是不理想的。文化的形成是一个长期的过程，并且是建立在深厚的基础上的，进行创新有时难免会伤筋动骨，产生深远的影响。而且，经常性的文化创新只会使企业员工思维混乱，文化还没有发挥其应有的作用就已经时过境迁，这会导致企业没有文化底蕴的支撑。因此，对于文化的创新应有一颗谨慎之心，看到创新的必要性再进行，有时还需要循序渐进，这样才不会遭受过多的阻碍，引起企业自身无法承受的动荡。

（三）正确处理创新与继承的关系

在文化的创新过程中，对企业原有的文化会进行相应的修正和改变，有时甚至是彻底的推翻。那么企业进行文化创新的临界点在哪里，是修改四分还是八分都要变化？这没有一个特定的准则，需要视不同的情况而定，要结合企业自身的状况以及外部环境的变迁。只需改四分的改了八分就会造成"矫枉过正"的后果，同样，需要八分大改的只进行了四分的小修小改也不能达到预期的效果。这需要掌握文化创新与继承的艺术，创新什么与多少以及继承什么与多少都是企业应该在考虑内外部之后再决定的。

（四）正确处理外来与本土的关系，保持自身特色

学习和借鉴受到了企业的推崇，这是无可厚非的，好的经验和教训能够使企业少走很多弯路并节约大量成本。同时，企业应该注重自身的实际，而不能盲目的学习借鉴，外来的再好，若不能很好地契合自己的话也只会使自己不伦不类，成为现代版的"邯郸学步"。企业文化更是如此，其建设是一个长期的过程，应该懂得用现代化的视角来审视自身的传统文化，经过认真地分析，将别人优秀的、成功的文化要素与自身传统文化结合起来，达到有效的融合，实现为我所用。针对我国的"外国热"，企业们要保持清醒的头脑，舶来品不一定就是好的，尤其当舶来品是企业文化时。每个国家、地区和民族都有其自身的传统文化，不可能在一朝一夕发生改变，在别国证明成功的也许在本国就是相互冲突的，不能够为企业员工以及消费者所接受。因而，文化创新中，

企业需要考虑中华民族的传统文化，在有效借鉴吸收的基础上，要有中国特色并考虑自身的实际。

（五）文化创新要与企业的实践相结合

企业的文化体现在企业的各方面中，在企业的各种实践中，文化是无处不在的。同时，文化的形成和变迁都基于本企业自身的实践，文化创新因此不能凭空想象，文化怎样变、何时变都要有一定的基础为支撑，这种基础就是企业实践的要求。因此，在进行企业文化的创新时，要将其与实践相结合，考虑内外部的实际，这样的文化创新才有支撑和前途。

第三节 企业文化创新建设途径

企业文化如此重要，如何创立适合自己的独特文化，是值得深入探讨的问题。

一、企业文化建设三部曲

近年来有许多企业按"文化诊断、提炼与设计、强化与培训"三部曲，成功地进行了企业文化建设。

（一）文化诊断

成功的企业精神或口号，应该使员工产生积极的、具体的联想，具有激励作用。以海尔为例：一说"质量零缺陷"，员工就会想到"砸冰箱事件"；一说海尔作风"快速反应，马上行动"，员工就会想到"大地瓜洗衣机从获得信息算起，三天设计出图纸，15天产品上市"；一说"真诚到永远"，就想到"营销员因送货车故障，自己背着洗衣机走了3个小时给客户送货"的事；一说"客户永远是对的"，就会想到，海尔把按照德国模式设计的电冰箱说明书按照中国消费者的水平进行修改的事件……这些感人的事件和具体的形象，使海尔的文化理念没有停留在墙上、纸上，而是进驻到每一位员工的心里。这是海尔文化管理成功的核心。诊断企业文化是否被员工接受和认同，企业文化是否在对员工发挥作用，这对我们是一个很好的启发。

（二）提炼与设计

在企业创业与发展历程中，最重要、最难忘、最感动的事情，以及对企业贡献最大、最富有时代精神的人和从故事中体现出的精神，并用适当的词语来表达自己的感受，从中提炼出使用率最高的代表故事精神的词。这些词经过加工，就是企业精神或企业理念。

企业文化建设还要从未来出发进行设计。对行业、对竞争对手进行分析，对自己的发展目标进行定位，找到现状与目标的差距。回答要想缩短差距、实现目标，企业必须具备什么精神，应该用什么理念指导自己？从而设计出面向未来的文化理念。

把从历史中提炼的文化理念和从未来出发设计的理念结合，进行加工整理，就形成企业的核心理念。

海尔的企业精神是"敬业报国，追求卓越"，在生产管理系统表现为"零缺陷、精细化"、"有缺陷的产品就是废品"；在营销系统表现为"先卖信誉，后卖产品"；在产品开发系统表现为"客户的难题就是开发的课题"；在服务系统表现为"零距离、零抱怨、零投诉"；在市场开发系统表现为"创造需求，引导消费"、"自己做个蛋糕自己吃"……每一个理念都有相应的典型事件与之对应。所以，海尔的企业文化建设就与生产经营活动密切联系起来了，避免了一般企业文化建设的单纯形式化。

（三）强化与培训

对全体员工进行企业文化培训，树立和培养典型人物，充分利用其示范效应，使理念形象化，从而使更多的人理解并认同理念，以企业文化理念与价值观为导向，强化制度文化建设。通过制度的约束和强制，使员工产生符合企业理念与价值观的行为，在执行制度的过程中，企业理念与价值观不断得到内化，最终变成员工自己的理念与价值观。

二、行动指南

在推进企业文化建设的实际工作中，必须结合企业的经营环境和发展规划，予以组织落实、制度保障、执行到位。

（1）通过建立企业文化建设运行机制，将文化和战略、人力资源相结合，从战略高度把握企业文化的方向和建设路径，从人力资源角度落实企业文化建设的激励和约束机制。

（2）通过积极倡导和推进，努力实现企业文化从高层到员工、从精神到物质、从表面到内容、从虚到实的转变。

（3）通过完善组织体系，量力而行，加强资源投入，各部门分工协作、目标一致，从培训、宣传工作入手，鼓励和引导全体员工参与企业文化建设。管理部门通过制度文化建设，提高执行力；工会组织通过发挥桥梁纽带作用，增强凝聚力；青年组织通过营造活泼向上氛围，激发创造力。

三、企业文化创新建设的的关键——制度文化建设

为了成为"百年老店",众多企业纷纷搞企业文化建设,但常常是轰轰烈烈一时,能长久坚持下来的不多,真正做得好的为数更少。企业文化建设做得好的企业,一个重要原因就是做到了以制度文化建设平台作为企业文化建设的支撑基础。

所谓制度文化,是围绕企业核心价值观,要求全体员工共同遵守的、按一定规则办事的行为方式以及与之相适应的组织机构和规章制度的综合。制度文化体现了企业管理的刚性原则,是支撑企业发展的相对稳定的制度安排,它既有相对独立性,又是连接精神文化与物质文化的中间环节,缺少制度文化,企业难以形成良好的运作机制,加强企业制度文化建设与否,关系到企业文化能否有生命力,能否持续长久。

（一）制度文化建设平台是企业文化建设的支撑基础

如果说企业精神是软约束,那么企业制度常常发挥着一种硬约束的作用。由此可见,制度文化的作用,主要是通过行为偏差修正来实现的。对于成功实践企业哲学和经营理念、遵从制度规范的员工及其行为,要及时得到表扬和鼓励,而对于那些违背企业核心价值观的员工及其行为,则应受到相应的惩戒。

我们要通过制度文化建设,把企业文化贯穿在制度中,以此克服员工的"随意性"。如果我们的企业制度和标准没有真正体现企业文化的内涵,那么,再好的企业价值观、企业精神、企业经营理念,也只能是一堆口号,不可能落实到位。

企业文化还要落实在行动上。要使企业文化成为具有执行力的文化,所制定的制度和采取的措施要充分反映员工的愿望与需求,要把企业文化建设融入企业的经营管理、改革发展之中。

（二）制度文化建设的重点

制度文化建设要重点关注以下四个方面：一是要坚持科学性、实践性和群众性。没有科学性,就容易走形式,步入误区；没有实践性,不从实际出发,没有可操作性,就不能长期坚持,难以真正贯彻下去；没有群众性,不符合员工心理需求,就难以得到员工的认同。二是要以人为本,体现人文关怀,既要给人以约束力,更要给人以动力,为员工自我升华、自主管理打好基础。三是要有利于加快企业制度建设。四是要有利于建立学习型组织,使学习和创新持久化、制度化,为形成高品质的、有竞争力的强势企业文化奠定基础。

（三）企业制度文化建设要与时俱进

在全球经济一体化带来的巨大变化中,企业要面对众多不确定的机遇和风险,这

是企业文化能否适应越来越快的市场变化关键所在。海尔从 1998 年以来，对中层以上管理干部实行红、黄牌制度，每个月都评出绩效最好的挂红牌（表扬），最差的挂黄牌（批评），并同年终分配挂钩；在班组，每天都评选最好和最差的员工，在日考核栏上公布，最好的员工在其照片下面画笑脸（红色），最差的画哭脸（黄色）。这一做法的成功之处在于：一是经常化、公开化、制度化的表扬与批评，使员工每天都有新的目标、新的进步，不断追求更新更高的摒弃、提升和超越；二是制度面前，人人平等，通过外在制度的约束，帮助员工养成一种习惯、一种自觉、一种内在需要，不用扬鞭自奋蹄，以良好的主人翁精神为企业发展发挥聪明才智。管理者要成为企业制度的模范倡导者和实践者。这既是企业核心价值观发展规律所要求的，也是企业制度文化建设的关键所在。要形成制度面前，人人平等的良好氛围，形成人人自觉遵守企业制度的良好习惯，使企业制度的激励约束作用落到实处，真正成为维系企业文化核心价值观的重要因素。一个有效的企业制度文化系统能够支持企业文化理念的发展，运用于实践指导，并能够将企业文化的推进和实施渗透到企业管理实践的各个节点。只有这样，企业文化建设才能落到实处，企业文化才可达到最高层的境界。有了优秀的企业文化，企业才能抓住环境变化所提供的发展机遇，规避可能遇到的风险，使企业健康、持续、更好地发展。

第九章 企业商业模式创新研究

　　商业模式创新为什么会成为当今企业创新的主要趋势，应当从 20 世纪后期开始的新技术革命的发展及其所产生的深远影响中寻求答案。

　　所谓新技术革命，是指以信息技术和信息产业为核心的技术和产业的群体性的快速发展，以及这些技术对社会经济发展的深远影响。计算机网络和信息高速公路的建立，使整个世界变成了"地球村"，将人类带入信息社会，而且还推进了经济全球化和知识化的进程。可替代能源、生物技术、纳米技术等新技术的发展，产生了许多新产品与服务，这些新产品与服务采用了新的运营模式与业务模式，又产生了新的行业，对一些传统行业产生了颠覆性的影响。

　　新技术能获得迅速发展，并能在社会与经济发展中产生广泛而深远的影响，是以这些技术具有巨大的商业价值，能够产生巨大的生产力为前提的。新技术的商业价值是潜在的，直到以某种形式将其商业化以后其商业价值才能体现出来。技术的商业价值，需要通过一定的商业模式来实现。H.W.Chesbrough（2003）把技术与商业目标之间的桥梁称为商业模式的认知功能。他指出，企业在充满技术和市场的不确定性的环境下进行创新活动时，有无数种方法可以把新技术与新市场连接起来，建立商业模式意味着经理们把技术投入的物质范畴与产出的经济范畴联系起来。

　　人类历史上曾发生三次科技革命：第一次是蒸汽机技术所引起的革命；第二次是电力引起的革命；第三次是新技术引起的革命。每一次科技革命都产生了许多新的商业模式和行业。而第三次科技革命中的信息技术，所产生的社会经济影响是其他技术难以比拟的。

　　信息技术的广泛应用体现为计算机网络和信息高速公路的建立，由此人类进入信息社会。网络使信息的储存、传输与扩散具有极高的效率，表现为网络效应。有人认为，这种网络效应与组成网络的"节点"的平方成正比。网络给信息的获取、人们的交往提供了极大的方便，原来基于地域观念的社区发展成全球"虚拟社区"，天涯若比邻。信息传输的高效率与方便使新的交易方式——"虚拟交易"成为可能。全球 B2C 电子商务模式的开创者、亚马孙（Amazon）网站的创办人杰夫·贝索斯（J.Bezos）在上网浏览时，发现网络使用人数每个月以2300%的速度增长，于是他决定放弃原来的工作而创办亚马孙，三年后亚马孙就被《福布斯》杂志评为"世界上最大的网上书店"。

亚马孙商业模式的基本特征是网络销售，或称虚拟商场。以亚马孙为代表的电子商务模式，是新技术革命所引起的最重要的新商业模式。说它是新模式，是指传统的商业模式主要是依靠有形产品及其相应的价值链来盈利，而电子商务模式主要是靠搜集与传递信息来盈利。传统的价值链理论已不能解释电子商务盈利的秘密，许多电子商务盈利模式甚至不是人们一开始就能想明白或看明白的，为解释它们如何盈利需要提出新的价值链理论。

新商业模式反过来促进了新技术的迅速发展，从而使新技术的发展呈现出新的模式。任何新技术的开发，都需要投入大量的人力与资金。依靠一定渠道获得资金支持开发新技术的传统办法，已不适应当今新技术的迅速发展。新技术的迅速发展与广泛应用，从一开始就离不开商业化。

事实上，发端于计算机之间信息共享与通信的互联网技术，起初主要用于军事与科学研究，本来是在美国政府及学术机构的支持下获得发展的，特别是美国科学基金会（National Science Foundation）所建立的NSFnet，对互联网的发展具有决定性的影响。但到了20世纪90年代，其发展到了一个关键时刻，这种模式已不适应它迅速发展的需要，于是美国科学基金会提出将NSFnet私有化和转向盈利模式的设想。在一片反对之声中，美国国家基金会于1995年宣布停止所建立的NSFnet使用。从美国政府不再提供互联网的维持费的那一时刻起，互联网的发展就必须走商业化的道路。而正是由于互联网的商业化发展，才造就了它今日的辉煌。

新技术与新商业模式的结合与互动，成为新技术发展的特点，也造就了新商业模式的特点。

新商业模式一出现就表现出巨大的发展潜力。亚马孙自1997年5月公开上市，1998年11月30日股票已猛涨2300%，市场价值突破百亿美元，比拥有1011家分店，年收入31亿美元的巴诺公司高出5倍以上。

新商业模式的强大示范效应，对许多传统企业产生了极大的冲击与震撼，从而激励企业家与创业者思考在新经济环境下所能催生的新商业模式，激励他们从根本上重新思考企业赚钱的方式，唤起了人们对商业模式的重视。1995年后，网络销售、在线广告、信息通信与娱乐服务等电子商务模式，以及在此之前人们从未有过的各种商业设想迅速出现。有人从互联网世界中诞生的无数创意之中，通过归类合并出77种创新模式，还有人从网络媒体中总结出18种盈利模式。

在互联网商业化的快速发展所导致的创业热潮中，设计一定的商业模式寻找风险投资融资成为一种通常做法。风险投资公司对商业计划所做的评价，主要是对计划书中所提出的商业模式潜在价值的评价。一个商业模式设想一旦引起风险投资家的关注，受到追捧，融资成功，建立网站开业，并在纳斯达克上市，就可能出现"一夜暴富"。这是许多创业者的梦想。

人们对新商业模式的追逐也导致了"互联网泡沫"。"泡沫"是伴随互联网创业热潮涌现出来的一种现象，一定程度上有其不可避免性。但"互联网泡沫"似乎是在提醒人们：尽管因特网的发展使不少事情成为可能，但不能盈利的企业注定是无法生存与发展的。只有盈利才是企业商业模式的核心。"泡沫"的出现与破灭也促使人们考虑究竟应该有怎样的商业模式创新。实际上，理论界、企业家以及媒体对商业模式的兴趣，也是由此开始的。

第一节 商业模式创新主导的企业创新

在互联经济中，企业面对的挑战是全面的，应对的基本策略是创新，即技术创新、组织创新、管理创新与商业模式创新。

把"创新"这一概念首先引进经济学的是美籍奥地利经济学家约瑟夫·熊彼得（J.A.Schumpeter），在他看来，创新意味着在企业中建立新的"生产函数"，或"生产要素的重新组合"，即通过生产新的产品、采用新的生产工艺、开辟新的市场、发现新的原材料供应、实现新的组织，以获取更多的潜在利润。

熊彼得的"创新"概念中不仅包括产品、工艺方面的技术创新，还有组织创新。管理学大师彼得·德鲁克（P.F.Drucker）等人把创新分为技术创新与管理创新。但是技术创新、组织创新与管理创新，目的都是要提高企业的盈利能力，并最终能使企业盈利。如何利用创新盈利，需要通过企业的商业模式来识别，需要商业模式创新来引领。

"硅谷悖论"说的是，最善于进行技术创新的企业往往也是最不善于从中盈利的企业。典型例子就是施乐的 PARC，其研究人员的大多数为整个社会尤其是计算机领域做出了巨大的贡献，但是他们的创新并没有为施乐的复印机业务带来好处。

德国克里斯托弗·弗里德里克·冯·布朗（Christoph-Friedrich Von Braun）博士曾经考察了全球的"创新热"，发现存在着把"创新"作为一种武器，用于企业与企业的"战争"，甚至用于国家与国家的"战争"，他把这种隐形的"战争"称为"创新之战"。通过对美国、日本和欧洲 30 家大公司在 13 年间的研究与发展费用、净利润和收入的考察比较，他洞察了"创新之战"所掩盖的危机和潜在的负面影响，提醒各国决策者、战略计划制订者和企业界管理人士要审慎对待这场不断升级的"战争"。

进入 2012 年以来很多人都在议论：为什么曾经在全球风行一时的日本电子产品逐

渐销声匿迹，取而代之的是苹果公司的产品？日本电子巨头为何会败给苹果公司？

尽管技术上进步惊人，日本厂商在海外市场却难以对芬兰诺基亚和美国摩托罗拉等形成挑战，因为从20世纪90年代末到21世纪初的这段时间，E1本厂商都是根据仅适用于日本的通信标准制造手机，以满足国内市场的需求。由于产品在海外上市时间晚，日本厂商很难像韩国的三星那样与海外电信运营商建立稳固的合作关系。

日本电子业认为，日本电子工业企业在商业模式中出了问题：太过关注本土市场；对新形势觉悟慢、应变死板；对消费者偏好判断失误，对自己的硬件优势过于自大。因此，日本企业的当务之急是调整产业结构，全面转换商业模式，包括强化产业外包力度，通过制造业务外包最大程度地减弱成本上升对企业的影响；实施产业板块重组，提升企业对市场需求的反应速度，寄望于从单纯的技术研发驱动型企业迅速转型为依托市场需求的综合型服务供应商。松下公司将旗下的5大产业板块从2012年1月改编为客户、元器件、解决方案三大事业体系，而日立则将采用新的经营体制，将公司业务重组为五大集团，以便及时迅速实现调整，充分基于用户需求生产产品，根据个人或组织的需求提供一站式的综合解决方案，实现从单纯的端供应商到综合解决方案的供应商。

苹果公司在技术创新与商业模式创新的道路上也有过深刻教训。自成立以来，苹果公司一直全心全意地、虔诚地专注于技术创新。公司的创始人与负责人史蒂夫·乔布斯（SteveJobs）当年曾长期坚持要找到"酷"的新技术，把创新比做"时髦的艺术收藏品"，追求"完美的机器"。苹果公司内部有人指出，"酷"使苹果产品在价格方面处于劣势，影响公司的销售。早期的公司高管也曾认为销售和服务"不时髦"而多次错失扩大市场机会。20世纪80年代末至90年代末，苹果推出了PowerBook和PowerMac，大量的人力物力被浪费在实验室里，数以亿计的资金被投入没有产生任何结果的大型项目中。由于创新越来越低效，在度过了1/4个世纪后，苹果在全球PC市场的份额仅有2%，跟在它后面的众多公司，却沿着它的创新足迹，攫取到了丰厚利润，并不断鲸吞它的市场份额。当年乔布斯曾踌躇满志地对比尔·盖茨（BillGates）说，苹果要和微软一起共同主宰电脑行业，但是到后来，市场份额萎缩，年利润率从当年的20%降到0.2%，仅是微软年利润的1/140。

1985年，乔布斯黯然离开苹果，他意识到痴迷于纯技术创新对公司的伤害，开始了痛苦的转变。1996年重返苹果后，乔布斯带领苹果公司于2001年推出了iPod，2003年推出了iTunes，iPod与iTunes不是简单的产品，而是代表着一种全新的商业模式，体现了技术创新与商业模式创新的结合。所采用的新商业模式从此改变了音乐播放器产业、音乐唱片产业。早期乔布斯曾不屑做销售与服务，现在不仅卖产品，而且还卖音乐。

iPod 颠覆了音乐产业，iPhone 系列手机则成功地颠覆了手机产业。2007 年，苹果发布 iPhone，2008 年推出了 AppStore，沿着 iPod 与 iTunes 结合的思路，通过"iPhone+AppStore"的组合，掀起了一场手机革命。20lo 年年初又推出 iPad，采用了和 iPhone 同样的操作系统与商业模式。

人们对苹果公司创新的评价是，苹果的创新不仅是硬件层面的，更重要的是将硬件、软件和服务融为一体，对价值进行了全新的定义，为客户提供了前所未有的便利，开创了一个全新的商业模式。

2012 年 8 月 20 日，苹果公司股价走高，收盘价高达 665.15 美元，总市值上升到 6230 亿美元，打破了微软公司 1999 年创造的 6205 亿美元的市值纪录，被各大媒体和市场分析人士誉为"有史以来全球最值钱的公司"。

苹果公司创造的奇迹，是技术创新与商业模式相互结合、相互促进的结果。该案例表明，技术创新服从企业商业模式创新，技术价值只有通过合适的商业模式才能被认知，并得到实现。新技术的迅速发展，并在社会经济发展中发挥越来越大的作用，在很大程度上就是由于它们借助了合适的商业模式。

苹果公司商业模式的特点是与技术的创新相结合。没有苹果的技术也就没有苹果的商业模式。基于技术的创新和商业模式的创新，并且永远领先一步，从而形成对产业链的话语权和掌控力。在预期 iPhone 可以为电信运营商带来大量用户和关注的前提下，AT&T 与苹果签署独家合作协议，对通过捆绑 iPhone 而新增的用户收入与苹果共享。这种模式第一次开创了终端厂家与运营商收入分成，并且分成比例高达 30%，颠覆了欧美盛行的"手机定制"模式，第一次上演终端厂商"定制"电信运营商。在与 AT&T 合作中，苹果占据了强势地位：机身无 AT&T 标志，软件设置完全由苹果决定，如 iPhone 的手机音乐就设置成支持 Wi-Fi 下载的 iTunes 模式，而非 AT&T 自己的音乐服务。

凭借技术优势构建商业模式，以商业模式引领与把握技术创新，苹果公司在这方面为所有企业提供了一个很好的样板。

如今乔布斯已经离世，但苹果公司似乎还走在乔布斯当年所开创和设计的道路上，面临新的挑战。苹果公司应该如何续写辉煌？

第二节 商业模式研究

一、商业模式的特征

商业模式是企业价值创造活动的主要组成及其相互关系的整体逻辑分析框架。

商业模式是一种包含了一系列要素及其关系的概念性工具，用以阐明某个特定实体的商业逻辑。它描述了公司所能为客户提供的价值以及公司的内部结构、合作伙伴网络和关系资本等用以实现（创造、推销和交付）这一价值并产生可持续盈利收入的要素。

商业模式研究的核心是企业价值创造。在互联经济条件下，新需求、新方式等新价值源泉不断出现，企业在考虑如何利用这些新价值源泉时，常常面对并不存在的产业，所以设计价值链、外部供应商、顾客、合作伙伴等成为主要问题。

R.Amit 与 C.Zott（2001）指出，商业模式的分析对象应当是企业所在的网络，是与企业经营有直接关系的系统，即从企业原材料供应为起点、到消费者完成消费为终点所涉及的所有相关者组成的系统，而不是单独的企业。商业模式是由各个参与者的价值主张所构成的价值网络，各个参与者共同为最终消费者做出贡献，同时在这个过程中满足每个参与者的价值要求。企业所在网络的整体配合协调能力决定了网络整体以及个体的绩效。对供应商、互补产品提供商、渠道商以及消费者等价值活动的分析与再组合，是发现潜在价值源泉、设计各参与者价值主张、优化外部价值网络的重要活动，这就是商业模式创新。

企业的价值创造活动由众多企业以及消费者共同完成这一基本特征，决定了商业模式的分析框架必须包含一系列要素及其关系。这些要素包括价值主张、消费者目标群体、成本结构和收入模型等。

有的学者认为，商业模式包含更多的要素，例如，有人提出 24 个要素，包括价值提供、经济模式、顾客关系、伙伴关系、内部结构、相关活动、目标市场、资源、能力、产品、收入来源等。但并不是商业模式模型中包含的要素越多就越好，因为过多的关注"要素"容易忽视商业模式本身的整体性。

商业模式是一个完整的体系，要求企业必须把自己的生产运营与供应商、配套厂商协同，也就是协调内外部资源共同创造价值，并把价值传递到目标客户。P.Timmers 认为，商业模式是一个完整的产品、服务和信息流体系，包括每一个参与者及其起到的作用，以及每一个参与者的潜在利益和相应的收益来源和方式。企业的商业模式体现为一定的内部组织结构及其与外部组织的关联方式，也就是企业在市场中与用户、供应商、其他合作伙伴的关系，尤其是彼此间的物流、信息流和资金流。

完整的体系表现为某些要素具有核心地位。M.Rappa 把价值链视为商业模式的核心，他指出："商业模式就其最基本的意义而言，是指做生意的方法，是一个公司赖以生存的模式——一种能够为企业带来收益的模式。商业模式规定了公司在价值链中的位置，并指导其如何赚钱。"迈克尔·波特（M.Porter）针对企业创造价值的活动提出价值链的框架模型，就是为了把企业的价值创造分解成一系列具有关联性的环节，通过对各环节在企业价值创造中的地位与作用的评价，找出关键环节。这对制定企业的竞争策略具有重要意义。

注重商业模式的整体性还表现为突出商业模式中的关键要素。例如，M.Johnson 与 C.Christensen 等人在《商业模式创新》一书中把商业模式概括为客户价值、企业资源和能力与盈利方式三个要素。

如何来划分商业模式的要素与关系，实际上取决于分析者的目的与视角。由于分析者的目的与视角不同，所以人们对商业模式似乎没有统一的定义。尽管有这些不同，仍然可以找到共同点，即它们都反映商业模式中的基本要素。本书注意到，无论对商业模式做何种定义，一定包含着企业的价值主张、目标客户，以及如何把企业的价值主张传递到目标客户。

二、商业模式的基本要素

从企业创造价值的角度来看，价值主张、目标客户与价值链是商业模式的基本要素。企业创造价值至少同时要满足如下三个条件，或包含三个要素。

首先，企业必须有自己的产品与服务；其次，这些产品与服务要能够卖出去，即能满足顾客的需求；最后，企业必须建立一定的生产与销售体系。

第一个条件是企业的"价值主张"问题，第二个条件是企业的"目标客户"问题，第三个条件是涉及生产与销售多个环节的企业"价值链"问题。

很显然，商业模式作为企业生存与发展的方式，还需要保证企业能从生产与销售这些产品中能够盈利，支持自身的生存与发展。如果能满足这一条，才能叫可盈利的商业模式。关于怎样的商业模式才能盈利的问题，我们留待以后讨论。

企业商业模式的差别首先从价值主张与目标客户开始。例如，日本佳能公司小型复印机业务，其价值主张就不同于美国施乐公司。当时施乐公司仅向大公司与政府机构等提供大批量高速复印机出租业务，通过收取复印费用、复印纸、墨盒等业务盈利，日本佳能公司看到小公司以及个人也需要复印业务，但是大型高速复印机并不适合他们的小批量、随意化以及消费量不足的需求特征，于是佳能公司研制小型、慢速、低价复印机，通过"卖"而不是"租"的方式占领了这个潜在市场。

在商业模式框架中有两个基本问题或过程：一是价值主张与目标客户的匹配；二是企业如何创造价值并把价值传递给目标客户。前者主要是信息联系，通过信息渠道来解决，后者主要是企业内部的价值创造活动。

（一）企业价值主张与目标客户的匹配是商业模式成功的关键

许多企业通过提供免费试用，借以发现与培养自己的客户。一家互联网企业瞄准这一点，同时注意到许多消费者也都乐意接受免费试用品，于是就创办了专门提供免费试用品的试用网。用户在网站进行注册，即可免费领取厂商提供的试用品。用户在试用了某个产品或服务后，提交试用心得，供厂商获取市场和客户数据。试用网提供给用户的，不仅仅是产品试用，还有服务试用、有奖互动活动等。试用网在短短的一年里，就迅速积累了300多万名忠实会员，并且以每日5000个新增会员的速度增长，其中80%的会员为活跃用户，即80%的试客每月都会参与各种试用活动。这些试客大多是20~35岁、月收入3000元以上的高学历人士，他们是现代商业和消费文化潮流的引领者、群体中的意见领袖，是国内较有消费能力、消费较活跃的群体。

（二）价值链：从企业的价值到目标客户的传递

迈克尔·波特的价值链理论揭示了企业内部价值创造活动的关键问题：什么活动创造价值？这些价值活动是如何组合起来的？企业采用什么样的活动以及这些活动如何协调，决定了企业能够多大程度上生产价值主张所需要的产品与服务，决定了企业的绩效。美国西南航空公司是低成本商业模式的典范，而能够实现低成本战略的基础是独特的内部价值链，这包括：仅提供有限服务，例如，不提供午餐、不预订座位、不提供行李转机服务、有限的旅行社服务等；选择中等规模城市之间短途点到点航线，不与其他航空公司联合班机、选择唯一型号的波音737飞机、自动售票机等；高效率的地勤服务，这得益于灵活的劳工政策、高水平的员工持股、高薪资；高频率稳定的班次、15分钟周转时间等。上述所有活动都直接或间接降低了企业成本，从而实现了低价、快速、便捷等公司价值主张。

波特的价值链考虑了企业价值创造中的"实物"活动，可以称为实物价值链。企业价值主张与目标客户的匹配，以及企业价值的传递，都有赖于信息与通信技术的支持，依赖于信息的收集、处理与传递，这是基于信息的价值链，被称为虚拟价值链。两个价值链都参与企业价值的制造与传递。互联经济的意义，就是发现了虚拟价值链的意义，突出虚拟价值链的作用。

在传统经济条件下，由于信息交流的困难，大范围采集客户数据并对其进行分析的成本甚高，企业几乎难以承受，所以针对个别用户的需要提供个性化服务，在一般情况下是不可行的。但在互联经济条件下，企业与目标客户的通信与交流变得便捷，企业可以为自己的价值主张与目标客户进行"精准定位",可以借助互联网实施"精准营销"。企业不仅可以直接了解消费者的需求偏好,还可以广泛采集客户数据,更有效、更准确地挖掘顾客的潜在需求,使企业产品创新与客户需求联系起来,制定并实施针对性的营销策略,提供个性化的服务。

在互联经济中,消费者的行为也发生了重大变化。消费者可以通过上网浏览自己感兴趣的产品,借助视频可以获得某种体验,还可以根据体验比较全球范围内不同企业所提供产品的优劣,最后把自己的体验在网友中传播与分享,从而形成网络与社区。借助网络与社区,消费者可以分享交流而不必实际亲历,同时借助网络还可以亲自从事实验,甚至开发新产品,使之在网络与社区中流传与扩散。在这种情况下,企业如果不改变思维方式,管理者只着重成本,只关注产品和流程的品质、速度、效率,就不再能保证成功。因此,如何体现个性化服务,体现以消费者为中心,企业将面临种种考验。这也决定了企业商业模式创新是最重要的创新,同时也是最困难的创新。

毫无疑问,信息与通信技术的应用,使得企业价值主张与目标客户的价值交互作用变得更快捷、方便,针对性更强和更加有效。企业新的价值主张可以很快地得到客户的响应,同时客户的新需求信息与知识,也通过有效的信息与知识渠道传递到企业。因此,互联网技术为企业价值主张的变更与目标客户的匹配提供了方便,同时也通过信息与知识的管理改变着企业传递价值的方式。

腾讯公司董事会主席、首席执行官马化腾提出,通过线上整合所有需求,要把对用户需求的满足放在更高的地位,而把用户的不满、建议作为推动组织重组、流程梳理、运营政策制定的重要的甚至唯一的动力源。这其实是腾讯商业模式的基本特征,也是腾讯成功的关键。腾讯致力于将公司的所有资源整合成一个平台,通过线上来整合所有的需求,给用户一个非常直观的、能够通过网络获得服务的体验。

实物价值链与虚拟价值链的结合成为现代企业基本的商业模式。满足个性化需求意味着企业从单纯针对产品的创新,转向针对消费者的创新;经营方式从以企业为中心转向以消费者为中心;企业从关心自己的产品,到关心提供的服务与消费者体验;从置身消费者社区之外,到参与其中,与消费者共建社区,与消费者共创价值。这是企业商业逻辑的根本变化,正是这种变化体现了商业模式创新的最本质的特征。

(三)企业价值与客户价值两极相通企业价值是企业在为客户提供价值的过程中所带来的自身价值

企业价值与客户价值两者相伴共生,有人将此比作太极中的阴阳两极。企业价值与客户价值这两极的相生相克,推动着企业商业模式创新。

我们给出的商业模式定义虽然简单,但可以用于分析企业创造价值中的基本问题,包括以下几点：

指出了企业的价值源泉是什么，这种价值源泉体现为对目标市场的需求分析，表现为企业产品或服务设计。

指出了企业创造价值的方式，从而体现商业模式的价值创造原则。

包含着在价值源泉的基础上对内外部价值网络的设计与实现，把企业内部价值链作为企业商业模式的重要组成部分，从而可以解释企业的成本结构与利润结构。

三、商业模式的评价

商业模式创新成为企业创新的主要趋势，在我国已成为社会的共识。其表现为：

全国各地有各种形式的创业大赛，这些大赛实质上是商业模式设计大赛。全国性的大赛有"挑战杯"大学生创业大赛、全国大学生创业大赛、中国科技创业计划大赛，中国（深圳）创新创业大赛等。地方性的创业大赛更是不胜枚举，甚至许多科技园、学校甚至学院还有各种创业大赛。这些大赛，在普及商业知识、推动创业方面发挥了重要的作用。

此外，一些明星企业成为我国商业模式的典范，商业模式创新能为全社会关注，也与各种类型的最佳商业模式评选分不开。由媒体、学界、投资公司与咨询公司联合主办的中国最佳商业模式评选，大约从2004年与2005年开始。虽然组织者每年只组织一次，但是因为组织者不同，所以最佳商业模式的评选每年都有多次，吸引了众多的企业参与。在我国，有影响的商业模式评选多由媒体牵头，如《21世纪经济报道》、中国中央电视台（简称央视或CCTV）、第一财经、商界媒体等。《21世纪经济报道》希望通过建立完整的企业商业模式创新案例库和科学的评选体系，帮助企业一起反思，寻找创新路径。它所主办的中国最佳商业模式评选，旨在为企业树立创新的新标杆。

CCTV等我国的主流媒体对商业模式创新给予了高度关注，通过成功举办"创业大赛"、"商业模式创新大赛"等系列活动，使商业模式创新成为众多中小型企业关注的焦点，特别成为创业者关注的焦点。

对企业商业模式的评价，不仅仅是对它的组成要素的评价，主要还是为了进一步理解企业如何盈利。无论如何分解，商业模式毕竟是一个整体。人们对商业模式的评价，首先是对这个整体的评价。

对整体的评价涉及用什么标准与什么视角，标准与视角不同，评价结果自然就不一样。

从社会资源效率角度看，历史上最成功的商业模式，是用最便宜的材料成本，卖出最高的商品价值。在直到欧洲18世纪工业革命前的过去漫长岁月里，我们的老祖宗是世界上最成功的贸易者,因为我国对外出口的是茶与瓷器,而茶几乎就是取之不尽、用之不竭的资源。不同的茶叶经过制作烹炒,不但成为世界上最流行的饮料,有的价格甚至比黄金贵。陶瓷,源于泥土,古人通过掌握的烧造秘诀,制作精良的陶瓷,在世界范围内形成垄断经营之势,以至于中世纪的欧洲宫廷都以用中国陶瓷为巨大的荣耀。我们的祖先就用这样的方式,在过去的漫长岁月里成为世界上最强大的经济体。

商业模式是投资者考量的重要方面。从投资的视角来看,评价一个企业的商业模式,就是看所投资的企业是否有投资价值,即投资所能获取的回报。投资回报并不取决于企业创造的价值,而是取决于企业自身的市场价值,它体现人们对企业未来盈利能力的判断。

从企业自身的角度来看,商业模式整体的评价似乎只有一个标准,就是看它是否可以持续盈利。如何判断企业能否持续盈利是一个很难的问题,但是至少可以从两方面着手:一是财务指标,它主要描述企业以往的表现,以往的表现是判断现在与将来的重要线索;二是企业的成长空间指标。在这一点,企业与投资者具有一致性。

如果让投资公司、公众与企业家共同评价一些企业的商业模式,希望尽可能有一致的意见,就需要提出一套兼顾三种立场的评价体系与指标,并最好按照一定比例组成评价小组。

商业模式评价就是给商业模式的要素与功能一些量化指标,商业模式评价的要素包括评价主体、评价指标体系与评价方法。在商业模式评价的三要素中,最容易找到共同点的是评价指标体系。评价体系中存在着以下基本的共同点。

第一,对商业模式整体表现的评价。整体表现评价有两个基本指标:一是企业的现有盈利能力;二是企业成长性指标。

两个指标具有一定的互补性,前者主要体现在财务的表现上,后者体现企业运行的状态。财务指标可以较好地反映公司所取得的成就,并能反映对企业价值的一般性驱动因素。人们基于财务指标所提出的价值管理理念中,包含着对隐藏在企业价值背后驱动因素的挖掘,从而有助于将财务指标与企业经营联系起来。但财务指标毕竟只是一种"滞后指标"。从企业市场价值最大化的目标出发,人们首先关注的是企业的业务增长与发展潜力。C.K.Prahalad 等人认为,一个公司若要创造未来,就必须同时能够"改造"整个产业,以创造未来产业或改变现有产业结构、以对自己有利为出发点来制定企业战略,这是企业战略的最高层次。

第二,对企业商业模式中基本要素的评价。对于企业的价值主张,主要考虑其创新性;对于目标客户,主要考虑企业能给客户带来的客户价值;对于价值链,主要考虑稳定性、合作伙伴、协调能力、风险控制、价值配置等。

因此,在上述评价指标共同性分析的基础上,可以提出一个综合评价商业模式的评价体系，它包括以下几个方面。

（1）对企业盈利能力的评价，财务表现为：成本结构与收入模型。

（2）对企业业务增长与发展潜力的评价，资源优势与动态能力。

（3）对商业模式基本要素的评价，产品与服务的创新性：主要涉及对价值主张的评价。

客户价值：满足客户的需求，主要涉及行业与社会影响。

企业的运营管理：风险控制与价值配置的稳定性，主要涉及对价值链的评价。

四、怎样造就成功的商业模式

最佳的商业模式评选是对市场选择与竞争结果的"模写"。而真正成功的商业模式不是"评"出来的，应该是在市场竞争的环境中脱颖而出的。

那么，如何创建能够在市场中取得成功的商业模式呢？这里有不同的理论与视角。

1. 专业化视角

2022年，IBM公司在做了一次包括中国企业在内的CEO调查，调查内容为：什么是企业成功的要素？其中，有450名被访者给出了相似的答案，即成功的商业模式需具备以下几个属性：

差异化：强有力的差异化价值主张是实现增长和盈利的关键；

快速反应：企业组织必须能够感知客户和市场变化并迅速反应；

高效率：用灵活的方式调整成本结构和业务流程，以保持高生产率和低风险。

新经济环境的变化与企业的发展，要求企业必须重新设计商业模式，能够兼顾差异化、快速反应和高效率。但是企业很难使自己的商业模式同时做到这三点，兼顾这三点的一个解决方案是使企业专业化。

专业化意味着企业专注于最擅长的业务，而这最擅长的业务又是产业价值链上的关键环节，可以更好地控制成本与盈利。专业化意味着面对细分的市场，可以更容易地感知客户与市场的变化，有利于控制风险和获得市场收益。

专业化有可能使企业规模变小，但船小好掉头，企业更容易适应变化的环境。但企业也可以通过外部专业化做强做大。所谓外部专业化是指内部集成、战略合作和行业网络化，通过这种途径，企业还有可能在全球范围内独行天下。有关这方面的成功案例是怡亚通公司。

怡亚通是一家极富创新性、专业化的供应链管理服务公司，主要从事为全球企业提供其核心业务（产品研发、制作和销售）之外的服务，包括采购执行外包、销售执行外包直至整个供应链的外包等，帮助全球客户和合作伙伴专注他们自身的核心业务，提升核心竞争力。怡亚通的商业模式融合了物流金融、采购及分销执行、保税物流和进出口通关等业务，是我国新型的供应链服务提供商。

公司的业务主要是国际物流中的供应链一站式管理。在帮助大客户服务的过程中，怡亚通利用客户的信誉，建立了自己在海关和银行的信誉，进而得到政府的荣誉和优惠。公司定位于国际快速反应物流的供应链管理，着重通关、仓储（保税物流和VMI）、配送，并不断延伸，提供一站式供应链服务。在和500强企业的合作中，怡亚通提高了服务水平，学习和应用了最新的理念。而公司的客户以IT企业为主，在IT产品价格节节下滑的残酷竞争环境中，又锻炼了快速反应的供应链管理能力。

怡亚通公司收入主要是提供供应链管理业务所取得的服务费收入，即分销执行业务与采购执行业务，二者收入占比分别为56.28%和43.72%。随着公司的发展，怡亚通逐步由以采购为主延展到以分销执行为主，目前主要服务于IT、电子产品和医疗器械等高科技行业公司，正向零售、家电、医药、汽车等行业延伸，还在不断地拓展市场。

怡亚通公司70%的产品是IT产品，货值大、价格变动快，要求通关迅速。2006年公司总的业务量达182亿元，而光是深圳海关的业务量就达到92亿元，占了一半以上，如果加上上海、北京、大连等地的通关业务量，可以估算出怡亚通公司大部分的业务都涉及通关。

2. 独特性视角

另一种观点是考虑如何在多变的环境中保持独特优势。埃森哲咨询公司提出，成功的商业模式应当难以复制，至少应具有以下三个特点。

成功的商业模式要能提供独特价值。独特的价值表现为产品和服务独特性的组合，可以向客户提供额外的价值，使得客户能用更低的价格获得同样的利益，或者用同样的价格获得更多的利益。

胜人一筹而又难以模仿的盈利模式。好的商业模式是很难被人模仿的。企业通过确立自己与众不同的商业模式，如对客户的悉心照顾、无与伦比的实施能力等，来建立利润屏障，提高进入门槛，从而保证利润来源不受侵犯。

成功的商业模式把盈利模式建立在对客户行为准确理解的基础上。

我国管理咨询专家栗学思认可这一说法，他指出，成功的商业模式必须能够突出一个企业不同于其他企业的独特性。这种独特性表现在它怎样界定产品或服务以满足目标客户需求，界定目标客户及其需求和偏好，界定价值传递和沟通渠道，界定竞争者以建立战略控制能力和保护价值不会很快流失。

但对于成功的商业模式是否具有可复制性，存在两种截然不同的观点：一种观点认为，成功的商业模式是不可复制的，国外成功的商业模式简单复制到中国并不一定会取得成功，譬如收费的 ebay 在中国就被不收费的淘宝打败，宣布退出中国的贝塔斯曼书友会在欧洲也是一个非常成功的模式。一种是相反的观点，即成功的商业模式是可复制的，把国外成功的商业模式翻版到中国也并非一定不能成功。例如，经济型连锁酒店国外有现成的模式，如家酒店集团把它拷贝过来照样做得风生水起，而百度跟着 Google 的脚步，最终成为国内最大、最成功的搜索引擎网站。

关于商业模式是否可被复制与模仿的争论，说明独特性只是商业模式成功的必要条件，而不是充分条件。

同样的说法当然也适用于专业化，专业化是商业模式成功的必要条件，而不是成功的充分条件。

第三节 互联网商业模式创新

一、互联网企业的一般模式

互联网是一个很大的行业，包括很多服务商，通称为互联网企业。传统的分类包括以下几种。

网络接入服务商（ISP）。提供企业及个人的互联网接入、虚拟专网（VPN）、虚拟主机出租、域名注册、电子邮件及系统集成等业务，包括网络提供商、接入服务商。

网络内容服务商（ICP）。通过网站向用户提供新闻、科技知识、行业发展、咨询服务等各类信息。

网络设备提供商。提供基础网络设备，包括计算机、集线器、交换机、网桥、路由器、网关、网络接口卡（NIC）、无线接入点（WAP）、打印机和调制解调器等。

软件提供商。提供互联网应用的各种软件。

互联网企业的商业模式创新引领着企业创新的趋势。互联网的发展不断地向人们的商业智慧提出挑战。几乎所有的企业创新或多或少都与互联网的发展变化及互联网引发的新商业模式有关。

下面从商业模式的三要素出发，尝试描述传统互联网企业的一般模式。

（一）虚拟价值网络

互联网企业的商业模式建立在虚拟价值链的基础上。虚拟价值链是互联网企业的价值源泉，能给互联网企业带来价值的活动包括以下两个方面：

1. 基本信息增值活动

基本信息增值活动是指贯穿于实物价值链原材料采购和运输、生产过程、产品物流、市场营销和售后服务等各个环节的信息收集、整理、选择、综合和分配。虚拟价值链中为制造商、供应商和消费者提供信息的过程实际上就是实体价值链中订购、装配和供货的过程，包括通过网络对原材料进行进货管理、库存数量控制等活动；应用网络与仿真技术对产品设计、加工生产、检验等统一建模，优化生产管理与产品质量管理；通过接受和处理顾客的订单，进行库存协调、控制生产进度、发货管理，以保证发货的及时和高效；通过网络广告、网络图片营销、邮件营销、论坛营销等新理念和新方式进行营销活动，以降低销售成本，并加强企业对市场的响应能力；在线对客户进行服务、解疑和提供方案。

2. 附加价值活动

附加价值活动是指作用于基本信息增值活动各环节的附加价值活动，包括为企业物料需求、制造资源、管理信息系统、企业资源规划、技术研发与产品研发提供技术支持的信息技术平台建设与管理，智力资源管理平台建设与管理，技术研发平台建设与管理等。

（二）价值主张

互联网技术发展迅速，它的每一个进步，都为互联网的应用提供了新的可能性。多数互联网新技术的发展是基于人们的潜在需求，而不是现实的需求。从潜在需求到现实的需求，需要经历一个过程。由于用户规模是互联网服务存在的条件，所以许多互联网企业在建立之初并不清楚其最初的价值主张是否能使企业真正获得价值。这是许多互联网企业采用免费模式的原因之一，也是一些风险投资公司获得机会或错过机会的原因。

互联网企业的发展，大都先要度过一个"烧钱"的过程。"烧钱"的过程其实就是培养用户的过程，也是互联网企业的价值主张被市场"识别"的过程。但只有最终盈利企业才能真正生存下来。

传统互联网企业的价值主张包括以下三个方面。

1. 媒体

我国较早出现的互联网企业是门户网站。门户网站其实就是提供各种信息的传统媒体的电子版，其收费模式也类似媒体，主要依靠广告收入。随着互联网技术的发展，网络商务活动增多，以信息服务为主的门户商业模式也有新的发展。从目前门户网站的界面情况来看，他们主要提供新闻、搜索引擎、网络接入、聊天室、电子公告牌、

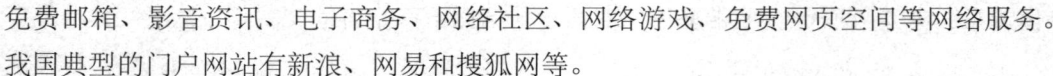

免费邮箱、影音资讯、电子商务、网络社区、网络游戏、免费网页空间等网络服务。我国典型的门户网站有新浪、网易和搜狐网等。

2. 交易平台

提供一个交易平台，就是撮合买家、卖家让他们高效达成商务上的交易，然后通过这样的服务来收取注册和中介服务费。我国最大也是最成功的电子商务网站是阿里巴巴，它和众多商务合作伙伴构成庞大的网上贸易市场。阿里巴巴是公共交易的平台，会聚了大量的市场供求信息，会员在浏览信息的同时也获得源源不断的信息流和商机。在其起步阶段，曾通过放低会员准入门槛，以免费会员制吸引企业登录平台注册，以此促成了商流汇聚、市场交易活跃。

3. 咨询服务

网络资讯服务内容很广，包括网络游戏、互动娱乐、网络招聘、网络教育、网络旅游、网络银行等。腾讯公司的虚拟货币或虚拟物品等增值服务，被认为是互联网企业咨询服务的创新之举。互联网企业通过咨询服务向用户收费，主要是向有增值服务需求的用户收费。

（三）目标客户

互联网企业最大的特点是免费。百度、360 软件、腾讯、维基百科等为我们的工作和生活提供了极大的方便，利用互联网收看免费的电影以及下载海量歌曲也成为人们生活中的一部分，实时的网络通信因为其几乎免费和使用的便捷性更改变了一些人的生活和工作习惯。互联网经济的发展使它愈来愈成为免费经济的代名词。提出"长尾理论"的经济学家克里斯·安德森（ChrisAnderson）曾惊叹："这个世界太疯狂，全世界都在发送免费的午餐。"

免费是这些网站的基本特征，是互联网企业发展的基础。但是免费不意味着没有自己的目标客户。免费也不是互联网企业独有的现象。作为一种营销策略，免费试用很早就存在。商家常常拿出 1% 的样品让消费者免费试用，以此诱惑消费者，拉动剩下 99% 的产品销售。但是互联网企业的免费，与纯粹的以免费作为促销的策略有所不同。网站通常会拿出 99% 的产品作为免费品，拉动 1% 愿意支付高价费用的消费者的需求，用这 1% 的用户支撑起其他用户。

互联网企业的这一模式，建立在两种有关联的理论基础上：其一是"长尾理论"；其二是双边市场理论。

互联网企业的产品是数字产品。数字产品与大部分普通产品不同，它是非竞争性的，也就是说，增加一个用户并不需要增加制造成本，而且一个用户的使用并不妨碍其他用户再使用。所以，一方面，用户规模扩大，对互联企业仍是零成本；另一方面，互联网企业面对的是个性化的需求,其市场不再是一个大众市场,而是一个个小众市场。

这样一来就带来了营销观念的重大变化。在传统营销中,企业往往只关注少数几个 VIP 客户,不屑顾及在人数上居于大多数的普通消费者。19 世纪末 20 世纪初的意大利经济学家帕累托(VilfredoPareto)发现:任何一组事物中,20% 是重要的,其余的 80% 是次要的。比如说,20% 的人掌握了 80% 的社会财富,而 80% 的人只掌握 20% 的财富;20% 的主要客户带来 80% 的企业收入,80% 的客户只带来 20% 收入;20% 的项目创造了 80% 的利润,而 80% 的项目只带来 20% 利润。这被称为"二八定律"。传统营销遵循的就是这一定律。即只关心如图 11-1 所示的占 20% 的黑色区域,而把长长的尾巴(白色区域)放在一边不予考虑。因为面对长尾部分消费者的营销既不经济(需要花费非常大的成本),也难以做到。

对于互联网企业来说,考虑 80% 的人的需求不存在成本问题,技术上也不再困难。更重要的是,众多小市场可借助互联网会聚成与主流大市场相匹敌的市场能量。只要存储和流通的渠道足够大,需求不旺或销量不佳的产品所共同占据的市场份额完全可以和那些少数热销产品所占据的市场份额相匹敌。也就是说,白色的长尾巴区域的消费可以积累成足够大、超过黑色部分的市场份额。这就是安德森所提出的"长尾理论"。

网络时代是关注"长尾"、发挥"长尾"效益的时代。互联网企业通过提供人们感兴趣的内容吸引大众的注意力,而一旦网络用户达到一定的数量,由于网络效应,就会吸引更多的用户加入网络。庞大的客户群是互联网企业的最大的"资产"。如果网络企业成功地掌握了大众的注意力,则可以认为该企业已经成功地完成了经营销售的"战略目标"。网站的访问量越大,该网站所蕴藏的商业价值就越大。当一个网络吸引了足够多的人参与时,只要少数人去购买他们的收费产品,就足以使网络企业盈利。一项网络软件和服务中有 99% 的用户选择免费版,也许只要 1% 的付费用户就可以支撑整个业务。例如,360 安全卫士网站在中国有 2.4 亿用户,其中只有 1% 的人需要付费服务,意味着该企业拥有 240 万的付费消费者,即使这样,这一数量也远远超过任何传统经营模式中在商店或书店能销售出去的商品总量。

长尾理论能够成立与互联网企业的市场结构与性质有关。

互联网是交互作用的平台。交易有买卖两方,互联网企业作为第三方为买卖双方提供服务。这种交易与传统市场的不同,不仅在于平台企业可以促成交易,而且买卖双方中任何一方的数量越多,就越吸引另一方的参与。这种市场形态被称为双边市场。而双边市场具有以下两个鲜明的特征。

作为交易平台,互联网企业同时向交易双方提供相同的或不同的服务,这些服务在促成交易双方达成交易方面是相互依赖、相互补充的。只有交易双方同时出现在平台上,并同时对该平台提供的服务有需求时,平台的服务才能真正体现其价值。

交叉网络外部性。网络外部性是指某个产品或服务的价值随着消费该产品或服务的消费者数量的增加而更快地增加。交叉网络外部性是指交易平台上买方（或卖方）的数量越多，所吸引的卖方（或买方）的数量就会越多。

作为双边市场的第三方平台，互联网企业为两边提供服务，本可两边收费，但是如果对买方免费，将有利于有更多购买者参与；由于交叉网络效应，这也引起更多的销售者进入这一市场，也就更有利于较多的交易在互联网企业的平台上进行，从而就可获得更大的收益。这被称为交叉补偿策略。

交叉补偿策略也包括对买卖双方都免费，而从其他业务获得补偿收入。从创办时起，淘宝网就一直对买卖双方都免费，但这时网上交易平台延伸为网上综合营销平台，淘宝网通过提供广告推广业务等获得补偿。这里，广告业务意味着向第四方收费，即付费方既不是买者，也不是卖者，更不是淘宝网自己。还有人认为，支付宝和淘宝的结合形成了淘宝的一个融资机构，用户在淘宝上通过支付宝将钱汇到支付宝，支付宝可把资金收集起来进行投资盈利。

互联网企业的商业模式常常被概括为以免费聚集"人气"，也叫"吸引眼球"，"注意力经济"。但互联网企业是交易平台，需要"黏"住用户，并把其中的一部分转化为收费用户。例如，阿里巴巴有着超过3000万的国内商品展示企业用户，大多数用户是简单注册的非付费用户。阿里巴巴的收入增长来自于从免费到收费的转化率。如果不能黏住用户，早期花费很多代价引起关注，但关注一下子就匆匆离开，人气就聚集不起来，建立网站就达不到预定的目标。

黏住客户就是使客户有很大的转换成本。转换成本是指当客户从一个产品的提供者转向另一个提供者时所产生的成本，包括经济、时间、精力和情感上的得失。当客户从一个企业转向另一个企业时，如果为此会损失大量的时间、精力、金钱和关系，就意味着较高的成本。转换成本的存在表明优先占领市场的重要性。

但人为地增加转换成本，会吓住一些潜在客户，也导致现存顾客的不满甚至报复。增加转换成本的关键是增加互联企业服务的吸引力，它体现互联网企业的核心竞争力。

免费还是收费，都不过是双边市场定价的策略，对一边的免费只是收费的一种特殊情况，也就是零价格。在双边市场中，平台企业面对价格弹性不同、相互之间存在网络外部性的两边，定价的焦点问题是如何为交易平台吸引尽可能多的用户。因此，平台往往采用不对称定价策略，以低价大力培育客户基础，通过网络外部性的作用来吸引更多的用户到平台上来交易，并对另一边收取高价，以保证平台的收入与盈利。

人们在肯定互联网免费商业模式的同时，也在历数这种模式的弊端，例如容易造成垄断、竞争过度、侵权与信用缺失、广告点击率低等。

互联网企业能否改为收费模式，关键是网站能不能产生足够的吸引力。如果新的互联网企业能抓住人们的新需求，用户愿意付费，那么就可以在收费基础上成功建立互联网的商业模式。例如，中国配货网就实行双边收费。中国配货网主要对货运市场提供信息服务，实行收费会员制，日浏览量几十万人次、注册用户超过10万人，收费用户群体是货运司机。他们为什么愿意付费呢？原来是因为我国的公路货运市较分散，数百万独立的个体车主和小型货运公司构成了这个市场的供给方，全国货运行业前50名的公司全部加在一起，所占的市场份额还不到1%，而需求方则由数量更多的独立货主构成。由于供需信息缺乏一种迅速匹配的方式，经常会发生空车与货源近在咫尺，却如隔天涯的状况。配货网的信息中介平台，解决多点对多点的信息匹配问题，所以采用收费模式是可行的。

二、从信息互联网到在线生活社区

互联网最初的商业应用是靠一个个独立的站点，为用户提供各种信息及便捷的联系，这些网站可以说是报纸、广播等媒体的电子版，被称为新媒体。事实上门户模式主要的工作就是将传统媒体上的信息综合到自己的平台上，虽然并未提供或者很少提供原创的实时新闻，但作为一个信息的会聚和推送平台，比传统媒体能更快、更广地传播信息，并能在为网民提供免费信息的同时获取大量的流量，根据流量提供广告服务从而实现盈利。

面对各种门户网站提供的海量信息，如何尽快地获取所需要的信息？搜索网站适应这一需要而出现。搜索网站为用户提供检索服务提供了极大的方便，用户只需要在搜索框输入一个关键词，搜索引擎便以特定程序让用户轻松地获取所需的信息。搜索网站在提供免费检索服务时可根据用户搜索内容展示相关广告，精准地定位潜在客户，产生极高的广告效果，因而谷歌、百度成为最赚钱的"广告公司"。

更有蓬勃发展的电子商务向用户提供各种专业商品信息，使人们足不出户就可以买到自己想要的商品，而且还能享受远低于传统超市和商店的优惠价格。

互联网企业对人们生活的影响，首先表现为以提供各种类型的信息这一方式。有人认为这样的互联网应称为信息互联网：网站就是信息提供者，一个网站就是一个信息中心，用户只是信息的接受者。但是人们不仅需要获得信息，还需要分享、互动。人们不能仅从互联网被动地获得信息。互联网在大量的商业应用之前，还在由科研团体或政府机构管理的非商用实验网时期，电脑联网就是为了实现交流与分享信息。用户既是信息消费者，也是信息提供者。互联网秉承的理念应是"人人参与"，信息的处理与控制不应完全由网站负责。

为了实现用户参与、用户与网站互动，互联网的进一步发展方向是成为信息平台，信息的处理和控制最大限度地交给终端节点（包括服务器和用户），网站只是传递信息。这被称为第二代互联网（web2.0）。web2.0网站成为一种信息平台，用户就成为中心。

用户既能从网站接收大量信息，而更重要的是可以构建自己的网络，分享信息。新的互联网的特征被概括为个性化、开放、共享、参与、创造。

Web2.0的应用繁多，博客、播客、RSS、SNS等应用向人们展示了个性化时代丰富多彩的生活。基于互联网发展起来的网络社区或社区论坛，包括BBS、论坛、贴吧、公告栏、群组讨论、在线聊天、交友、个人空间、无线增值服务等形式的网上交流空间，集中了具有共同兴趣的访问者。网络社区成为人们现实生活的延伸，使人们的生活内涵更丰富，生活方式更加多元化，更加精彩。在人类历史上，还没有哪一项技术能给人类的生活方式带来如此大的变化。

社交网站（SNS）的涌现体现出人们对建立社会性网络的重视。互联网社会化的应用不断融入新的技术与传播工具。互联网本来是电脑的联网，随着互联网的发展与应用日益广泛，人们在办公室、家庭、旅馆等世界的各个角落都安装了电脑。但电脑也在发展，其应用也渗透到各种产品。人工智能的发展，使互联网也变得日益智能化。随着苹果公司iPhone等一系列智能手机的出现，互联网变成移动互联网。而视频网站的发展，以更大的信息量、个性化，将人们带入虚拟世界。三网融合将通信网、电视网和互联网统筹在一起，为个性化互联网提供了强大的网络基础设施，也促进了围绕个性化互联网的商业模式创新。

互联网日益普及，并融入了人们的生活。人们几乎可在任何时间、地点，用任何终端、任何接入方式通过网络满足自己的各种需求。为此，腾讯控股有限公司董事会主席兼首席执行官马化腾提出了在线生活社区的概念。的确，在城市公交车、地铁、咖啡厅、候机大厅里，人们用手机或iPad上网读写微博、聊天、读小说、浏览新闻，这已成为现代的日常生活景象。越来越多的人通过移动终端下载音乐视频、预订餐饮机票，或实现网上购物和网上支付，移动互联网正在改变人们的生活、沟通、娱乐休闲，乃至消费方式，由此也改变着企业制造产品和提供服务的商业模式。同时，移动互联网还在改变整个信息产业的生态，IT软硬件企业、通信企业、传统互联网企业等纷纷围绕移动互联网推出自己的全新业务战略。马化腾提出，腾讯的商业模式创新，体现在以自己用户群的社区为核心，通过线上整合所有的需求，给用户一个非常直观的能够从自身的需求通过网络获得服务的体验，以服务强化社区的粘性。

三、双边市场上的商业模式创新：威客与众包

威客"Witkey"（智慧钥匙）是由刘锋杜撰出的一个词，意指可以让智慧、知识、专业专长通过互联网转换成实际收入的人。按照这一思想，刘锋于2005年开始建立威客网（witkey.com），试图将中国科学院的专家资源、科技成果与企业的科技难题对接起来。建设网站的过程中，刘锋发现通过互联网解决问题并让解决者获取报酬是互联网一个全新的领域，于是他开始通过边实践边总结的方式对这个领域进行探讨和研究，

为此他提出了威客理论。

随着互联网支付手段的不断成熟，信息完全免费共享的互联网时代已经过去。知识、智慧、经验、技能也具备商业价值，可以成为商品进行买卖。

知识、智慧、经验、技能的价值化是促进人参与智力互动问答的催化剂。

基于上述三个观点，2005年7月6日，刘锋在一篇讨论文章中第一次提出了威客模式的概念：人的知识、智慧、经验、技能通过互联网转换成实际收益的互联网新模式。主要应用包括解决科学、技术、工作、生活、学习等领域的问题。

互联网不但连接了世界各地的机器，它也把地球上各个角落的人联结在一起。在威客模式下，每一个人都可以将自己的知识、技能、经验、学术研究成果作为一种无形的知识资本通过网络进行销售，通过威客网站让自己的知识、经验、成果转化为个人的财富。

威客模式提出，用悬赏模式应对低端任务，用招标模式应对中高端任务，为每个威客开辟个人空间进行能力展示和智力作品买卖，对每个任务发布者和威客进行信用评级，开发自己的支付宝进行支付保护。

威客网站上的用户按照其行为可以分为两类：需求者和服务者（解决者）。其中需求者提出难题和发布任务，在获得合适的解决方案后支付报酬给服务者。服务者接受任务，当服务者的解决方案得到需求者认可后，服务者获得约定的报酬。

采用威客模式，网站、需求方、威客会员三方都能轻松获利。网站成本极低，每天都有无数单业务可坐收20%佣金；需求方不但能迅速解决难题，成本还比自行解决低了不少；威客会员用业余时间在家里设计方案，轻松方便。

无独有偶。中国人提出威客模式，美国人也杜撰了Crowdsourcing，意思是众包。众包指的是一个公司或机构把过去由员工执行的工作任务，以自由自愿的形式外包给非特定（而且通常是大型的）大众网络的做法。与此对应的是Outsourcing，即外包。众包与外包不同，外包是把任务包给特定的人，强调的是高度专业化，通常有较高的费用；而众包是一种通过悬赏方式向公众求取解决方案，或者说以公开招标的方式传播给未知的解决方案提供者群体。方案提供者多为业余人士或志愿者，他们可以利用空余时间探究解决方案，而且有了结果才付费，有时甚至不用付费。对企业来说，这是更广泛地倚靠社会人才，在花费较少的情况下得到解决方案。

众包模式已经对美国的一些产业产生了颠覆性的影响：一个跨国公司耗费几十亿美元也无法解决的研发难题，却被一个外行人在两周的时间内圆满完成；过去要数百美元一张的专业水准图片，现在只要一美元就可以买到。

我国企业用众包方式解决企业产品广告设计和商标设计等已很普遍，把众包作为企业创新的一种手段或方式将成为一种必然趋势。商业应用包括 k68.cn、猪八戒网、任务中国、淘智网、witkey.com 等数百家网站，通过商业实践，这些网站已经形成成熟的商业模式。

猪八戒网是重庆人朱明跃创办的，这是一家发布问题并招募解决方案的网站，现在是同类网站中最大的一家。猪八戒网有 150 万注册会员（威客），主要能力集中在营销创意、平面设计、文案写作、软件开发等方面。猪八戒网把任务公开之后，全国各地的注册威客就来参与竞标。假设有 1000 名威客参加某项任务，猪八戒网就可以征集到 1000 套方案，让客户挑选。最终客户选定了某人，猪八戒网就把赏金的 80% 给他，余下的 20% 就是网站的收入。

面向创新的威客与众包的中介或平台，就成为一种"创新中心"或"创意中心"。这种双边市场的平台，既是创新人才"解决者"会聚的平台，也是人们带着难题来寻求解决方案的平台。要创新的企业通过这个网络交易平台可以找到难题的"解决者"，企业付出的费用远远低于自己雇佣人员或外包给其他企业的成本，而用户的业余爱好却可以从被采纳的设计和创意中得到相应的收入。

中国创新激励中心（EvoCentvie）是国内首家采用众包模式的创新中心，致力于帮助企业解决发展中的各类中高端难题，并为我国所有行业工作者提供展示自身能力的平台，树立"人人都是专家"的职业新风尚。该中心在国内采用最新的交易方式，以创新激励的方式来推动社会各界共同参与我国企业的创新。在项目内容上，中心关注企业在竞争中的创新发展难题，通过创新激励中心的资源优势，带动全国乃至全世界的行业人才帮助企业解决这些问题，项目激励报酬预定在 5000~50 万元之间。创新激励中心作为第三方，将促进第一方与第二方达成合作，并对难题提出者（seeker）和解决者（solver）进行监督，以保证难题的顺利解决。通过创新激励中心的服务，国内企业可以用最少的资金来解决企业的发展创新难题，避免了为解决这些难题聘用专用雇员。对于各类专业人才来说，通过创新激励中心的服务，每个人都可以开拓第二职业，充分发挥个人或集体优势来获得本职工作之外的报酬，并享受创业的乐趣。

2005 年，美国麻省理工学院教授 EricwonHippel 对此作出的评论是：创新正在走向民主，传统的企业往往采用先市场调研，然后再进行生产、市场推广，却不知这一过程已造成了巨大的浪费。同时他认为，以用户为中心的创新，将比数年来占主流地位的制造商为中心的创新更有价值。用户愿意为定制的非大众的产品付费，用户的需求正在走向个性化、多样化，市场也变得更加琐碎化，这些原因加速了用户创新的要求和能力，产品设计由过去的以生产商为主导，转向以消费者为中心。因为没有人比消费者更了解自己真正的需求，他们的先导使用者比任何一家企业的研发部门都更活跃、更具有创造力。

第四节 创新网络与创新型企业的商业模式

一、构建与管理创新网络

创新管理的任务包括内部获取创意、跨单位获取创意、外部获取创意、挑选创意、开发创意和在全公司范围传播创意。

MortenT.Hansen 和 JulianBirkinshaw 提出的"创新价值链"已突破人们以往对这一概念的朴素理解。按照"链"的字面来理解，创新价值"链"似乎意味着把创新理解成一个线性模型，每一个活动都是链条上的一个环节，环环相扣。事实上，人们在很长的时间里对技术创新都持有这种"链"的理念。这一理念曾有助于人们发现创新中的薄弱环节，合理地配置资源，并开展有针对性的管理，增加创新成功的机会。例如，人们发现技术创新在运作过程中非常容易出现以下两种倾向：一方面，表现为不重视技术创新中的研究部分，特别是缺乏深入的基础研究和应用基础研究，技术创新得不到知识创新的推动，使得技术创新演变成简单的开发应用，难以产生重大的技术创新；另一方面，表现为不注重技术创新中的市场化部分，造成科研和市场的脱节。我国科技体制改革的一个重要的目标，就是针对创新价值链中的一些"脱节"，提出合适的政策与方案，以"打通"创新价值"链"。

技术创新是一个复杂的过程，由于专业分工的原因，不同的行为主体经营在不同专业领域，没有一个行为主体具有完全掌控创新结果的能力。因而行为主体之间的联系和相互依赖就显得非常重要，为了实施创新，这些组织不得不与其他组织发生联系，以获得所需的信息、知识和资源等，这样就导致了在分工基础上的技术创新网络产生。

创新价值网是企业为了实现技术创新而对创新网络的构建与管理活动。换言之，创新价值网是企业与其他组织（供应商、客户、竞争者、大学、研究机构、投资银行、政府部门等）建立联系，交换各种知识、信息和其他资源，共同参加新产品的形成、开发、生产和销售的过程。企业与这些形形色色的组织的协同创新活动，就构成企业的创新价值网。协同创新的特征，表现为网络创新能力大于个体创新能力之和。

创新价值网中关于科学、技术、市场的直接和间接、互惠和灵活的关系，可以通过正式合约或非正式安排来维系。

很明显，技术创新网络的形成还由于互联网的技术支持。企业成为广泛联系的互联网中的一个节点。不同创新主体合作而形成的技术创新网络成为企业技术创新活动的重要组织形式。IBM 公司提出互联网的发展历经四个阶段：特定的互联、互联的系统、互联的企业、互联的经济。特定的互联是指点对点的联系；互联的系统是指使用开放的系统制定开放的标准；互联的企业是指与外部合作伙伴、供应商、客户之间有着很强的互动，进而通过这种互动来增强自身能力；互联的经济是指企业、市场、社会、政府之间的联系越来越广泛和紧密，催生了新的经济活动，推动着经济发展。

但一般的企业网络并不是企业的创新网络。技术创新网络是企业创新活动中伙伴关系结成的网络，不同于社会关系网络、产业网络、企业集群、企业网络等，但企业创新网络又要利用各种关系。我国大量引进外资，众多外资与合资企业形成网络，但这种网络并非创新网络，它们只是一般的企业间网络或产业网络。在这种网络中，不少企业并没有走向创新之路，反而沦落到了国外企业廉价加工厂的地位。我国一些企业利用国内廉价资源与劳动力及其广阔的市场为国外企业赚取了大量利润，而它们本身在产业链条中却处于最低层次。

我国不少企业缺乏创新意识，某些企业即使重视创新也并不了解网络创新的方式方法，不了解如何把握网络创新中的关键问题。还有一些企业片面地把创新行为理解成"练内功"，把核心能力仅仅理解成内部知识的汇总。这一观念可能受 C.K.Prahalad 关于企业核心能力理论的影响。C.K.Prahalad 关于企业核心能力的研究认为公司就像一棵大树，树干和主枝是核心产品或服务，分枝是业务单元，树叶、花朵和果实是最终产品或服务，提供养分、维系生命、稳固树身的根就是核心竞争力。核心竞争力是公司内部的知识汇总，尤其是如何协调纷繁复杂的生产技能和融合多种技术潮流。核心竞争力是凝聚现有业务的胶水，也是发展新业务的火车头。

这一理论明显的缺陷是没有考虑"树"的生长与它所在的生态环境的关联。在今天，创新网络才是企业获取创新思想、新技术和新市场的主要渠道，企业的创新在很大程度上取决于企业能否有效地开发和利用创新网络。世界银行与国务院发展研究中心共同完成的《2030年的中国：建设现代、和谐、有创造力的高收入社会》中，强调中国企业应参与全球研发网络进行产品与工艺创新。中国企业需要充分理解合作伙伴的目标、驱动因素及发展策略，进而制定有针对性的协作策略。

善于构建与管理技术创新网络，意味着企业使自己占据创新网络的中心地位，这样才能获得其他组织开发的新知识，才能产生更多的创新，才能有更好地创新绩效。L.C.Freeman 把网络结构中占有重要位置的个体称为"核"（centrality），认为这些"核"对网络具有重要的作用，特别是对网络的增长具有关键的影响作用。Chuang（2006）指出网络中心或者中介性越强，其接触的信息量越多，企业的创新性就越强，导致企业的网络地位逐渐提升，最终成为技术创新网络中的核心企业。

企业融入网络中，也使得企业的边界不再是确定的，海尔集团 CEO 张瑞敏认为，这等于拆掉了企业的"篱笆墙"。企业本来是因节约市场交易成本而存在的，当企业内部的交易成本反而大于外部交易成本的情况下，就应当把有关的业务部门精简。如果企业在市场上可以买到的产品、配件、半成品，比企业内部生产的更便宜、质量更好，企业就不应自己生产，而应在市场上购买，从而企业相关的业务部门就没有继续存在的理由。张瑞敏认为，"拆掉企业的篱笆墙"意味着把市场的压力不断传递到企业内部，有利于克服企业过于封闭的"大企业病"。"拆掉企业的篱笆墙"的活动使海尔优化了内部价值链。

对于企业的创新来说，拆掉"篱笆墙"的意义在于，企业可以从外部获取更多的技术与创意，同时也使得企业内部的创新更有效。

企业在创新网络环境中的技术创新模式是开放式创新。与开放式创新不同的创新模式是封闭式创新。两种技术创新模式的主要差别，在于企业在获取技术、如何利用新技术实现盈利，以及在技术创新各个环节如何整合资源，特别是利用外部关系与资源方面有根本的不同。简言之，封闭式创新基于企业内部资源、将技术创新过程控制在企业内部，以便获取创新利润和提高自身的竞争优势；开放式创新以开阔的视野看待创新，把技术创新视为可以延伸到企业外部价值网上的活动，因而技术的获取、技术的商业化以及创新的收益分享都可以作多方案的选择。

开放式创新的过程表现为创新价值网。创新企业利用参与协同创新的利益相关者所组成的创新网络，通过与其他"节点"互动与协同，促使创新要素整合、共享。技术创新过程不仅有知识的流动，还必须有人才、资金等要素的参与。企业从商业模式的角度，根据市场环境与条件、自己拥有的技术资源、外部可取的资源，以及创新过程中的成本投入、风险分担，创新成果的分享、转移与交易，考虑如何利用外部的关系与资源实现新技术的价值。合资研究、合作研究、研发外包、虚拟联盟、交叉许可等代表不同的合作方式。企业也可借助风险投资实现创新与创新成果的商业化，包括外部风险融资或自设风险基金。通过对外融资可在风险投资的帮助下实现创新，创业成功之后可选择回购或出售自己的股份获得收益。自设的风险投资基金可以资助内部员工的创新与创业行为，也可以参与对外部创新成果的投资，以便获得大量的科技创新成果与可观的投资收益。

二、创新型企业及其商业模式

当创新成果转化为知识资产之后，在下一轮的创新过程中就可以在此新的知识资产基础上依据动态演进的过程持续创新。这一过程得以持续的条件是，企业保持着较高的创新效率，能够有效地获得知识资产，并能有效地将知识资产转化为产品与服务，实现知识资产的价值，从而通过知识资产的经营获得收益以支持企业持续的创新。如果是这样，就意味着企业走向依靠创新生存与发展的道路。这样的企业应称为创新型企业。

最早提出创新型企业概念并分析创新型企业本质的是彼得·德鲁克，他认为，创新型企业是相对于传统企业而言的，传统企业主要依赖垄断、保护、模仿、复制已有的技术、产品、市场等方式求得生存与发展，它们仅适合于社会经济条件变化比较慢而且竞争不十分激烈、创新能力与速度对企业的生存与发展并不那么重要的时代。创新型企业是依靠创造新技术、新产品、新流程、新服务、新市场等方式求得生存与发展，适合于技术与产业链变化加快的社会经济条件下，是现代意义上真正的企业。此后他描述了现代企业的特征，认为现代企业是以信息为基础的知识创造组织，这种组织将主要依靠专业化的知识工作者，知识工作者依靠信息创造知识并贡献信息；如同研究所、医院、乐队等专业化组织，现代企业的组织成员主体是领域内专家，其主要活动是知识创造。德鲁克还认为，企业依靠创新盈利、生存、发展的问题，不是企业某个方面或者某个因素的问题，而是企业整体模式的问题，商业模式是企业竞争的关键。

迈克尔·波特用价值系统来描述企业所在产业中从原材料到最终产品整个过程的上下游企业之间的价值活动关系，用垂直价值链来描述与企业直接相关的上下游企业之间的价值活动联系。波特的企业价值链理论表明，传统企业主要是以制造、销售、物流为核心增值环节，依靠产品经营而盈利、生存、发展。如何在制造、销售、物流等核心增值环节获取竞争优势，是企业生存发展的关键。

创新型企业依靠创新生存与发展，也就是通过创新建立知识资产，然后有效地经营知识资产，通过创新来盈利。知识资产经营的资源包括人员素质、创新能力、R&D能力、专利、技术秘密、销售网络与体系等，意味着企业在知识产权保护、管理的基础上，通过将知识产权内部实施、有选择地将知识产权进行对外贸易（技术咨询、技术许可、技术转让、技术服务以及交付知识产权产品和软件等方式）、将知识产权作为要素进行投资等途径，获取利益回报的过程。

通过获取知识产权、创造知识产权、经营知识产权并周而复始，创新型企业就实现了依靠创新而盈利、生存、发展。相比较而言，传统企业是以耗费自然资源为代价、以有效利用物质资源使其转化为产品与服务的传统经营，其直接后果是耗费自然资源和破坏人类赖以生存的生态环境。创新型企业是注重有效创造、利用知识资产，将知识资产转化为产品与服务的知识资产经营，其经营结果是提供更优解决方案、降低资源耗费、推动整个产业价值网络向更高级演变。因此，创新型企业以知识产权为核心的经营模式，突破了传统产品经营的模式，成为真正意义上的现代企业，是推动产业网络乃至社会经济发展的主导力量。

创新型企业通过自己的价值定位，确定了其内部核心价值链与外部合作伙伴，形成了以创新型企业为核心的创新价值网，创新型企业的商业模式就是通过整合该创新价值网的资源，完成其内部核心价值活动，实现其价值主张的机制。

1. 创新型企业的价值主张

创新型企业是依靠创新而盈利、生存、发展的企业，所以创新是创新型企业主要的价值来源，是支撑其价值主张的主要因素。现代经济条件下，创新产出的本质是知识产权，创新型企业可能通过内部商业化、许可、出售、风险投资等多种方式实现知识产权的经济价值，所以创新型企业的价值主张必然会根据企业实现创新经济价值的方式不同而不同，但是价值主张的核心支撑要素必然是创新及其知识产权。

2. 创新型企业的内部核心价值链

内部价值链是企业为了向顾客提供价值而必需进行的活动及其结构，用于创造和传递企业的产出。内部价值链决定了企业成本收益结构，决定了企业所需的互补资源和外部合作伙伴。创新活动和知识产权经营活动是形成创新产出并实现其经济价值的核心价值增值活动，而创新管理和知识产权经营是企业根据自身资源和能力、外部网络条件所采取的价值增值方式，他们之间的组合结构就形成了创新型企业的内部核心价值链。

3. 创新型企业的价值网络

价值网络是企业为了完成内部价值活动、实现其价值主张而与其他主体合作而形成的网络。创新型企业围绕其内部创新活动和知识产权经营活动与外部主体合作，形成了以创新型企业为中心的创新价值网络和互补资产价值网络。创新型企业就是在其创新价值网络和互补资产价值网络中实现高效率创新并充分实现创新的经济价值。创新型企业的价值网络对创新型企业获取、创造知识产权并实现其经济价值具有重要影响。

创新型企业的网络包含以下两个子网络。

技术创新网络。创新型企业是占据创新网络中心地位的企业，它可以获得其他组织开发的新知识，可以产生更多的创新，也有更好的业绩。

互补资产价值网络。创新型企业是主要从事研发活动的企业，它需要其他企业，例如，OEM厂商、渠道厂商、零售企业以及金融服务业、管理服务业、要素市场等诸多参与者为实现创新价值提供配套服务。这种价值网络的结构与组织模式反映了企业利用网络资源实现其知识产权潜在经济价值的方式。开放式创新模式认为，创新型企业不仅仅能通过内部制造与销售将知识产权商业化，而且也能够通过许可、出售、风险投资等方式，与其他企业共同实现本企业知识产权的经济价值。互补资产、法律制度、产业特征等因素决定了知识产权实现其经济价值的可能途径。

企业要实现技术创新成果的经济价值，需要拥有相应的互补资产，互补资产数量和质量对实现和获取技术创新的经济价值具有决定意义。随着信息化和全球化发展，可交易的中间产品范围剧增，信息与实物分离，实物产品的重要性降低，知识资产逐步成为市场竞争中的核心资源；技术创新活动中的知识资产与实物产品日渐分离，组织间形成复杂的虚拟联系，超越了传统价值分析的范畴，如何从知识资产中获取经济价值成为当前经济活动的核心；企业的关键能力是创造、传递、集中、整合以及利用知识资产，知识资产的自身特性、互补资产（包括生产能力、销售渠道、忠诚顾客等）、法律制度、产业结构、动态能力等因素都对知识资产实现经济价值有着重要影响。

正是知识资产与实物资产的相分离，创新型企业才能区别于一般传统企业，通过可持续的创新和依靠知识资产经营、生存与发展。正是知识资产与实物资产的互补性，才能使创新型企业带动众多的企业实现创新。

知识产权经营是以知识产权为对象的、在互补资产价值网络和创新价值网络中实现其经济价值的管理活动。企业创新活动可以通过自身的制造、销售、物流等资源实现其经济价值，也可以通过互补资产利用其他企业的制造、销售、物流、管理、资本等共同实现其经济价值并获取相应份额。

创新型企业主要产出是知识资产，主要活动是知识资产的创造与经营活动。通过技术创新网络获取知识资产，利用互补资产网络经营知识资产，并获得经济价值。

创新型企业通过与大学、科研机构、其他创新型企业、传统企业以及最终消费者建立创新网络、互补资产网络，获取创新所需的科学、技术与市场知识，通过内部创新、合作创新、并购、产学研联盟等多种途径进行创新活动，产出专利、版权、技术秘密等知识产权，并通过内部商业化、公司创业、风险投资、出售、许可（包括交叉许可）、特许加盟等方式实现知识产权的潜在经济价值。

关于创新型企业的商业模式有下述结论。

创新型企业的价值主张是创新，以创新为价值来源、依靠创新而盈利、生存、发展。

创新型企业围绕知识产权的获取、创造、经营形成了其内部核心价值链，其中主要包括创新管理与知识产权经营。

创新型企业围绕创新和知识产权经营活动组织并形成了外部创新网络和互补资产网络，创新网络决定企业自身创新的效率与水平，而互补资产网络则与企业实现知识产权经济价值的途径密切相关。

根据创新型企业的外部价值网络覆盖的范围、内部价值链的构成以及价值主张的实现途径可以将创新型企业划分为以下类型。

（1）整合型创新型企业。这类企业内部价值链包括创新管理、知识产权经营以及传统企业的制造销售等活动，此类创新型企业主要途径是依靠自身具备的制造和销售等互补资产实现创新及其知识产权的经济价值。整合型创新型企业是创新驱动的传统企业。

(2) 半整合型创新型企业。这类企业内部价值链包括创新管理、知识产权经营以及部分传统企业的销售活动,也就是说此类创新型企业将制造等环节外包给互补资产价值网络完成,自身专注于研发和销售等环节的活动。半整合型创新型企业是当前主流的创新型企业类型。

(3) 知识产权经营型创新型企业。这类企业的内部价值链主要包括知识产权获取与经营。

第十章 企业生态创新研究

第一节 生态创新的概述

一、生态创新发展的背景

纵观环境保护和可持续发展历程，生态化实践已经先后经历了 4 个阶段：①起源于 20 世纪 60 年代以污染物处理为对象的末端治理阶段；②起源于 70 年代中期以生产过程改造为对象的清洁生产阶段；③起源于 80 年代中期以产品或服务为对象的产业生态化阶段等；④进入 21 世纪以来着眼于社会经济系统整体优化的循环经济和低碳经济发展等。创新对于上述阶段的实现以及不同阶段的跃迁都发挥了非常重要的作用。

（一）末端治理

人类对于产业发展所带来的环境危害的认识是一个渐进过程。20 世纪前半叶，欧美日等工业发达国家先后发生了所谓的"八大环境公害事件"，如伦敦烟雾事件和日本水俣病事件等。这些事件使人们认识到，工业发展所带来的不仅仅是物质财富的巨大增长，也会通过有毒有害物质的生产和排放对生态环境和人体健康带来严重的危害。1962 年 RichardCarlson 出版的《寂静的春天》也因此成为环境史上人类生态意识觉醒的里程碑。自此，也正式开启了采用末端治理对抗环境污染的生态化实践历程。

所谓末端治理，就是在生产过程末端加装各种装置或采用各种手段来对已经产生的废物进行处理，以避免或缓解生产活动给周围生态环境或生物所带来的危害。典型的末端治理包括对烟囱排放尾气加装除尘器、建设废水处理装置以处理各种工业废水等。

从产业创新角度看，末端治理在应用过程中很少影响到上游核心工艺的变更，容易形成一个相对独立的产业链环节，其研发和生产所依赖的科学技术基础相对单纯，开发周期短，专业性技术容易积累和相对成熟。因此，末端治理只要在有力的政策驱动或者恰当的市场机会下就可以得到快速而广泛的应用，并取得良好的污染削减效果。例如，美国在20世纪70年代相继出台了《清洁水法》和《清洁空气法》，通过刺激末端治理的广泛采用，快速取得了水环境质量和大气环境质量改善。

然而，大量实践表明末端治理并不是一个真正的解决方案：很多情况下，末端治理需要投入昂贵的设备费用、惊人的维护开支和最终处理费用，末端处理过程本身要消耗资源和能源，并且也会产生二次污染，使污染在空间和时间上发生转移。

为此，在20世纪70年代中期，工业发达国家在反思末端治理弊端并开始寻求新的生态化实践方案，即清洁生产。

（二）清洁生产

所谓清洁生产，是指为提高生态效率和降低人类及环境风险而对生产过程、产品和服务持续实施的一种综合性、预防性的战略措施。对于生产过程，它意味着要节约原材料和能源，减少使用有毒物料，并在各种废物排出生产过程前，降低其毒性和数量；对于产品，它意味着要从其原料开采到产品废弃后最终处理处置的全部生命周期中，减小对人体健康和环境造成的影响；对于服务，它意味着要在其设计及所提供的服务活动中，融入对环境影响的考虑。

在战略层面上，与以往末端治理不同，清洁生产更加强调环境战略的预防性、综合性和持续性；在操作层面上，清洁生产并不包括废物管理的所有等级，而只包括源头削减和废物循环这两个最高等级。因此，与末端治理比较，清洁生产具有"环境与经济双赢"的优势。

清洁生产最早出现于工业发达国家的企业实践，如1974年美国3M公司施行的污染预防计划（PollutionPreventionPays，3P计划）被认为是清洁生产的第一个里程碑（Berkel，2000）。其后，世界范围内几乎同时出现了一系列强调污染预防的概念，如"污染预防"、"废物最小化"、"减废技术"、"源头削减"、"零排放技术"、"零废物生产"和"环境友好技术"等。

企业的清洁生产实践引发了国家/国际层面上的集体行动。20世纪80年代起，荷兰、英国、德国和丹麦等国家纷纷开展清洁生产项目示范，如荷兰实施了PRISMA计划，在食品加工、金属包装、运输、金属构件和化工等行业等进行清洁生产项目示范。1990年，联合国环境规划署在英国召开了第一次清洁生产国际高层研讨会，会议目标是促使全球从以往着重依靠末端治理的环保模式转向一种面向源头污染预防的战略模式，即清洁生产。会议提出了早期的清洁生产定义以及一系列建议，如推动世界不同地区发起和制订国家层面的清洁生产计划，支持发展中国家建立国家的清洁生产中心，与有关国际组织等结成清洁生产推进网络等。在联合国环境规划署和联合国工业发展组织共同支持下,我国也于1995年成立了国家清洁生产中心,开始了有组织的清洁生产推进工作。

伴随着清洁生产试点示范的广泛开展,世界各国的环境政策也开始由"整治型"向"预防型"转变。例如,欧共体于1979年宣布推行清洁生产政策;美国于1990年通过了《污染预防法》,确立将污染预防(清洁生产)作为美国的一项国策;我国于2002年出台了世界上第一部以清洁生产直接命名的"清洁生产促进法"。这些国家以不同方式将清洁生产纳入国家政策框架中,采取一种综合方式将清洁生产概念分散渗透到相关的政策法规体系中,广泛推进生产环节的生态化转型。

实证研究证实了环保管理范式从末端治理向清洁生产的转变。德国研究表明,末端治理的投资在20世纪90年代经历了持续下降,从4%下降到3%,其原因是环保投资转向了清洁生产。在企业实践方面,荷兰研究表明,大约有71%的企业采用了清洁生产,而采用末端治理的企业只有52%。OECD研究也表明了同样的情形,调查发现美国、德国和加拿大等国家企业实施清洁生产的份额都超过了末端治理,德国最低为57.5%,日本最高为86.5%。

(三)生态工业

随着产业活动的全球化拓展以及环境影响的不断深化,20世纪80年代后企业生态创新机理研究全球生态化实践出现新的动向,一方面产业生态化实践逐渐由企业层面拓展到产业层面,出现了丹麦卡伦堡产业共生体系为代表的生态工业实践(Ehrenfeld&Gertler,1997);另一方面,生态化努力开始由生产环节进一步拓展到产品使用和服务环节,并开始致力于全球层面的可持续发展努力。

1987年,可持续发展的概念随着《我们共同的未来》的出版正式浮出水面,并于1992年在世界环境与发展大会上得到确立(世界环境与发展委员会,1997)。1989年,美国通用汽车公司研究部副总裁罗伯特·福布什(RobertFrosch)和负责发动机研究的尼古拉斯·加罗布劳斯(NicolasGallopoulos)在《科学美国人》发表《制造业战略》,指出传统工业生产的一般模式是摄入原材料,在产出产品的同时也排放废物。这种简单的线性模式应该转变为生态工业模式,即在工业生态系统中不仅能量和物质的利用得到优化,而且一种生产过程的排放物都可以用作另一种过程的原材料,由此提出工业生态学的概念(Frosch8LGallopoulos,1989)。其后,世界范围内将废物交换、能量或物质梯级利用以及基础设施共享等产业行为纳入生态工业的实践范畴。

1992年,世界工商业可持续发展委员会提出了生态效率(Eco-efficiency)的概念:为满足人们需求、改进人们的生活品质,在提供具有价格竞争力的产品与服务的同时,应逐步将产品和服务在其生命周期过程中的资源消耗与废物排放减小到地球承载能力范围之内(WBCSD,2000)。该概念的核心在于促进企业将环境要素纳入其活动与决策过程中,在企业发展中兼顾生态环境效益。

类似的产业生态化行动还包括责任关怀(Responsiblecare),它是国际化学行业在全球发起的一项自愿行动计划,要求该行业中化学品或化学物质的生产者与处理者,围绕化学物质在其开发到处置整个生命周期中的各个环节,根据各自确定的原则及其相应的责任,实施自律式的环境与安全管理活动。责任关怀最早于20世纪80年代兴起于北美的造纸和化学行业,目前已经拓展到全球50多个国家和地区实施,并签署了《责任关怀全球宪章》,承诺通过各自国家的成员组织开展责任关怀行动。

同时,以产品生态化和绿色供应链调整为导向的产业政策纷纷出台,例如荷兰发布了"产品与环境"政策、丹麦开展了"工业产品的环境设计"项目等。进入21世纪后,欧盟更是集中颁布出台了"关于在电子电气设备中限制使用某些有害物质指令(RoHS指令)"、"报废电子电气设备指令(WEEE指令)"、"欧盟用能产品生态设计框架指令(EuP指令)"和"化学品注册、评估、授权和限制制度(REACH指令)"等。

(四)循环经济和低碳经济

在生产环节生态化努力持续推进的同时,消费环节的生态化实践也开始在20世纪90年代得到关注。1994年,联合国环境规划署在《可持续消费的政策因素》报告中首次提出了"可持续消费"的概念,即"提供服务以及相关的产品以满足人类的基本需求,提高生活质量,同时使自然资源和有毒材料的使用量最少,使服务或产品的生命周期中所产生的废物和污染物最少,从而不危及后代的需求"。

随着消费环节的纳入,全球生态化实践正式进入了以调整社会经济整体系统生态化转型的时期。伴随对气候变化的国际性关注,低碳经济逐渐成为可持续发展的主流。所谓低碳经济,是指在可持续发展理念指导下,通过技术创新、制度创新、产业转型、新能源开发等多种手段,尽可能地减少煤炭石油等高碳能源消耗,减少温室气体排放,达到经济社会发展与生态环境保护双赢的一种经济发展形态。"低碳经济"最早见诸政府文件是2003年的英国能源白皮书《我们能源的未来:创建低碳经济》。2007年7月,美国参议院提出了《低碳经济法案》,表明低碳经济的发展道路有望成为美国未来的重要战略选择。由此,世界各国在气候变化系列会议的推动下逐渐接受低碳经济的概念并不同程度地付诸实施。

综上所述,世界可持续发展逐步经历了从末端治理到清洁生产、到产业生态化再到循环经济和低碳经济的发展历程。推动这一进程的,有技术创新力量,如末端治理、清洁生产和生态设计等;有组织管理创新力量,如国际标准化组织出台的ISO14000系列、联合国环境规划署发布的清洁生产审核指南和可持续消费导则等；有制度创新力量，如"清洁水法"、"清洁空气法"、"污染预防法"、"清洁生产促进法"和"循环经济促进法"等。这些不同因素在不同尺度上的组合，产生了多样化的生态创新模式，如杜邦化学公司企业清洁生产模式、丹麦卡伦堡产业共生模式、德国双轨系统废物循环模式等（诸大建，1998）。

二、生态创新的定义

生态化实践不仅是一个创新作用逐渐凸显的过程，也是生态创新相关概念不断涌现的过程。不完全统计，以"创新"明确命名的术语包括：环境技术创新、环境创新、绿色创新、可持续创新和生态创新。没有明确出现"创新"的相关术语更是为数众多，如环境技术、生态效率、生态设计、环境设计、可持续设计和产业共生等。

（一）新奇性（Novelty）

生态创新定义中的新奇性是针对企业或用户而言的，而并非针对市场或者全球范围内第一次出现。也就是说，一项清洁技术的开发是生态创新，其采用和扩散也是生态创新。这一特征实际上是对奥斯陆手册创新定义的继承。该手册认为，创新不仅包括新的或显著改进的产品（或服务）、生产过程、市场方法、组织结构的创造行为，也包括这些方法在别的企业中的采用和扩散行为。

（二）环境属性

首先，对于环境属性而言，生态创新只看结果而不问动机。也就是说，生态创新并不局限于那些有明确环境动机的创新行为，也包括那些"无心插柳"的创新行为，这就有效解决了因创新动机调查而带来的模糊性问题；其次，生态创新强调了与一般创新在环境绩效改善上的不同，那些不能带来环境改善的创新无论其出发点如何都不成其为生态创新。当然，如何判定环境绩效是否改善是一个存在争议的问题，因为这取决于评判系统空间边界和时间边界的确定，具有一定的相对性。

可以说，只要符合"新奇性"和"带来环境改善"这两项特性，创新活动就可以认为是生态创新。显然，这种宽泛定义带来了诸多争议。实际上，上述宽泛定义是不得已而为之的结果。因缺乏常规的数据统计和度量指标，生态创新难以衡量，而宽泛定义则为生态创新的度量提供了更多的机会，即可以通过现有数据来度量企业生态创新的程度以及识别不同生态创新模式的驱动力。不过，相信随着欧盟MEI项目的进展，生态创新的内涵将会发展变化，也就是说其本身也需要"创新"。

此外，生态创新还有一处比较大的争议在于是否包含末端治理。有些文献认为那些能够避免或降低环境危害的新或显著改进的产品、仪器设备、生产流程、技术和管理系统就是生态创新,而无关是否能够带来经济效益。这其实也是欧盟环境行动方案(ETAP)所界定的环境技术概念的特征。因此,末端治理应该算作生态创新。然而,有一些文献认为,生态创新不仅要能够带来环境效益,还要带来经济效益,例如投资回报、市场准入、中小企业发展等。也就是说,只有带来环境与经济双赢的创新才算是生态创新。无疑,这种界定就将末端治理排除在外,因为末端治理在很多情况下只能带来环境效益而未必带来经济效益。鉴于上述提及的数据可得与度量困难等原因,本书建议末端治理技术的开发与推广可以纳入生态创新的范畴,但是在进行动机分析时要加以区分。

三、生态创新的特性

生态创新与一般创新比较只是在于环境绩效改善的不同。因此,有些文献认为,生态创新与一般创新在过程上并没有本质区别,即同样都包含研究、开发、试制、生产、传播等环节及其之间的互动,也同样是由技术、组织和制度变革共同构成的组合系统。然而,有些文献指出生态创新还是存在着一些不同于一般创新的显著特性,例如双重外部性、技术推动与市场拉动效应的特殊性、制度的推/拉效应与重要性。

生态创新与一般创新的不同首先表现在其"双重外部性"上。所谓双重外部性,是指生态创新不仅具有因创新溢出效应而导致的正的环境外部性,也具有环境"公共品"属性所带来的负的外部性。众所周知,环境是一个典型的公共品,具有外部性。生态创新是旨在能够带来环境与经济双赢的创新,可以在扩散过程中将负面环境效应内部化而带来正的溢出效应,然而环境外部性的存在却使得企业在创新研发阶段缺乏动力。

"双重外部性"的存在导致了生态创新的第二个特性,即技术推动与市场拉动效应的特殊性。技术推动对生态创新尤其是生产过程和产品的生态创新作用显著。例如,电子行业受半导体技术的推动呈现出著名的"摩尔定律";再如,内燃发动机在过去十几年里平均输出功率大约提高了50%,而油耗却降低了大约10%,排放减少则高达80%。然而,由于大多数技术创新相对于生态系统的复杂性而言,既定目标过于单一、界定范围过于狭窄,再加上普遍存在的"反弹效应"(即单位产品生态效率的提高抵不过产品用量的增加,导致总污染量绝对增加),技术创新在推动产业发展的同时也出现了诸多的环境问题。这使得技术对生态创新的推动无论在驱动力方面还是推动效果方面都有别于一般创新。例如,研发活动、供应链压力或企业网络等影响因素对生态创新都有别于一般创新。

同样,双重外部性对市场拉动效应也产生作用。有些研究表明,消费者需求和公众压力是生态创新的重要动机。普遍认为,市场力量对于生态创新的激励不充分,消费者愿意支付环境改善的意愿往往过低。相对于一般创新而言,生态创新的需求拉动效应的影响往往较企业生态创新机理研究低,需要环境政策的激发或支持,如规章或税收等来激发消费者的内在或外部(通过奖励计划)动机。但需求拉动的只是生态创新的运用和扩散,而不是生态创新活动本身。

双重外部性对技术推动与市场拉动效应的特殊性又进一步导致了生态创新的第三个特性,即环境管治的推/拉效应与重要性的增加。创新的"推拉模型"认为,在创新的研发阶段,技术的推动作用更为显著;而在创新扩散阶段,市场的拉动作用更为明显。环境问题公认的外部性,使得生态创新在研发阶段是否有明确的经济动机、在扩散阶段是否需要"小生境"市场拉动,都需要探究。因此,需要建立整合的分析模型来系统分析组织与政策等环境管治因素的作用。生态创新与一般创新的影响因素不尽然相同,如环境规制及其执行甚至对企业生态创新起决定性作用。

四、生态创新的分类

生态创新既然是从环境绩效角度加以界定和区分的创新,这意味着只要对现有创新分类施加环境绩效标准,就可以给出不同的类型划分。例如,按照创新对象,生态创新可以划分为工艺生态创新、产品生态创新、服务生态创新和组织管理生态创新等;按照创新强度,生态创新可以划分为渐进性生态创新和突破性生态创新。事实上,生态创新分类是目前研究的关注领域之一。从对象属性上生态创新包括技术创新、组织管理创新和市场创新三大类,其中技术创新可以进一步细分为末端治理创新、清洁生产创新、产品生态创新和系统生态创新四小类。

末端治理创新基本是附加式的,对于主体工艺影响不大,大多属于渐进式创新;清洁生产创新是针对生产过程作出的改变,大多属于集成式和渐进式的创新,也有少量是突破性创新;产品生态创新基本属于企业战略的重要组成部分,较之过程创新而言存在更多的突破创新;系统生态创新基本都属于突破性创新,涉及价值链或相关产业与基础设施体系的大范围调整。可以看出,上述基于技术属性划分的四种生态创新类型与环境保护发展历程的阶段划分正好吻合。

第二节 企业生态创新的研究视角

作为旨在改善环境绩效和可持续发展的创新行为,生态创新兼具物理属性、价值属性和社会属性。①生态创新的物理属性表现为:能源及资源的节约、有毒有害物质的替代、废物的削减与治理、资源循环及重复利用等,这些举措和行为都属于资源交换、物理加工或化学转化范畴。②生态创新的价值属性表现为价值的创造、转移、交换和再生。与一般创新不同，生态创新不仅强调了经济价值，还同时强调了环境价值和社会价值，要求经济、环境和社会价值三者的协调统一。③生态创新的社会属性表现为不同主体之间的作用关系。就生态本义而言，它是生物与生物之间、生物与环境相互之间的作用关系；就创新而言，创新存在于知识网络、商业网络和管制网络的多重交互作用之中。与一般创新不同，生态创新除了强调生态环境特性外，还更加强调主体之间的"生态"关联。

生态创新的三重属性决定了企业生态创新研究需要一种多重的理论视角。经济学视角是从稀缺资源利用和合理配置的角度来研究企业如何生态创新；管理学视角是从系统角度探究企业生态创新的计划、组织、指挥协调及控制等活过程及其规律；社会学视角是从生态创新的参与者、网络特征和关系能力来探讨生态创新的实现机制。

一、经济学视角

创新作为不同主体与要素交互作用的复杂事物，其现象、过程以及背后的作用机制需要从经济学角度加以解释和理解。经济学包含新古典经济学和演化经济学两大流派，其中新古典经济学中与生态创新密切相关的有创新经济学和环境经济学，前者可以让我们洞察生态创新的影响因素及其复杂机制，后者有助于环境政策的评估。

（一）创新经济学

创新概念起源于熊彼特，其在1912年出版的《经济发展概论》中提出：创新是指把一和新的生产要素和生产条件的"新结合"引入生产体系，包括五种情况：引入一种新产品，引入一种新的生产方法，开辟一个新的市场，获得原材料或半成品的一种新的供应来源。后来，弗里曼从经济学的角度进一步加以规范，认为技术创新在经济学上的意义只是包括新产品、新过程、新系统和新装备等形式在内的技术向商业化实现的首次转化，并在1982年出版的《工业创新经济学》修订本中明确指出，技术创新就是指新产品、新过程、新系统和新服务的首次商业性转化。

创新外部性是创新经济学的一个重要概念，也是生态创新双重外部性的两个支点之一。所谓创新外部性，既可以指正的外部性，即创新活动除了给创新者本身带来回报之外，也给其他模仿跟进者带来好处，甚至会对整个行业的技术水平、管理模式都产生影响；也可以指负的外部性，即创新者在创新阶段需要付出大量的成本而因创新的风险性未必得到回报。实际上，专利就是避免外部性对创新动机造成阻碍的一种制度设计，以避免"搭便车"行为。

与环境经济学试图将环境成本内部化不同，创新经济学更多考虑创新的正向外溢效应。生态创新的一个重要特点是它无论在创新过程还是传播过程都可以产生正的外部性。传播过程的正向外部性源于它与竞争产品比较具有更小的环境外部成本。这就是所谓的生态创新的双重外部性。

（二）环境经济学

环境经济学是基于新古典经济学发展起来的，其主要思想是将环境成本内部化，研究如何充分利用经济杠杆来解决环境污染问题，内容包括如何估算环境污染造成的损失，如何评估环境治理的投入所产生的效益，如何制定污染者付费的制度，如何制定排污指标交易等。

生态创新除了要面对环境问题普遍具有的外部不经济性外，其实它还会带来两种类型的积极外部性，即在研发和创新阶段知识的外部性，在采用和扩散阶段由于对环境的积极影响而导致的外部性。环境经济学研究表明，环境税和交易许可等基于市场的环境政策工具具有动态效率，能够对生态创新产生持续的作用，从而能够以较低的经济成本消减废物。比较之下，技术标准就缺乏持续激励的效果，无论这种标准是在强制背景下还是自愿协商背景下产生的。当然，也有例外，例如基于自愿的多次协商是可以带来持续激励效果的，环境税的创新效率也有可能在政治过程中付水东流。一般情况下，税制体系下的环境总成本要高于命令强制背景或自愿协议背景，其原因在于税制背景下消减的废物往往更多。

总之，环境经济领域中政策动态效率仍然存在诸多争议。没有哪种政策工具是普遍更优的，其优越性要取决于具体的环境。为此，也有人批评环境政策的工具性，也就是说政策成功与否过于依赖于政策工具的选取。政策工具被过度探讨了，而更为本质的东西却得不到关注，例如长期的环境目标、工具组合、政策施行模式以及主体能动性等。因此，对生态创新而言，环境经济学的应用有可能导致简单化的倾向，只关注机械式的刺激—响应模式，而忽略了其背后复杂的作用机制。

上述创新经济学和环境经济学都是基于新古典经济学发展出来的，其背后的逻辑都是经典的刺激—响应模式，即不同类型的动机会导致不同的边际成本或效益变化。新古典经济学对于分析符合边际效应的渐进变化具有优势，也就是说它对于渐进生态创新具有较强的解释力，因为渐进创新的特点是已有技术系统的连续改进。然而，并非所有的创新都是渐进创新，生态创新也是如此。有一些生态创新属于激进创新，如电动汽车对于燃油驱动汽车的替代。而激进创新则是非连续的，新古典经济学难以分析激进创新中技术系统的激进变革。为此，就需要演化方法来分析激进创新中的一些特性，例如不可预知的系统交互作用、不可逆性、路径依赖性、技术轨迹的锁定以及分叉等。

(三) 演化经济学

演化经济学是对经济系统中新奇事物和现象的创生、传播和由此所导致的结构转变进行研究的经济科学（贾根良，2005）。一般认为，它强调：①用动态的、演化的方法看待经济发展过程，看待经济变迁和技术变迁；②强调惯例、新奇创新和对创新的模仿在经济演化中的作用，其中，创新是核心；③以达尔文主义为理论基础，以达尔文进化论的三种机制（遗传、变异和选择）为演化经济学的基本分析框架；④强调时间、历史等在经济演化中的地位，认为经济演化是一个不可逆转的过程；⑤强调经济变迁的路径依赖，制度的演化遵循路径依赖的规律，今天的制度是昨天的制度甚至一个世纪前的制度的沿革；⑥强调经济变迁过程中偶然性和不确定性因素的影响，等等（福斯特和梅特卡夫，2005）。由此可见，与新古典经济学不同，演化经济学更关注系统的转型和学习过程，侧重于有限理性和经验规则而不是优化，强调时间与历史在经济演化中的重要地位，强调制度变迁。

演化经济学对于生态创新的研究得到了越来越多的重视。其中原因有三：①对创新的研究本身就是演化经济学得以诞生的基础。熊彼特对创新过程的研究使演化经济学真正成为一个独立的理论分支，可以说，没有创新研究，就没有演化经济学；②演化经济学的发展得益于生物或生态学上的隐喻，如达尔文进化论和生态演替等。生态创新无论其对象、过程还是作用结果都与"生态"有千丝万缕的关系，因此演化经济学与生态创新无论在本体、客体还是方法上都有很多可以贯通之处；③从全球或区域经济角度，生态创新所面对的是可持续发展这一重大问题，其复杂性和可持续发展要求使我们不得不采用演化经济学这种系统的或有机的方法，而无法恪守方法论个人主义。

其实，新古典经济学和演化经济学对于生态创新研究而言都有优点，也都有其局限性。演化经济学可以将生态创新研究置于更广阔的系统视野，可以针对具体案例和过程进行详细解析，拒绝对创新机理做出缺乏根据的泛化，因此它对于激进生态创新而言是一种好的选择。它可以探究激进创新中存在的长期的系统交互作用，识别其不可逆性、路径依赖性、技术轨迹锁定以及分叉等现象并给出解释。而对更为普遍的渐进生态创新而言，新古典经济学的解释就已经足够。一方面，渐进创新具有边际效应特征；另一方面，新古典经济学并不仅仅只是创新经济学和环境经济学，事实上它是一组以边际分析为核心的解释体系，因此它对于现实世界中纷繁复杂的经济现象具有较强的解释力。更为重要的是，很多环境政策工具是基于新古典经济学而设计的，因此新古典经济学对于生态创新研究而言不可或缺。Rennings（2000）认为生态经济学的方法学多元主义有利于生态创新的研究，毕竟创新研究领域与环境研究领域的交叉并不多，新古典经济学与演化经济学的融合也很欠缺。

二、管理学视角

企业生态创新的管理学研究包含个体和系统两个层面。其中，个体层面最为重要的理论是企业资源基础理论，系统层面重要的理论包括创新系统理论和创新能力理论等。

（一）企业资源基础理论

企业理论研究企业的本质、边界和企业内部的激励制度，典型的企业理论包括交易费用经济学、企业产权理论、企业激励理论以及其他企业理论等。

与企业生态创新密切相关的理论主要有企业资源基础理论。Penrose于1959年在《企业成长论》中开始提出企业资源观理论，认为"企业所拥有和控制的资源是企业核心竞争力之源"。其后，Wernerfelt于1984年发展了该理论，认为：企业具有不同的有形和无形资源，这些资源可转变成独特的能力；有些资源在企业间是不可流动的且难以复制；这些独特的资源与能力是企业持久竞争优势的源泉。因此，企业可以通过独特或明智地运用资源来创建并保持企业的竞争优势。

一般地，企业资源包括三类：第一类是物质资源包括技术、工厂和设备、地理资本和原料；第二类是人力资源，包括企业所有员工的整体经验、培训、判断和人际网络等；第三类是组织资源，包括企业的指挥控制系统、计划体系、内部组织之间及企业外部的关系。资源是形成能力的源泉，而能力又是形成竞争优势的主要源泉。Grant（1991）将企业能力定义为单个能力的整合所形成的资源集合，并指出资源是进入生产过程的投入品，而能力是一系列资源完成任务和行动的实施力。

Hart（1995）指出生态系统是企业未来的约束，绿色化是战略机遇，有能力进行环境友好活动的企业才会持有竞争优势。环境战略对企业积累竞争力有积极的效果。社会需求是企业环境的一部分，企业积极进行生态创新以符合社会需求也是有独特价值的资源。实证表明环境绩效和企业的盈利能力之间存在着正向联系，且这种影响在大公司比中小型企业更强。从环境的视角看，Butler（2004）认为企业竞争优势是源于其开展环境友好的可持续经济活动的能力。

企业理论可以解释生态创新企业是如何利用他们的特殊能力来发展及商业化生态创新，也有助于阐明生态创新企业所具备的特殊属性。然而，企业生态创新是受很多因素影响且可能相互间存在协同作用，系统环境有可能对企业生态创新决策及模式带来决定性的影响。例如，研究表明生态创新企业相对于"一般"创新企业，有着更广泛的网络联系，尤其是常常与环境组织和政府建立更强的联系。因此，企业生态创新需要在系统层面上加以解析。

（二）创新系统理论

Kemp&Pearson（2007）总结了创新理论的六个分支：

（1）奥斯陆手册的创新体系框架，主要包括外部环境、科学与工程基础、转移因素、创新范式等四块。

（2）国家创新系统，重点在企业层面及与整个系统的互动。该方法主要是针对技术*创新，简要地考虑到了组织和营销创新。核心是创新实体间的相互作用，包括交易、竞争和网络。

（3）国家创新能力，如全球竞争力报告，重点是创新的技术性质，注册专利是最重要的指标。

（4）技术创新体系，核心是描述创新过程中各单元的相互作用，包括行动者、网络和机构。还建议对创新系统的分析，主要应考虑"创新系统的功能"，和构建评估指标。

（5）环境和可持续发展的创新体系，关注环境角度，着重于国家层面的生态创新测量、政策影响及制定。

（6）生态创新的社会和文化决定因素，尤其是在特定行业的创新影响力。

这些创新系统理论的分支有很多相似之处：都试图建立一个综合或系统的创新概念，以全面理解创新。他们有三个一致的核心概念：企业、条件和联系。从创新系统理论看，创新被认为是各创新主体、创新要素交互作用下的一种复杂涌现现象，是创新生态下技术进步与应用创新的双螺旋结构共同演进的产物。生态创新系统的演化表明，我们需要重新考虑如何来理解环境、创新和经济发展，以及绿色产业和市场等问题。相对于一般创新，生态组织和营销创新等非技术创新类型更为重要。

对企业生态创新而言，创新系统框架理论对于影响因素的辨析以及相互作用机制有很好的解释和借鉴作用。创新系统框架理论在奥斯陆创新手册中有清晰的描述，并构成了 Community Innovation Survey 的理论基础。它包括 4 个不同的维度：框架条件、科学与工程基础、传播要素和创新动力系统。

创新系统理论的主要研究重点是系统环境如何对企业的创新决策以及创新模式带来决定性影响。创新系统的精华，重点在于科学、技术、组织和机构等的协同演化。创新系统的发展和转变是企业和产业间的相互作用和协同演化过程，影响因素还包括公共知识基础设施、政策和更广泛的机构和需求结构。不同的创新系统具有不同的结构特征、特定的创新模式，并随着时间的推移而发展。

基于演化经济学的创新系统理论对于生态创新的研究和发展极为重要。生态创新不仅仅是追求立竿见影的环境目标，更强调长期政策来促进国家创新系统中的生态创新，代表了从传统的环境分析及政策制定的监管模式转变为基于市场的演化以实现气

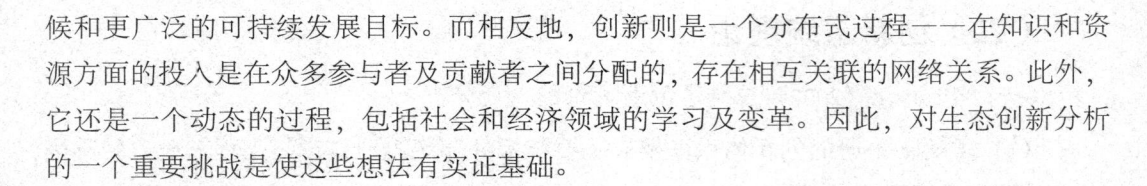

候和更广泛的可持续发展目标。而相反地，创新则是一个分布式过程——在知识和资源方面的投入是在众多参与者及贡献者之间分配的，存在相互关联的网络关系。此外，它还是一个动态的过程，包括社会和经济领域的学习及变革。因此，对生态创新分析的一个重要挑战是使这些想法有实证基础。

（三）社会学视角

1. 利益相关者理论

利益相关者理论（StakeholderTheory）作为一种管理理论起源于20世纪60年代西方国家。1963年，斯坦福研究所（StanfordResearchInstitute）将利益相关者界定为"对企业来说存在这样的个人或群体，如果没有他们的支持，企业就无法生存"。其后，美国学者安索夫最早将该词引入管理学界和经济学界，认为"要制定出一个理想的企业目标，必须综合平衡考虑企业的诸多利益相关者之间的相互冲突的索取权，他们可能包括管理人员、工人、股东、供应商以及分销商"。

1984年，弗里曼出版了《战略管理：利益相关者管理的分析方法》一书，明确提出了利益相关者管理理论。利益相关者管理理论是指企业的经营管理者为综合平衡各个利益相关者的利益要求而进行的管理活动。与传统的股东至上主义相比较，该理论认为任何一个公司的发展都离不开各利益相关者的投入或参与，企业追求的是利益相关者的整体利益，而不仅仅是某些主体的利益。这些利益相关者包括企业的股东、债权人、雇员、消费者、供应商等交易伙伴，也包括政府部门、本地居民、本地社区、媒体、环保主义等的压力集团，甚至包括自然环境、人类后代等受到企业经营活动直接或间接影响的客体。这些利益相关者企业生态创新国机理研究与企业的生存和发展密切相关，他们有的分担了企业的经营风险，有的为企业的经营活动付出了代价，有的对企业进行监督和制约，企业的经营决策必须要考虑他们的利益或接受他们的约束。

这个意义讲，企业是一种智力和管理专业化投资的制度安排，企业的生存和发展依赖于企业对各利益相关者利益要求的回应的质量，而不仅仅取决于股东。这一企业管理思想从理论上阐述了企业绩效评价和管理的中心思想，为其后的绩效评价理论奠定了基础。

2. 社会网络理论

社会网络是由多个社会行动者及它们间的关系组成的集合。从人际关系网络的角度对社会现象和事物进行探究，就出现了社会网络理论。常见的社会网络理论包括：社会资本理论、弱关系和"嵌入性"理论、结构洞理论等。

在企业生态创新研究中，网络视角逐渐得到了重视。例如，MEI认为，创新系统等理论都强调了知识对于创新的重要性，并且认为知识是广泛分布于社会之中，因此需要不同主体之间的沟通与合作。同样，这些理论都认为创新是嵌入知识和企业网络之中的，关注各种知识拥有者对企业生态创新的相互作用。创新系统理论尤其强调价值链不同企业间学习对于创新的重要性。

Tayloretal.（2005）等人研究了政府在生态创新中的作用。Hansenetal.（2002）基于创新系统理论，认为生态创新的重要的主体包括生产企业、供应商、银行、分包商和零售商（所形成的商业网络），各级政府（监管网络）和所有知识持有者（知识网络），系统理论的主要研究重点是系统环境如何对企业的创新决策以及创新模式带来决定性影响。

第三节 企业生态创新的影响因素、动力及障碍

一、影响因素

企业生态创新是一个复杂的动态过程。在这个过程中，有很多因素影响着企业是否进行生态创新、进行何种类型的生态创新以及生态创新的强度和程度。欧盟 MEI 项目系统总结了企业生态创新的影响因素，包括：金融资源、人力资源、研发支出、环境政策框架、环境管理要素、预期市场需求、盈利状况、市场竞争状况、创新合作状况、利益相关者等。

这些因素大致可归为3大类，即生态创新本身技术特征、创新者特性和创新环境条件。其中，创新环境条件可以进一步区分为市场因素、环境政策等外部因素。由此，借鉴波特竞争力"钻石模型"，企业生态创新的影响因素可以采用企业生态创新影响因素分析"钻石模型"。

（一）技术推动因素

技术本身存在周期，有前沿技术和成熟技术之分。技术还具有局部或系统特征，例如大多数末端治理技术独立于主体工艺之外，具有更多的局部特征；而清洁生产技术则主要施加于主体工艺之上，因此具有更多的系统特征。

技术特征包括5个方面，即技术的相对优势、复杂度、兼容性、可试错性和显示度。这些技术特征对创新的决策、过程和绩效等方面都有着不同程度的影响。

（二）创新者特性

企业生态创新的创新者是企业。企业成长阶段、企业规模、企业在网络中的位置

以及获取资源的能力等因素都会影响企业生态创新的决策与绩效。概括而言，影响生态创新的企业特性主要包括企业战略、企业资源和企业能力三大类。

企业战略是企业设立远景目标并为实现目标所进行的总体性指导和谋划，包括使命、核心价值观和远景规划等内容，具有指导性、全局性、长远性、竞争性、系统性和风险性等特征。企业资源包括外部资源和内部资源，内部资源包括人力资源、财物力资源、信息资源、技术资源、管理资源、可控市场资源和内部环境资源等；外部资源包括行业资源、产业资源、市场资源和外部环境资源等。企业能力是指企业在生产运营过程中组织和运用资源的能力，主要包括技术能力、功能性能力（产品开发能力、生产能力、营销能力）和管理能力三种。

企业战略需要以核心竞争力为依托或者是在强化自身的核心竞争力。企业战略的制定需要与企业资源和企业能力相匹配，由此形成基于资源的战略管理模式和基于能力的战略管理模式。

基于资源的观点认为，公司内部环境同外部环境相比具有更重要的意义，对企业创造市场优势具有决定性的作用。核心能力的形成需要企业不断地积累战略制定所需的各种资源，需要企业不断学习、超越和创新。企业内部所拥有的资源是决定一个企业能否取得竞争优势的关键，而企业外部所拥有的资源则决定了一个企业在市场中的竞争地位。

基于能力的观点认为组织是一个知识系统。在组织中，通过学习创造新的知识，并把创造的新知识传递到组织层面制度化，能够更好地提升企业动态能力。公司能力是公司所积累的存在于公司成员或职能机构中完成某项工作的可能性，是一种主观的行为能力。公司之间的竞争本质在于公司能力的竞争，因而考察公司的竞争战略与竞争优势不能仅从公司外部的产业环境入手，而应该关注公司的内部，公司竞争优势来源于公司的能力（特别是公司的核心能力）。企业组织能力是影响生态创新的重要因素。

Hansen et al. (2002)分析了中小企业生态创新的优势和劣势，指出中小企业与大企业有所不同。中小企业的系统能力决定了所采取的生态创新类型及其效果。对它们而言，生态创新的采用是一项战略性的行动，不仅需要战略上的改变和学习过程的改变，同时也可能涉及供应链关系的改变。与大企业比较，中小企业在能力培养和网络关系建设上具有明显的劣势。

（三）外部环境条件

创新研究表明，创新往往是在宽泛的背景下开展的。不同的背景决定了不同的创新过程、成果产出和不同的经济与环境绩效。构成背景的因素有很多，包括价值、信仰、知识和创新者网络、可得技术、经济增长、产品市场、要素市场、教育培训系统、硬件基础设施、宏观经济和制度环境等。生态创新也不例外。

与一般创新比较，生态创新的发展及扩散更容易受到社会经济因素尤其环境管制的影响。客户需求和公众压力是生态创新的必要动力。企业有来自内、外两方面的压力。外部压力主要来自于政府、公众和供应链伙伴。内部压力来自于董事、高层领导和员工。一般情况下，企业所感知的压力越大，越有动力来进行制定环境计划之类的生态创新。

不同的生态创新类型有着不同的影响因素。例如，温室气体减排的压力多来自规制和邻国；生态工艺创新的压力多来自竞争对手和客户，生态产品创新的压力多来自消费者和压力集团。采用渐进的还是突破性的生态创新，其决定因素和作用机制不同。目前，开展的理论和实证研究已经注意到了这个问题，然而由于数据缺乏、方法有待规范和理论基础薄弱等导致结论过于笼统，缺乏针对性。另外，不同的生态创新系统对绩效的影响研究也较匮乏。

二、动力与障碍

（一）生态创新的动力

动力源于主体的动机和一系列相关的激励或约束。动机的产生则与"需要"有关。而需要又与主体的"使命"有关。MEI（2007）促进生态创新的动力可能来自于：法律法规、降低成本、商业利润、公众及社会团体压力、绿色理念、改善公司形象等初始动机，以及诸如改善技术效率或增加市场份额等二级动机。

彭福扬等（2006）认为生态创新的核心动力是企业内部追求经济利益的驱动力。激励机制包括政府的宏观激励和企业内部激励。约束机制有三个：资源环境约束，经济约束（市场需求约束和生产力约束所带来的创新适应性约束，效益成本约束），技术约束（技术知识约束、文化约束）。丁堕（2003）研究了绿色创新联盟的内外部动力，认为外部的最直接动力是来自市场，而政府政策也起重要作用；内部动力因素主要有三个：企业的技术意识，企业对间接利益最大化的追求，企业内部技术资源的欠缺，并提出了形成联盟的动力机制模型。

（二）生态创新的障碍

ZEW（2007）根据CIS数据的统计得出生态创新的主要障碍是：创新成本过高；缺乏资金；经济风险过度；缺乏合格的人员；没有法规或标准的灵活性；客户对新的商品或服务的反应不够积极；缺乏市场信息；企业内部组织僵化，缺乏技术资料。

Hitchens（2003）认为生态创新的障碍包括：经济因素，即市场价格无法反映产品或服务的外在环境技术的投资成本，或抛弃传统技术采用新的环境技术的复杂性和高额投资；法律法规及产业标准不明确对生态创新实施及推广带来的负面影响；环境创新的研究基础不完善，生态创新信息不畅通；市场需求不足等。

ETAP（TheEuropeanCommlssion'sEnvironmentalTechnologiesActionPlan）界定了以下一些环境创新的壁垒：经济障碍，不明确或过于详细的规章和标准，研发不足以及研究体系与信息、培训缺乏的不相匹配；风险资本不足，缺乏来自公共部门或消费市场需求等（EC，2005）。

Ashford（1993）界定了以下类型的障碍及区别：技术、资金、劳动力、规章、消费者、供应商及管理障碍，且认为障碍是相互关联的。

企业生态创新的动力与障碍既有来自于外部的因素，也有来自于内部的因素。同时，同一因素对于不同企业甚至是同一企业的不同创新决策而言，有时是动力因素，有时是障碍因素。因此，判断企业生态创新的动力与障碍需要具体问题具体分析。

第四节 促进企业生态创新的对策建议

通过前面的实证分析，本书得出了多个研究结论，也为制定相关政策、促进企业生态创新提供了借鉴。鉴于此，本节围绕得出的研究结论，从政府和企业两个层面提出了促进生态创新的对策建议。

一、政府层面

（一）加强国家政策引导和财政扶持，适当的"恩威并重"

本书发现国家政策是驱动企业生态创新的重要组成部分，其中环境规制压力和财政扶持政策都会推动企业生态创新的实施。一方面环境规制对企业的节能减排、环境污染治理、产品环境认证等提出了更高的要求，使企业不得不以更高效低耗的方式来生产经营；另一方面国家的财政补贴等扶持政策也帮助了企业更好地践行生态创新，包括对企业的节能指标进行补贴，拨予专项的环保资金，鼓励科研院所等与企业进行智力共享等都有利于企业推进生态创新。因此，国家可以从环境管制和财政扶持两个方面共同推动企业的生态创新。例如，一旦发现企业有环境违规，应及时清查其技术所带来的各项利益，撤销企业的荣誉、税收优惠等，给予企业严厉的处罚。

（二）推进行业转型升级，优化市场竞争格局

在"三去一降一补"的供给侧结构性改革背景下，传统的制造行业也在不断地寻

求转型升级道路,如新能源的广泛开发与利用等都推动了行业的生态化变革。其中,六大重点能耗行业面临的改革形势尤为严峻,行业的转型升级给企业提出了更多的环保要求,因此需要深化行业的资源友好型、环境节约型变革,鼓励企业顺应行业发展趋势,走生态创新的发展道路。同时,还要优化行业内竞争格局,推进清洁利用技术、安全生产技术、绿色高端设备等的良性竞争。

(三)强化企业绿色发展理念,推动企业绿色品牌建设和创新优势建立

本书发现树立了绿色发展理念的企业数量相对较少,而了解国家生态规划建设的企业则比较多,这表明企业虽然意识到了生态创新的重要性,但并未达成积极的生态创新意愿。因此,可以通过政策引导、教育培训咨询、广泛宣传等途径深化企业对生态创新的认识,帮助企业树立起绿色发展理念。此外,还需要引导企业积极地参与绿色品牌建设,加大对行业示范企业的扶持和补助力度,同时也应鼓励企业加大研发投入,推进科研院所等与企业间的协作,帮助企业建立起自身的创新优势。

(四)完善激励机制,降低揭发企业环境违规问题的代价

除完善环境问题的监督机制,建立独立于企业圈之外的监察机构,让没有利益纠葛的第三方进行客观、公正的监察以外,还需要完善激励机制,降低揭发企业环境违规问题的代价。第一,加大对企业环境违规问题举报人的物质奖励。从经济学的视角来看,举报企业环境违规行为,需要一定的人力、财力投入,因此在科学评估举报人的投入成本的基础上,给予举报人高于其成本的物质奖励。第二,营造良好的社会氛围,加大对举报人的精神激励力度。好的舆论环境是约束企业环境违规的"软实力",要利用各种媒体,宣传揭发企业环境违规的政策,在全社会树立"揭发为荣"的理念,形成"鼓励揭发"的良好风尚。第三,降低举报人的其他机会成本。部分举报人往往会遭受打击报复,由此会带来相应的物质与身体的损失。因此,政府可以制定相应的法律法规,以避免举报人所面临的其他机会成本。

二、企业层面

与传统的技术创新相比,生态创新有两个显著优势:其一,它能够减少传统技术创新的环境影响,降低企业的能源消耗、污染排放;注重产品的健康、安全等问题。其二,生态创新可以使企业从创新中获得更多的经济收益和环境收益。技术创新与生态创新的相同点在于创新的复杂性、模糊性可以加大相关竞争者的学习成本和开发成本,有效隔离竞争者,确保企业从中获取效益,而不同点在于生态创新还能够促使企业寻求新的方式提高废物利用率,此外它还能够满足消费者的环保需求,是企业履行社会责

任的体现，这些都可以促进企业经济效益的提高。

因此，企业应重视生态创新战略，积极实现从技术创新到生态创新的有效转变。第一，企业应将环境技术研发纳入企业营运过程中，加大对环境研究与开发(R&D)资金的投入力度，重视生态创新人才的作用，制定相应的制度保障，加强对资源节约、污染防治、循环利用等方面的技术攻关，在此基础上提高环境技术的转化率。第二，企业应注重对环境技术的保护，有效地隔离竞争者，实现生态创新收益的独享。第三，企业在实施生态创新的同时，应积极争取相关优惠措施（如税收优惠、金融扶持、政府采购等）的支持。

（一）以创新价值观培育创新文化

企业是创新的主体。企业文化、企业创新、企业创新文化三者既相互区别，又密切联系。企业文化包含企业创新文化，企业文化有先进的企业文化与落后的企业文化之分，而企业创新文化强调的是一种先进的、积极的文化形态，对企业创新起到重要、直接的推动作用。同时，企业创新又会促进企业文化或企业创新文化的变革和发展。应该说，企业创新文化不是管理方法，而是形成创新管理方法的理念；不是行为方式，而是导致创新行为方式的动因；不是人际关系，而是人际关系所反映出的团队协作；不是工作、服务，而是对待工作、服务的态度。它既植根于企业的一切活动之中，又流溢于企业的一切活动之上，是企业核心竞争力的原动力。总之，企业创新文化是在一定的社会历史条件下，企业在创新和创新管理活动中所创造和形成的具有本企业特色的精神财富等。

建设创新文化需要从精神层面、制度层面和物质层面等多方面开展工作，其中最为重要的就是形成企业创新价值理念体系，建立健全吸引创新人才、激励创新人才的管理体制和运行机制。企业创新价值观和创新精神是企业创新价值理念体系的重要组成部分，企业创新价值观是企业全体员工在共同观念、共同利益基础上形成的与时俱进、追求卓越的价值观，在企业文化体系中居于核心地位，对于增强企业的凝聚力和竞争力至关重要，是企业生存和发展的指南。企业价值观因企业所处的社会经济形态不同而具有特色鲜明的时代特征。创新价值观为全体员工提供一种共同的创新意识，也给他们参与创新、调整在创新中的行为方式提供了指导。员工能否认同、信奉并履行企业的创新价值观是企业创新成功的关键。企业创新价值观一旦形成，员工就会将这种观念融入自己的价值体系中，并体现在自己的行动中。海尔集团创始人张瑞敏说过："海尔过去的成功是观念和思维方式的成功。企业发展的灵魂是企业文化，而企业文化最核心的内容应该是价值观。"塑造企业创新文化的价值观主要是培养面向市场的价值取向，培养不屈不挠的实干精神，培养集体主义精神，培养追求开拓、变革、高效和卓越的精神。因此，建设企业创新文化的关键是打造创新价值理念体系和铸就企业创新精神，以培育企业创新文化的优良基因。

（二）以创新精神开辟创新之路

企业创新精神的培养既是一家企业作为系统整体需要建构的精神支柱，也是一家企业不断强化自己的使命和社会责任的过程。习近平总书记要求"要在全社会积极营造鼓励大胆创新、勇于创新、包容创新的良好氛围"。企业创新文化建设就是要在企业内部形成创新思维和创新意识，构建一种共同的创新责任和创新自觉。

一方面企业要通过系统各个要素的相互协同来促进创新战略和目标的实现，另一方面企业要通过社会责任的提升来协调企业发展与社会发展的利益关系，促进创新的社会责任落实。创新精神是一种探索精神、务实精神、团队精神；是一种敢于面对失败的精神；是一种敢于自我否定、不满足于现状的精神；是一种在企业自我加压下所迸发的进取意识和超越精神。培育创新精神就是要勇于探索和把握经济发展规律、企业管理规律、人才成长规律和组织建设规律，允许失误，宽容失败；就是要以自己正在做的事业为中心，以推动企业发展为目标，紧密结合实际，力求解决现实问题；就是要在企业内部大力倡导创新理念，集成人才资源，汇聚创造智慧，形成创新成果；就是要有"闯"的魄力、"抢"的意识、"争"的劲头、"拼"的勇气。

因此，创新精神是企业创新文化的高度浓缩，是创新文化的"魂魄"；创新精神的内涵丰富而深刻，意义重大而影响深远，具有强大的凝聚力、感召力和约束力，是员工对企业的信任感、自豪感和荣誉感的集中体现，是企业在创新活动中占统治地位的思想观念、立场观点和精神支柱。企业要大力培育创新意识、弘扬创新精神，为推进思维意识、管理体制、运行机制、科技研发和经营管理的创新，加强创新人才培养，促进自主创新和融合创新、提供强大的精神力量。

（三）以创新实践推进创新文化落地

企业创新文化建设必须与顶层设计和员工参与紧密结合。企业创新文化的顶层设计就是在传统的单一科技创新的基础上，进行多要素联动、多领域协同，对内形成可循环、可持续的生态体系，对外形成强大的资源集聚效应的"综合创新生态体系"，要通过创新文化的顶层设计，激活创新要素。坚持顶层设计，就必须多要素联动。要在"顶层"进一步解放思想与观念更新，破除制约创新文化建设的"思想障碍"与"制度藩篱"；企业的领导者作为"顶层"的设计者、倡导者、示范者、整合者、变革者，要发挥好"第一责任人"的作用；有顶层设计的管理制度和流程、专业的设计团队，要汲取基层员工的意见和建议。坚持顶层设计，要多领域协同。顶层设计必须持之以恒不断优化。因为创新是一个循序渐进、螺旋上升的前进过程。企业创新文化是开放的、融合的、发展的，必须与时俱进，不断协同完善，持续创新发展。创新文化的建设与形成，同样是一个长期积累的过程、是一个基于发展战略不断扬弃的过程，必须从顶层对既有的文化内容进行认真分析、研究，巩固、升华和深化有益于企业长远发展的部分，改造和摒弃已不适应企业生存发展的部分；要根据新时代、新形势、新任务的要求，以及企业跨越发展、管理创新、市场开拓、机制改革等方面的需要，不断充实企业创新文化的内容、丰富其内涵、完善其体系。在创建企业创新文化的不同阶段，会有不同的建设重点，可以通过企业创新文化纲领的顶层建设、修订和实施，不断进行循环完善，不断培养和提升企业的创新能力。

员工参与是企业创新文化落地的重要环节。从企业创新文化的参与主体来看，必须充分发挥群众性的创新能力，让全体员工参与到创新实践中来，解决创新文化建设"不均匀""上热下凉"或"上凉下热"的问题。企业不能将创新文化当作摆设，要在机制、制度和管理目标中凸显创新文化建设的地位，使得企业上下同欲、言行一致，全体员工都能主动参与，共同为创新事业的发展而努力。要纠正"创新文化建设只是企业领导和有关部门的事情"的错误认识，明确企业创新文化的建设主体是全体员工。企业只有依靠全员的共同努力，充分调动和激发员工的活力，形成想创新、能创新、可创新的良好环境氛围，才能使创新成果有保障、创新人才有地位，才能激发员工的创新积极性。由此，企业管理者要做的就是创造条件、营造环境，要留住人才、吸引人才，还要人尽其才。

企业创新文化建设必须与创新体制、机制建设紧密结合。一个实体企业犹如一部手推两轮车，它平稳快速向前运行所依赖的一个轮子是科技创新，另一个轮子是管理创新。科技创新的对象是物，管理创新的对象是人。科学规律是管物的总规则，而制度与机制是管人的总规则。企业创新文化建设是介于管物与管人两者之间的一种"融合剂"。在本质上，它既不管人，也不管物，但实际上它会对人的思想观念、行为方式产生影响，从而间接影响物的状态变化。创新文化建设成效评价的重点，不在于考核具体完成了哪几个文化创新指标，而在于考察群体创新文化氛围对于人的思维方式与行为方式的影响程度与导向如何。事实上，在改进和完善创新活动的管理体制与机制的过程中，如果充分考虑制度对于组织和参与创新活动人员的思维方式与行为方式的影响这个因素，就必然能达到预期的企业文化建设效果。

企业创新文化建设必须与创新实践活动紧密结合。创新文化建设的载体是创新活动，主体是创新实践活动的组织者和参与者。因此，企业创新文化建设必须与创新实践活动紧密结合，必须是创新实践活动的组织者和参与者的自觉行动。只有这样，才能避免"用文件落实文件，用会议贯彻会议，用形式代表形式"的局面出现。在以专业分工为主导的现有组织管理体制下，创新实践活动与创新文化建设容易形成"两张皮"现象。如何使这"两张皮"有机地衔接起来，确实是一个难题。要破解这个难题，需要创新管理思维、打破管理常规，在整个创新活动过程中，引入创新文化建设因素，使之成为创新活动的一个有机组成部分，避免出现分头部署、分头检查、分头考核的局面。比如：将群众性的合理化建议、小改小革、技术革新活动，与专家们的技术难题攻关、新技术发明以及科学发现等成果有机地结合起来，并在新产品开发中得到有效运用，使之成为综合评价创新型企业建设工作成果的要素之一，形成人人想创新、事事求改进的工作氛围。

（四）以创新文化管理助推企业创新发展

坚持创新发展是总结我国改革开放成功实践得出的结论，是应对发展环境变化、增强发展动力、把握发展主动权，更好引领新常态的根本之策。习近平总书记指出，抓住了创新，就抓住了牵动经济社会发展全局的"牛鼻子"。

当今世界科技迅猛发展，国家竞争力越来越体现在以自主创新为核心的科技实力上，经济竞争力、文化影响力最终取决于自主创新能力。它是综合国力竞争的决定性因素、是支撑一个国家崛起和发展的筋骨、是一国持久核心竞争力的根基。自主创新包括原始创新、集成创新和引进消化吸收再创新。其本质就是牢牢把握创新核心环节的主动权，掌握核心技术的所有权。自主创新的成果，一般体现为新的科学发现以及拥有自主知识产权的技术、产品、品牌等。企业创新文化为自主创新提供思维动力，提供持之以恒的精神支撑，促进技术和产品的推陈出新。创新文化指引创新行为，这就要求企业要关注创新体制机制的具体形态是否健全、关注创新管理模式和管理流程是否合理、关注行为规范和操作工艺是否适配、关注人员素养和实际能力是否到位。要用文化激活思想、用思维改变机制、用谋变思路和创新冲动锤炼创新自信和创新意志，保证创新的有效和持续推进。

企业创新文化作为当代一种企业管理理论，是把企业价值观渗透到企业创新管理的各个方面、各个层次的过程，用创新文化的手段、创新文化的功能、创新文化的力量，去促进企业整体素质、管理水平和经济效益的提高，建立起与企业发展目标相适应的企业创新文化管理体系。其主要内容包括：建立企业创新理念识别系统；建立企业创新行为识别系统，不断强化企业的创新行为规范；以企业创新文化理念与价值观为导向，梳理完善企业管理制度；建立企业创新环境识别系统，营造良好的企业创新环境。同时，企业创新文化管理主要是建立健全企业创新文化的三种机制。一是激励机制。企业创新文化管理的首要任务是调动人的积极性，其激励方式有目标激励、参与激励、股权激励、领导者言行激励等。二是纪律约束机制。要有明确的规范，在落实上不走样，将企业理念贯穿到制度、纪律与行为规范中。三是融合机制。企业创新文化是推动企业实现新融合的加速器，在新的商业模式不断涌现，网络信息技术、大型科研设施开放共享，智能制造技术等平台广泛应用，创新生活实验室、制造实验室、众筹、众包、众智、共享等多样化新型创新平台和模式层出不穷的形势下，企业创新文化要在科研和创新活动中，为塑造个性化、开放化、网络化、集群化提供智力保障，为创新创业加速发力，为新型的商业模式刷新理念，营建创新模式，使新融合呈现出前所未有的创新活力，助推企业创新发展。

参考文献

[1] 吴山保著. 新时代国有企业管理体系和管理效能提升 [M]. 武汉：华中科学技术大学出版社，2023.02.

[2] 李家全著. 企业 6S 精益管理实战 [M]. 北京：中国铁道出版社，2023.05.

[3] 王剑华著. 企业管理创新与内部控制 [M]. 长春：吉林科学技术出版社，2022.01.

[4] 敖翔著. 企业管理的创新模 [M] 式. 吉林出版集团股份有限公司，2021.06.

[5] 杨帆作. 现代企业管理与创新模式研究 [M]. 北京：北京工业大学出版社，2021.09.

[6] 中华人民共和国教育部发展规划司. 中国教育统计年鉴 2020[M]. 北京：中国统计出版社，2021.12.

[7] 田占广，冷思平，王明雪著. 现代企业管理与创新 [M]. 南昌：江西科学技术出版社，2020.01.

[8] 孙维林著. 企业管理方法论 [M]. 北京：中国工人出版社，2021.01.

[9] 李蕾，全超，江朝虎著. 企业管理与人力资源建设发展 [M]. 长春：吉林人民出版社，2021.06.

[10] 韩连胜著. 一流管理创新 走向世界的企业管理体系 [M]. 南开大学出版社有限公司，2021.04.

[11] 葛玉辉. 人力资源战略与规划 [M]. 北京：电子工业出版社，2021.02.

[12] 郭云贵. 人力资源管理 慕课版 [M]. 武汉：华中科学技术大学出版社，2021.08.

[13] 赵高斌，康峰，陈志文著. 经济发展要素与企业管理. 长春：吉林人民出版社，2020.08.

[14] 郑俊生主编. 企业战略管理 第 2 版 [M]. 北京：北京理工大学出版社，2020.07.

［15］上海市劳动和社会保障学会编. 人力资源和社会保障管理实务手册 [M]. 上海：上海社会科学院出版社, 2020.

［16］张绍泽著. 人力资源管理六大模块实操全案 [M]. 中国铁道出版社, 2020.05.

［17］蔡黛沙，袁东兵，高胜寒. 人力资源管理 [M]. 北京：国家行政学院出版社, 2019.01.

［18］陈锡萍，梁建业，吴昭贤. 人力资源管理实务 [M]. 北京：中国商务出版社, 2019.08.

［19］何伉. 人力资源法务指南 [M]. 上海：上海社会科学院出版社, 2019.

［20］祁雄，刘雪飞，肖东. 人力资源管理实务 [M]. 北京：北京理工大学出版社, 2019.08.

［21］曹科岩. 人力资源管理 [M]. 北京：商务印书馆, 2019.06.

［22］田斌. 人力资源管理 [M]. 成都：西南交通大学出版社, 2019.11.

［23］徐艳辉，全毅文，田芳. 商业环境与人力资源管理 [M]. 长春：吉林大学出版社, 2019.06.

［24］周颖著. 战略视角下的人力资源管理研究 [M]. 长春：吉林大学出版社, 2019.01.

［25］李涛. 公共部门人力资源开发与管理 [M]. 北京：中央民族大学出版社, 2019.02.

［26］王晓艳，刘冰冰，郑园园. 企业人力资源管理理论与实践 [M]. 长春：吉林人民出版社, 2019.12.

［27］李雪著. 现代企业管理创新与实践探究 [M]. 长春：吉林人民出版社, 2019.09.

［28］荆伟著. 企业管理创新与运营 [M]. 北京：中国纺织出版社, 2017.07.